高等学校土木工程学科专业指导委
高等学校土木工程本科指导性专业
总主编 何若全

道路桥梁工程概预算 <small>(第2版)</small>

DAOLU QIAOLIANG
GONGCHENG GAI
YUSUAN

主　编　崔艳梅　董　立
副主编　张素娟　张　杰
主　审　方　申

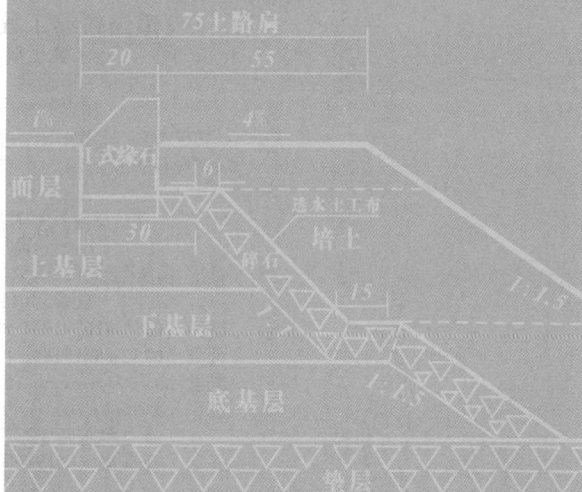

重庆大学出版社

内容提要

本书依据《高等学校土木工程本科指导性专业规范》的要求编写而成。全书共 6 章,分别介绍了道桥工程概预算定额、道桥工程概预算、公路工程招投标、道桥工程成本预测与计划、道桥工程项目成本控制、运用计算机编制道桥工程概预算和投标报价,最后的附录是常用的表格和资料。本书强调满足应用型人才培养的需求,注重提升学生的工程素养,着力培养学生的工程实践能力、工程设计能力和工程创新能力,体现基于问题的学习、基于项目的学习、基于案例的学习。

本书适合作为道路与桥梁工程、工程造价以及工程管理等专业的本科教材使用,也可作为相关专业的从业人员培训和自学用书。

图书在版编目(CIP)数据

道路桥梁工程概预算 / 崔艳梅,董立主编 . --2 版
. --重庆:重庆大学出版社,2019.7(2024.1 重印)
高等学校土木工程本科指导性专业规范配套系列教材
ISBN 978-7-5624-6821-9

Ⅰ.①道… Ⅱ.①崔… ②董… Ⅲ.①道路工程—概算编制—高等学校—教材②道路工程—预算编制—高等学校—教材③桥梁工程—概算编制—高等学校—教材④桥梁工程—预算编制—高等学校—教材 Ⅳ.①U415.13 ②U445.2

中国版本图书馆 CIP 数据核字(2019)第 139262 号

高等学校土木工程本科指导性专业规范配套系列教材

道路桥梁工程概预算
(第 2 版)

主编 崔艳梅 董 立
主审 方 申
责任编辑:林青山 版式设计:林青山
责任校对:万清菊 责任印制:赵 晟

*

重庆大学出版社出版发行
出版人:陈晓阳
社址:重庆市沙坪坝区大学城西路 21 号
邮编:401331
电话:(023)88617190 88617185(中小学)
传真:(023)88617186 88617166
网址:http://www.cqup.com.cn
邮箱:fxk@ cqup.com.cn(营销中心)
全国新华书店经销
重庆愚人科技有限公司印刷

*

开本:787mm×1092mm 1/16 印张:16.5 字数:403 千
2012 年 10 月第 1 版 2019 年 7 月第 2 版 2024 年 1 月第 11 次印刷
印数:20 001—21 500
ISBN 978-7-5624-6821-9 定价:39.00 元

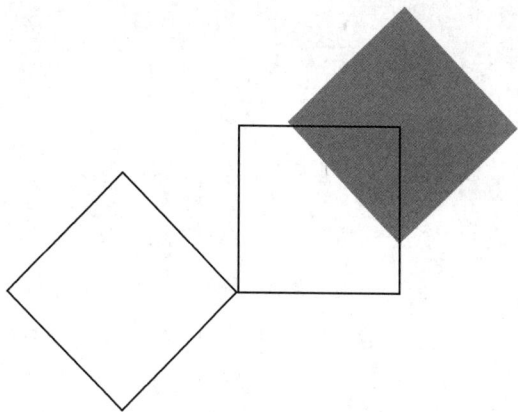

编委会名单

总　序

　　进入 21 世纪的第二个十年，土木工程专业教育的背景发生了很大的变化。"国家中长期教育改革和发展规划纲要"正式启动，中国工程院和国家教育部倡导的"卓越工程师教育培养计划"开始实施，这些都为高等工程教育的改革指明了方向。截至 2010 年底，我国已有 300 多所大学开设土木工程专业，在校生达 30 多万人，这无疑是世界上该专业在校大学生最多的国家。如何培养面向产业、面向世界、面向未来的合格工程师，是土木工程界一直在思考的问题。

　　由住房和城乡建设部土建学科教学指导委员会下达的重点课题"高等学校土木工程本科指导性专业规范"（以下简称"专业规范"）的研制，是落实国家工程教育改革战略的一次尝试。"专业规范"为土木工程本科教育提供了一个重要的指导性文件。

　　由"高等学校土木工程本科指导性专业规范"研制项目负责人何若全教授担任总主编，重庆大学出版社出版的"高等学校土木工程本科指导性专业规范配套系列教材"力求体现"专业规范"的原则和主要精神，按照土木工程专业本科期间有关知识、能力、素质的要求设计了各教材的内容，同时对大学生增强工程意识、提高实践能力和培养创新精神做了许多有意义的尝试。这套教材的主要特色体现在以下方面：

　　①系列教材的内容覆盖了"专业规范"要求的所有核心知识点，并且教材之间尽量避免了知识的重复；

　　②系列教材更加贴近工程实际，满足培养应用型人才对知识和动手能力的要求，符合工程教育改革的方向；

　　③教材主编们大多具有较为丰富的工程实践能力，他们力图通过教材这个重要手段实现"基于问题、基于项目、基于案例"的研究型学习方式。

　　据悉，本系列教材编委会的部分成员参加了"专业规范"的研究工作，而大部分成员曾为"专业规范"的研制提供了丰富的背景资料。我相信，这套教材的出版将为"专业规范"的推广实施，为土木工程教育事业的健康发展起到积极的作用！

中国工程院院士　哈尔滨工业大学教授

沈世钊

前　言
（第 2 版）

　　《道路桥梁工程概预算》教材是根据《高等学校土木工程本科指导性专业规范》的要求进行编写的。根据土木工程指导性专业规范的要求,本教材强调满足应用型人才培养的需求,以行业企业需求为导向,以工程实际为背景,以工程技术为主线;注重"一个素养三个能力"的培养,即着力提升学生的工程素养,着力培养学生的工程实践能力、工程设计能力和工程创新能力;体现推动三个"基于"的学习,即基于问题的学习、基于项目的学习、基于案例的学习。上述的"强调""注重"和"体现",是本教材的特色所在。

　　本教材的特点是增加了施工阶段造价控制的内容。使造价控制不只停留在项目的文件编制阶段,在项目实施阶段也要进行造价控制,从而使本教材更能满足应用性教学的要求。在预算、招投标和施工成本控制等部分都增加了实际工程案例,对相关人员有更直接的指导意义。本教材按已经实施的最新定额、编制办法等法令性文件进行编写,对实际工程项目的实施具有更强的适用性。

　　本教材在编写过程中对各章节都做了相应的处理。道路桥梁工程定额章不仅介绍定额基本概念与编制,更注重定额的实际运用,尤其是定额的抽换问题,这样教材的使用者就可以通过本教材的学习,不仅了解道路桥梁工程定额的基本概念,同时对定额运用过程中一些难点问题也能够解决。道桥工程概预算章除按交通部颁发的《公路工程基本建设概预算编制办法》和《关于公布公路工程基本建设项目概算预算编制办法局部修订的公告》及交通运输部办公厅关于《公路工程营业税改征增值税计价依据调整方案》的通知,介绍概预算的编制方法外,对概预算编制中最困难的"项目划分及费用计算"通过案例进行分析,以着力培养学生的工程实践能力。施工成本控制章结合理论知识针对工程成本预测、计划、工程成本控制等难点问题通过工程实际案例进行了分析解决。道路桥梁工程招投标章对招投标中最困难的工程量清单编制的问题,以工程量清单招标的实际工程为例,介绍了工程量清单的编制。运用计算机编制道路桥梁工程概预算和投标报价章也结合该章的特点补充了实际工程案例。本教材的宗旨是着力培养学生的实际动手能力,而不是仅停留在一些程序化的知识上,本教材具有无可替代的实用性。

　　通过本教材学习使学生可以掌握以下实际技能:道桥项目工程造价的完整编制过程,即项目划分—定额套用—概预算文件编制—招投标文件编制—施工成本控制;具有能独立动手完成各阶段相应造价文件编制的能力,而不是只停留在掌握编制程序和方法的阶段。

本教材由山东交通学院崔艳梅和董立担任主编,由交通部公路工程定额站总工程师方申担任主审。全书编写分工如下:第1章由山东交通学院张杰编写;第2章由山东交通学院董立编写;第3章由山东交通学院张素娟编写;第4、第5章由山东交通学院崔艳梅编写;第6章由珠海纵横创新软件有限公司王洪生编写。

由于编者时间和水平有限,教材中难免存在一些错漏及不当之处,敬请读者批评指正。

编 者

2019 年 4 月

目　录

第1章 道桥工程概预算定额

本章导读

基本要求：了解定额的作用；定额按编制单位分类和按专业的分类以及施工、预算、概算定额的编制。熟悉定额的特点、定额按反映实物消耗内容和用途的分类；定额制定原理中有关工人工作和机械时间分析和计时观察法测定时间的消耗；定额表的构成及概预算定额说明的使用；定额运用中的直接套用方法和定额的补充。掌握定额的定义、分类、定额运用中定额的调整与抽换、基本定额的运用以及定额的综合运用。

重点：定额的定义、分类；定额表的构成及概预算定额说明的使用；定额运用。

难点：概预算定额说明的使用与定额的运用。

1.1 道路桥梁工程定额概述

1.1.1 定额的定义

定额属于计价依据的主要内容之一。所谓计价依据,指用于计算工程造价的基础资料的总称,除定额、指标、费率、基础单价外,还包括工程量数据及政府主管部门颁发的各种有关经济、政策、计价办法等。

按计价依据的作用分,定额一般分两类:第一类是工程定额;第二类是费用定额。公路工程定额指《公路工程预算定额》《公路工程概算定额》;公路费用定额指《公路工程机械台班费用定额》《公路基本建设工程概算、预算编制办法》中规定的各项费用定额或费率。本章主要介绍工程定额这一计价依据。

工业企业在生产经营活动过程中,在一定的条件下,对人力、物力、财力的使用和消耗,经过科学的测定、分析、计算,确定一些合理的数学指标,作为管理和生产所应遵守或达到的标准,这个标准就是定额。对工程项目建设活动而言,定额是在正常的生产(施工)技术和组织条件下为完成单位合格产品所规定的人力、机械、材料、资金等消耗量的标准。

1.1.2 定额的特点

我国公路工程定额具有科学性、系统性、统一性、权威性、相对稳定性的特点。

1) 定额的科学性

定额的科学性,首先表现在用科学的态度制定定额,尊重客观实际,排除主观臆断,力求定额水平合理;其次表现在技术方法上,定额吸取了现代科学管理的成就,具有一套严密的、科学的确定定额的技术方法;最后则表现在定额制定和贯彻的一体化上。

2) 定额的系统性

定额是一个完整独立的系统,公路工程定额从测定到使用,直至修订都全面地反映了公路工程所有的内容和项目,与公路技术标准、规范相配套,完全准确反映公路工程施工工艺流程的每一个环节。

公路工程定额是为公路建设这个庞大的实体系统服务的,公路项目分解可以做出成千上万道工序,而其内部却层次分明,如项、目、节的划分。任何一个分部分项工程在公路工程定额中都能一一确定,如预算定额中,一共有九章定额来将所有公路工程的内容分割、包容。而且在编制定额的过程中,每一个不同工作都有不同的计算规则或计算模型,它们互相协调组成一个完整的系统。

3) 定额的统一性

公路工程定额由初期借助于国家统一的技术标准、规范到现在依据交通工程的统一标准、规范,在交通部定额总站的统一领导下,按照定额的制定、颁布和贯彻执行的统一行动,使定额工作和定额的管理工作有统一的程序、统一的原则、统一的要求、统一的用途。

4) 定额的权威性

定额的这一特点表现在我国定额权威性和强制性这两方面,在一定条件下具有经济法规的性质,同时也看出,我国定额的信誉和信赖程度极高,也说明定额及定额管理的刚性约束和严肃性。

只有科学的定额才具有权威性。在社会主义市场经济的条件下,定额必然牵涉各有关方面的经济关系和利益关系。赋予定额以一定的强制性,就意味着在规定的范围内,对于定额的使用和执行者来说,不论主观上是否愿意,都必须严格按定额的要求和规定执行。特别是在目前建筑市场不太规范的情况下,定额的权威性显得尤其重要,它可以帮助理顺与建设项目有关的各方面的经济关系和利益关系。所以,这一特点是对生产消费水平的合理限制,不是降低或提高消费水平,更不是限制和约束生产力的发展,而是最大限度地保证生产力水平的提高。

5) 定额的相对稳定性

定额所反映的是一定时期内的施工技术和先进工艺的水平,所以表现为一定的稳定性。一般在 5 ~ 10 年,是公路工程定额的稳定期。另一方面,定额的稳定给政府决策和经济的宏观调控带来有力的保证。设想公路定额如果经常变动,今天的造价,明天就会变成另外一个数值,这种变化当然是不允许的。总之,定额的稳定是必需的,也是相对的;定额的变化是绝对的,定额修改及完善是不断进行的。

定额的稳定性也是相对的。任何一种定额,都只能反映一定时期的生产力水平,当生产力向前发展了,定额就会与已经发展了的生产力不相适应。这样,它原有的作用就会逐步减弱以致消失,甚至产生负效应。所以,定额在具有稳定性的同时,也具有显著的时效性。当定额不再能起到促进生产力发展的作用时,定额就要重新编制或修订了。

1.1.3　定额的作用

(1)定额是节约社会劳动和提高生产效率的工具

定额一方面作为企业促使工人节约社会劳动(工作时间、原材料等)和提高劳动效率、加快工作进度的手段,以增强市场竞争能力,获取更多利润;另一方面,作为工程造价计算依据的各类定额,又促使企业加强管理,把社会劳动的消耗控制在合理的限度范围内。作为项目决策的定额指标,又在更高层次上促使项目投资者合理而有效地利用和分配社会劳动。

(2)定额是国家对工程建设项目进行宏观调控和管理的手段

利用定额对工程建设进行宏观调控和管理主要表现在:a.对工程造价进行管理和调控;b.对资源配置和流向进行预测和平衡;c.对经济结构,包括企业结构和所有制结构进行合理的调控,也包括对技术结构和产品结构的调整。

(3)定额有利于市场竞争

定额是对市场信息的加工,又是对市场信息的传递。定额所提供的准确的信息为市场需求主体和供给主体之间的竞争,以及供给主体之间的公平竞争,提供了有利条件。

(4)定额是对市场行为的规范

定额既是投资决策的依据,又是价格决策的依据。投资者利用定额可以权衡自己的财务状况和支付能力、预测资金投入和预期回报,并利用有关定额的大量信息,有效提高项目决策的科学性,优化投资行为。施工企业投标报价时只有充分考虑定额的要求,做出正确的价格决策,才能具有市场竞争优势。定额对完善我国固定资产投资市场和建筑市场都起着重要作用。

(5)定额有利于完善市场的信息系统

定额管理是对大量信息的加工和传递,同时也收集市场信息的反馈,信息是市场体系中不可或缺的要素。它的可靠性、完备性和灵敏性是市场成熟和市场效率的标志。在我国,以定额形式建立和完善市场信息系统,是以公有制经济为主体的社会主义市场经济的特点。

(6)定额有利于推广先进的施工技术和工艺

定额水平中包含着某些已成熟的先进的施工技术和经验,工人要达到和超过定额,就必须掌握和应用这些先进技术;如果工人要大幅度超过定额水平,他就必须在工作中注意改进工具和改进技术操作方法,注意原材料的节约,避免原材料和能源的浪费,所以贯彻定额也就意味着推广先进技术。企业或主管部门为了推行定额,往往要组织技术培训,以帮助工人达到或超过定额,这样,新技术、新工艺、新材料、新经验就很容易推广,从而大大提高全社会的劳动生产效率。

1.2 道路桥梁工程定额分类

工程定额是一个综合概念,是建设工程造价计价和管理中各类定额的总称,包括许多种类的定额。由于具体的生产条件各异,根据使用对象和组织生产的目的不同,编制出不同的定额,如图1.1所示。

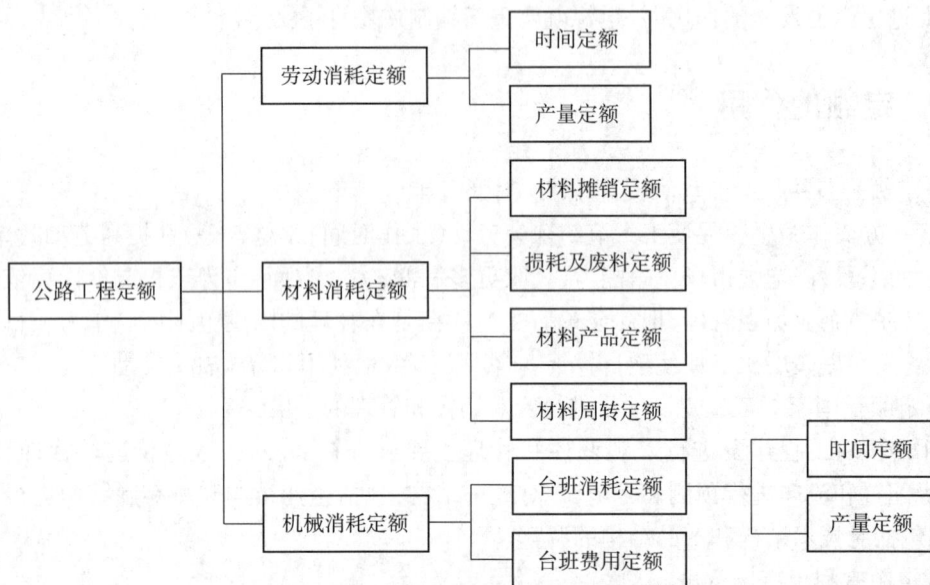

图1.1 公路工程定额实物消耗分类图

1.2.1 按定额反映的实物消耗内容分类

公路工程定额是按实物量法编制的定额,所以劳动力、材料、机械三种因素在公路定额中是主要内容。因此,将工程定额分为劳动消耗定额、材料消耗定额和机械消耗定额三种,分类图如图1.1所示。另外,对公路工程费用定额中的机械台班费用定额也作专门介绍。

1)劳动消耗定额

劳动消耗定额也称人工定额,是指在正常的生产技术和生产组织条件下,为完成单位合格产品所规定的劳动量消耗标准。劳动(消耗)定额的主要表现形式有时间定额和产量定额。时间定额与产量定额互为倒数。

(1)时间定额

时间定额是指在技术条件正常、生产工具使用合理和劳动组织正常的条件下生产单位合格产品所消耗的劳动时间。除潜水工作按6 h、隧道工作按7 h以外,其余每一工日一般均按8 h计算。时间定额的计算方法如下:

$$单位产品的时间定额 = \frac{1}{每工产量定额} = \frac{班组成员工日数总和}{班组完成产品数量总和} \tag{1.1}$$

例如:《公路工程预算定额》(JTG/T 3832—2018),人工挖土质台阶,产品单位1 000 m³,挖普通土的时间定额是 28.1 工日。它的工作内容包括画线挖土,台阶宽不小于 1 m,将土抛到填方处等全部操作过程。

(2)产量定额

产量定额是指在技术条件正常、生产工具使用合理和劳动组织正常的条件下,工人在单位时间内完成合格产品的数量。产量定额计算方法如下:

$$产量定额=\frac{1}{单位产品的时间定额}=\frac{班组完成产品数量总和}{班组成员工日数总和} \qquad (1.2)$$

如上例,完成 1 000 m³ 普通土的时间定额为 28.1 工日,则每工日产量定额为 1 000 m³/28.1 工日 =35.59 m³/工日。

2)材料消耗定额

材料消耗定额简称材料定额,是指在节约和合理使用材料的条件下,完成一定合格产品所需消耗材料的数量标准。它包括材料的净用量和必要的工艺性损耗及废料数量。

材料是指工程建设中使用的原材料、产品、半成品、构配件、燃料以及水、电等动力资源的统称。材料作为劳动对象构成工程的实体,需求数量很大,种类繁多。所以材料消耗量的多少,消耗是否合理,不仅关系到资源的有效利用,影响市场供求状况,而且对建设工程的项目投资、建筑产品的成本控制都起着决定性影响。材料消耗定额的计算方法如下:

$$材料的消耗定额=完成单位合格产品的材料净用量×(1+材料损耗率) \qquad (1.3)$$

例如:《公路工程预算定额》第四章表 4-6-3,现浇 C30 混凝土墩、台帽(非泵送),每完成 10 m³ 实体需要消耗 10.2 m³ 的 C30 混凝土拌和料,其中 10 m³ 为混凝土拌和料的净用量,0.2 m³ 为混凝土混合料的损耗量,则完成 10 m³ 实体的原材料消耗定额按式(1.3)及预算定额 P1 215 页的基本定额中混凝土配比表计算如下:

32.5 级水泥 =(1+2%)×406 kg/m³×10 m³ =4 141.2 kg

中(粗)砂 =(1+2%)×0.46 m³/m³×10 m³ =4.69 m³

4 cm 碎石 =(1+2%)×0.79 m³/m³×10 m³ =8.058 m³

完成 10 m³ 实体合格产品的其他材料消耗定额还有:钢模板 0.049 t;螺栓 5.91 kg;铁件 3.48 kg;水 12 m³;其他材料费 86.2 元等。

材料消耗定额还有下述两种表现形式,即材料产品定额和材料周转定额。

材料产品定额是指用一定规格的原料,在合理的操作条件下获得的标准产品的数量。

材料周转定额即周转性材料(如模板、支撑等所需之木材等)的周转定额,是指周转性材料在施工中合理周转使用的次数和用量的标准。在现行预算定额中,周转性材料均按正常周转次数摊入定额之中,具体规定详见《公路工程预算定额》总说明及附录。

3)机械消耗定额

机械消耗定额是指在正常施工条件下,合理地组织生产与合理地利用某种机械完成单位合格产品所必需的施工机械消耗的数量标准,或在单位时间内机械完成的产品数量。机械台班定额也具有两种表现形式:机械时间定额和机械产量定额。

机械时间定额是指在一定的工作内容和质量安全要求的条件下,规定某种机械完成单位产品所需要的作业量(如"台时"或"台班"等)标准。

机械产量定额是指一定的操作内容以及质量安全要求的前提下,规定每单位作业量(如"台时"或"台班"等)完成的产品的数量标准。

机械产量定额与机械时间定额互成倒数。例如:《公路工程预算定额》第 2 章第 2-2-7 表"沥青表面处治路面"第 5 栏中规定,产品单位为 1 000 m^2,12 ~ 15 t 光轮压路机的时间定额是 0.49 台班。其产量定额可以利用和时间定额的倒数关系求出,即 12 ~ 15 t 光轮压路机的产量定额是 2 040.8 m^2/台班。

4)机械台班费用定额

机械台班费用定额是以机械的一个台班为单位,规定其所消耗的工时、燃料及费用等数量标准并可折算为货币形式表现的定额。施工中的机械使用费、驾驶工人数、燃料数等,均可按照机械台班费用定额并根据工程数量计算。

机械台班费用定额的主要用途是:

①可以直接用定额中的基价作为机械的台班单价编制预算。

②计算机械台班消耗人工、燃料等实物量。有关机械所消耗的各种物资的实物量,要根据机械台班费用定额计算确定。

③计算台班单价。

1.2.2　按定额的用途分类

公路工程基本建设工作所处阶段不同,编制造价文件的主要依据和定额不同。按使用要求可分为施工定额、预算定额、概算定额、估算指标等。

1)施工定额

施工定额是建筑安装工人或小组在正常施工条件下,为完成单位合格产品所需劳动力、材料和机械消耗的数量标准。它由地方定额主管机构或施工企业根据当地和本企业生产力的发展水平制定和修订。它是企业组织生产、编制施工阶段施工组织设计和施工作业计划、签发工程任务单和限额领料单、考核工效、计算劳动报酬、加强企业成本管理和经济核算、编制施工预算的依据,同时也是编制预算定额和补充定额的基础。采用的产品单位一般比较细,其中时间以工时计,产品以最小单位(m、m^2、m^3 等)计。

施工定额性质属于施工企业内部使用的定额,各个施工企业的施工定额不一定相同。它反映企业的施工水平、装备水平和管理水平,作为考核企业劳动生产率水平和管理水平的标尺和确定工程成本、投标报价的依据。

2)预算定额

预算定额的性质属于计价定额。它体现一个工程细目在正常条件下,用货币形式描述的一定时期的工程造价。预算定额是公路专业统一定额,是公路基本建设中重要的技术经济法规。它反映了我国公路基本建设一定时期内的科学技术和生产力发展水平。

公路预算定额是在施工定额的基础之上,对施工定额的项目加以扩大和综合而编制的。预算定额是施工图设计阶段采用的定额,这种定额按分项工程和结构构件的要求,以一定产品单位(如 10 m、10 m^3 等)来规定劳动力、材料和机械的消耗数量。因此,这种定额采用的产品单位比施工定额大,如时间以工日、台班计,产品单位以 1 000 m²、10 m³ 等计。其定额水平是平均先进合理的,但比施工定额水平略低。它主要是为了满足编制施工图预算的要求,为确定和控制基本建设投资额,编制施工组织计划,对结构的设计方案进行技术经济比较提供计算数据。同时也是编制概算定额的基础。

3)概算定额

概算定额是在预算定额的基础上加以综合扩大而形成的,因而产品常使用更大的单位来表示,如小桥涵以座(道)、桥涵上部构造以 10 m 标准跨径、路面基层以 1 000 m² 计算等。其定额水平比预算定额低。它是编制设计概算和修正概算的主要依据,是设计方案比较的依据;编制主要材料需要量的计算基础;在不具备施工图预算的情况下,概算定额还可以作为制定工程标底的基础;在实行建设项目投资包干时,其项目包干费通常也以概算定额为计算依据。它是编制估算指标的基础。

概算定额与预算定额都属于计价定额,不同的是在项目划分和综合扩大程度上的差异,以适用于不同设计阶段的计价需要。它具有较强的综合性和概括性。

4)公路工程估算指标

估算指标是根据交通运输部对公路建设项目建议书和可行性研究报告的工作深度要求,以公路工程行业标准、规范的规定以及近年来公路建设项目的设计和竣工资料为依据而制定的。

公路工程估算指标适用于公路基本建设新建、改建工程,是编制项目建议书和可行性研究报告投资估算的依据,也可作为技术方案比较的参考。估算指标是以人工、材料、机械台班消耗量表现的指标。

1.2.3　按定额的编制单位分类

工程建设定额可分为全国统一定额、行业统一定额、地区统一定额、企业定额和补充定额 5 种。

(1)全国统一定额

全国统一定额是国家建设行政主管部门,综合全国工程建设中技术和施工组织管理的情况编制,并在全国范围内执行的定额,如全国统一安装工程定额。

(2)行业统一定额

行业统一定额是考虑各行业部门专业技术特点,以及施工生产和管理水平编制的。一般是只在本行业和相同专业性质的范围内使用的专业定额,如矿井建设工程定额、铁路建设工程定额、公路建设工程定额等。

(3)地区统一定额

地区统一定额包括省、自治区、直辖市定额。地区统一定额主要考虑地区性特点和全国统一定额水平做适当调整补充编制的。各地区不同的气候条件、经济技术条件、物质资源条件和交通运输条件等,构成对定额项目、内容和水平的影响,是地区统一定额存在的客观依据。

(4)企业定额

企业定额是指施工企业考虑本企业具体情况,参照国家、部门和地区定额的水平制订的定额。企业定额只在企业内部使用,是企业综合实力的一个标志。企业定额水平一般应高于国家现行定额,这样才能满足生产技术发展、企业管理和市场竞争的需要。

(5)补充定额

补充定额是指随着设计、施工技术的发展,现行定额不能满足需要的情况下,为补充缺项所编制的定额。补充定额只能在制订的范围内使用,也可以作为以后修订定额的基础。

1.2.4 按定额的专业分类

各个不同专业都分别有相应的主管部门颁发的在本系统使用的定额,如建筑安装工程定额、设备安装工程定额、给排水工程定额、公路工程定额、铁路工程定额、水利水电工程定额、水运工程定额、井巷工程定额等。

1.3 道路桥梁工程定额原理

1.3.1 工人工作时间分析

工人的工作时间可分为定额时间(必须消耗的时间)和非定额时间(损失时间)两大类,如图1.2所示。

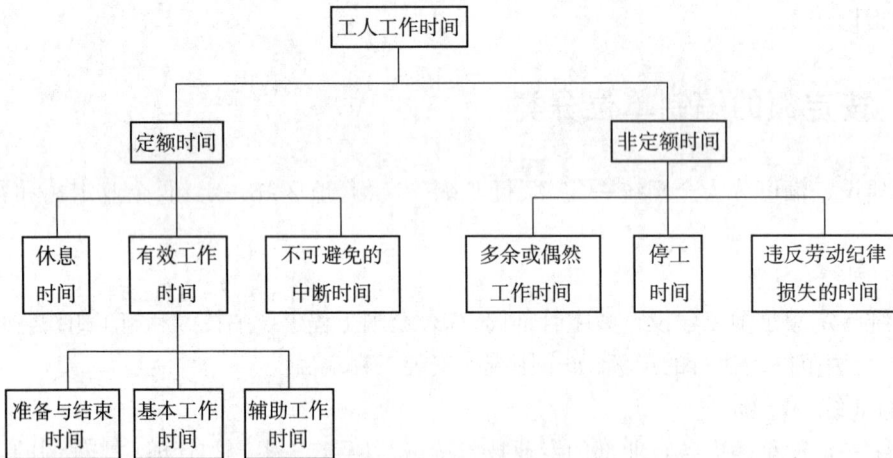

图 1.2 工人工作时间分类图

1)定额时间

定额时间是指在正常施工条件下,工人为完成一定产品所必须消耗的工作时间。它包括有效工作时间、休息时间、不可避免的中断时间。

(1)有效工作时间

有效工作时间是与完成产品有直接关系的工作时间消耗。它包括:

①准备与结束时间:指工人在执行任务前的准备工作和完成任务后的结束工作所需消耗的时间。它分为经常性的准备与结束时间和任务性的准备与结束时间。

经常性的准备,如领取材料工具,工作地点布置,检查安全技术措施,调整、保养机械;结束工作时间,如清理工作地点,退回工具、余料,产品交验、工作交接班等具有经常的或每天的工作时间消耗的特征。

任务性的准备与结束时间,如接受任务时技术交底,熟悉施工图纸等不具有经常性,仅发生在接受新任务时。

②基本工作时间:指工人直接用于施工过程中完成产品的各个工序所消耗的时间,它与完成任务的大小成正比。通过基本工作,如钢筋弯曲成型,浇筑混凝土构件等可以使劳动对象发生直接变化。

③辅助工作时间:是指为了保证基本工作的顺利进行而做的辅助性工作所需要消耗的时间。辅助性工作不直接导致产品的形态、性质、结构位置发生变化。如搭设跳板、修理便道、施工放线、自行检查等均属辅助工作。

(2)休息时间

休息时间是指工人在工作过程中为了恢复体力所必需的短暂间歇时间及因个人生理上的需要而消耗的时间。休息时间包括工间休息时间,工人喝水、上厕所等时间,是根据工作的繁重程度、劳动条件和劳动性质作为劳动保护规定列入工作时间之内。

(3)不可避免的中断时间

不可避免的中断时间是由于施工工艺特点引起的工作中断所必需的时间。例如,汽车驾驶员在汽车装卸货时消耗的时间、起重机吊预制构件时安装工等待的时间。

2)非定额时间

非定额时间即损失时间,是指工人或机械在工作班内与完成生产任务无关的时间消耗。非定额时间包括多余或偶然工作时间、停工时间和违反劳动纪律时间。

(1)多余或偶然工作时间

多余或偶然工作时间是指在正常施工条件下不应发生的时间消耗,或由于意外情况所引起的工作消耗的时间。如质量不符合要求,返工造成的多余的时间消耗。

(2)停工时间

停工时间包括施工本身造成的和非施工本身造成的停工时间。施工本身造成的停工,是由于施工组织和劳动组织不善,材料供应不及时,施工准备工作做得不好而引起的停工。非施工本身引起的停工,例如设计图纸不能及时到达、水电供应临时中断,以及由于气象条件(如大雨、风暴、严寒、酷热等)所造成的多余的时间消耗。

(3)违反劳动纪律时间

违反劳动纪律时间是指工人不遵守劳动纪律而造成的时间损失,如上班迟到、早退、擅自离开工作岗位、工作时间聊天,以及由于个别人违反劳动纪律而使别的工人无法工作的时间损失。

上述非定额时间在确定定额水平时均不予考虑。

1.3.2　机械工作时间分析

机械工作时间分析如图1.3所示。

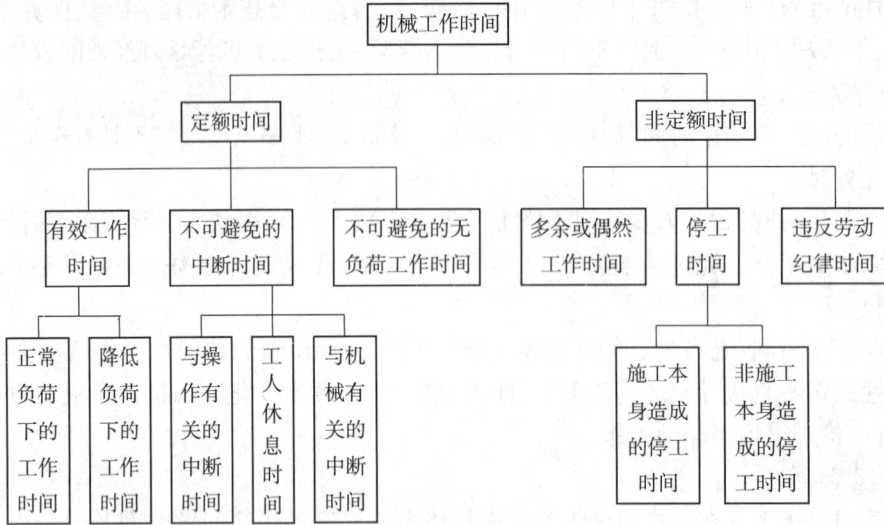

图 1.3　机械工作时间分类图

1）定额时间

（1）有效工作时间

它包括正常负荷下和降低负荷下两种工作时间消耗：

①正常负荷下的工作时间，是指机械在达到机械说明书规定的负荷下进行工作的时间。

在个别情况下，由于技术的原因，机械只能在低于规定负荷下工作，如汽车载运质量轻而体积大的货物时，不可能充分利用汽车的载重吨位，因而不得不降低负荷工作，此种情况亦是正常负荷下工作。

②降低负荷下的工作时间，是指由于施工管理人员或工人的过失，以及机械陈旧或发生故障等原因，是机械在降低负荷的情况下进行工作的时间。

（2）不可避免中断时间

由于施工过程的技术和组织的特性造成的机械工作中断时间。

①与操作有关的不可避免中断时间，如汽车装载、卸货的停歇时间。

②与机械有关的不可避免中断时间，是指用机械进行工作的人在准备与结束工作时使机械暂停的中断时间，或者在维护保养机械时必须使其停转所发生的中断时间。

③工人休息时间，是指机械工人必需的休息时间。

（3）不可避免的无负荷工作时间

它指由于施工过程的特性和机械结构的特点所造成的机械无负荷工作时间。如铲运机返回到铲土地点、工作班开始和结束时来回无负荷的空行或工作地段转移所消耗的时间。

2）非定额时间

（1）多余或偶然工作时间

多余或偶然工作有两种情况：一是可避免的机械无负荷工作，指工人没有及时供给机械用料引起的空转；二是机械在负荷下所做的多余工作，如混凝土搅拌机搅拌混凝土时超过规定搅拌时间，即属于多余工作时间。

（2）停工时间

停工时间按其性质又分为以下两种：

①施工本身造成的停工时间，是指由于施工组织不善引起的机械停工时间，如临时没有工作面，未能及时供给机械用水、燃料和润滑油，以及机械损坏等所引起的机械停工时间。

②非施工本身造成的停工时间，是指由于外部的影响引起的机械停工时间，如水源、电源中断（不是由于施工原因），以及气候条件（暴雨、冰冻等）的影响而引起的机械停工时间。

（3）违反劳动纪律时间

由于机械工人违反劳动纪律而引起的机械停工。

1.3.3　计时观察法测定时间的消耗

工时研究是用科学的方法对工作时间进行观察、记录、整理、分析，是制订定额的基础工作。

计时观察法是工时研究的基本方法。在施工现场对选定的施工过程进行观察、测时，计算实物和劳动产量，记录施工过程所处的施工条件和影响工时消耗的因素，然后整理、分析观察资料，进而得到完成单位合格产品所必须消耗的工作时间。计时观察法的工作步骤如下：

①确定计时观察的施工过程；

②划分施工过程的组成部分；

③选择正常施工条件；

④选择观察对象；

⑤观察测时；

⑥整理和分析观察资料；

⑦编制定额。

计时观察法可分为测时法、写实记录法和工作日写实法三种主要方法。

1）测时法

测时法是一种精确度比较高的测定方法，主要适用于研究以循环形式不断重复进行的作业。它用于观测研究施工过程循环组成部分的工作时间消耗，不研究工人休息、准备与结束及其他非循环的工作时间。采用测时法，可以为制订劳动定额提供单位产品所必需的基本工作时间的技术数据；可以分析研究工人的操作或动作，总结先进经验，帮助工人班组提高劳动效率。

2）写实记录法

写实记录法可用以研究所有种类的工作时间消耗，包括基本工作时间、辅助工作时间、不可避免的中断时间、准备与结束时间以及各种损失时间。通过写实记录法可以获得分析工作时间消耗和制订定额所必需的全部资料。这种测定方法比较简单，易于掌握，并能保证必需的精确度。因此，写实记录法在实际中得到广泛采用。

写实记录法分为个人写实和集体写实两种。由一个人单独操作和完成产品数量可单独计算时，采用个人写实记录。如果由小组集体操作，而产品数量又无法单独计算时，采用集体写实记录。

3）工作日写实法

工作日写实法是一种研究整个工作班内的各种工时消耗的方法。

运用工作日写实法主要有两个目的：一是取得编制定额的基础资料；二是检查定额的执行情况，找出缺点，改进工作。当它被用来达到第一目的时，工作日写实的结果要获得观察对象在工作班内工时消耗的全部情况，以及产品数量和影响工时消耗的影响因素。其中工时消耗应该按工时消耗的性质分类记录。当它被用来达到第二个目的时，通过工作日写实应该做到：查明工时损失量和引起工时损失的原因，制订消除工时损失、改善劳动组织和工作地点组织的措施；查明熟练工人是否能发挥自己的专长，确定合理的小组编制和合理的小组分工；确定机器在时间利用和生产率方面的情况，找出使用不当的原因，订出改善机器使用情况的技术组织措施；计算工人或机器完成定额的实际百分比和可能百分比。

工作日写实法与测时法和写实记录法比较，具有技术简便、费力不多、应用面广和资料全面的优点，在我国是一种采用较广的编制定额的方法。

1.3.4　施工定额的编制

编制施工定额，首先将复杂的公路工程施工过程分解成一道道工序，然后研究完成一定工程量的工序工作所必须消耗的劳动时间、机械使用时间和材料用量。

1.3.5　预算定额的编制

1）预算定额的编制步骤

①根据上级主管部门关于编制预算定额的批文，组成编制小组，拟订编制方案。

②抽调专业人员进行调查研究，搜集现行预算定额的执行情况及其他预算资料，确定需调整与补充的项目，制订工作计划。

③对收集的各种现行规范、图纸、资料进行测算。

④确定编制细则、定额项目划分、工程量计算规则以及定额水平，编制预算定额初稿。

⑤测算定额水平，并送审、定稿。测算定额水平包括下列工作：a. 新旧定额水平的比较；b. 预算造价比较；c. 与实际的工、料、机用量比较。

⑥根据审查意见修改、补充。

⑦预算定额的出版、发行。

⑧预算定额的资料整理、归档。

2）预算定额的编制方法

（1）确定各项目的名称、工作内容及施工方法

预算定额要根据交通部颁发的《公路工程基本建设项目设计文件编制办法》中规定的施工图设计阶段提供的工程量深度，以及工程结算的方便和准确来划分项目，并根据各项目的工程内容将施工定额的有关项目进行综合。

①预算定额的项目划分。项目划分主要根据工程类别、施工图的工程构件或部位、材料类

别、施工措施以及对工程造价的影响等因素予以划分。

预算定额中还列有"材料采集及加工"及"材料运输"两章,这是公路定额特有的,主要为在边远地区施工单位自行开采、加工施工材料和自办材料运输编制的。

②施工方法的选择。施工方法的选择要符合当前和今后一个阶段的实际施工技术状况和管理水平,鼓励先进,鞭策落后,要体现经济效益。当一种结构类型有两种以上施工方法时应进行技术、经济比较,一般只选择一种技术先进、经济效益好的方法作为编制依据。根据具体条件不同,可分别用不同的施工方法划分子目。

(2)确定预算定额的计量单位

确定预算定额的计量单位应以满足计量单位与相应工程项目内容相适应、便于计算工程量、能反映分项工程最终产品形态和实物量、使用方便为原则。

预算定额和施工定额计量单位往往不同。施工定额的计量单位一般按工序或工作过程确定;而预算定额的计量单位,主要是根据分部分项工程的形体和结构构件特征及其变化确定。预算定额的计量单位具有综合的性质,所选择的计量单位要根据工程量计算规则规定并确切反映定额项目所包含的工作内容。

(3)按典型设计图纸和资料计算工程量

计算工程量的目的,是为了通过分别计算典型设计图纸所包括的施工过程的工程量,以便在编制预算定额时,利用施工定额的劳动、机械和材料消耗指标确定预算定额分项工程的消耗量。

(4)进行子目平衡分析

子目平衡分析是编制定额的重要环节。因为所确定的每一个工程项目可能又分为几种不同的情况,为了保证定额具有一定的精确性,应该将人工、材料或机械消耗量差别较大的情况加以区分,即划分子目。因此,定额的工程项目确定以后,对各工程项目要根据工程的难易程度,也就是人工、材料、机械消耗量的多少,按综合极限误差来确定是否划分子目。定额子目综合的极限误差应根据公路工程的特点,本着简化与准确相结合的原则,凡是工程量大、对工程造价影响较大的项目,误差率应取小;反之,工程量小,影响工程造价不大的项目,误差率可以适当加大。

(5)计算定额工料机数量

预算定额的研究对象是分项工程或结构构件,而施工定额的研究对象是工序。因此,预算定额中的一个项目通常包括施工定额中几个项目的工作内容。预算定额子目划分后,应确定每个子目各工序的工程量,再分别查相应的施工定额,将人工工日和各种不同机械的台班数量分别综合在一起,同时考虑　些施工定额未考虑的因素。

公路工程预算定额中的材料消耗量则是依据公路工程施工定额中的部分材料消耗定额,并通过大量现场观察、实验室试验等方法获得各种材料消耗数据的基础上,分析计算出来的。

1.3.6　概算定额的编制

1)概算定额编制原则

概算定额应该贯彻社会平均水平和简明适用的原则。由于概算定额和预算定额都是工程计价的依据,因此应符合价值规律和反映现阶段大多数企业的设计、生产及施工管理水平。但在概预算定额水平之间应保留必要的幅度差。概算定额的内容和深度是以预算定额为基础的综合和扩大,在合并中不得遗漏或增加项目,以保证其严密性和正确性。概算定额务必做到简化、准确和适用。

2)概算定额的编制依据

由于概算定额的使用范围不同,其编制依据也略有不用。其编制依据一般有以下几种:

①现行的设计规范、施工验收技术规范和各类工程预算定额;

②具有代表性的标准设计图纸和其他设计资料;

③现行的工人工资标准、材料价格、机械台班单价及其他的价格资料。

3)概算定额的编制步骤

概算定额的编制一般分三阶段进行,即准备阶段、编制初稿阶段和审查定稿阶段。

(1)准备阶段

该阶段主要是确定编制机构和人员组成,进行调查研究,了解现行概算定额执行情况和存在问题,明确编制的目的,制定概算定额的编制方案和确定概算定额的项目。

(2)编制初稿阶段

该阶段是根据已经确定的编制方案和概算定额项目,收集和整理各种编制依据,对各种资料进行深入细致的测算和分析,确定人工、材料和机械台班的消耗量指标,最后编制概算定额初稿。概算定额水平与预算定额水平之间应有一定的幅度差,幅度差一般在5%以内。

(3)审查定稿阶段

该阶段的主要工作是测算概算定额水平,即测算新编制概算定额与原概算定额及现行预算定额之间的水平。既要分项进行测算,又要通过编制单位工程概算,以单位工程为对象进行综合测算。

概算定额经测算比较后,可报送国家授权机关审批。

1.4 概预算定额表的构成

定额表是各类定额的最基本的组成部分,是定额指标数额的具体表示。概算定额和预算定额的表格形式基本形同,其基本组成有:表号及定额表名称、工程内容、计量单位、顺序号、项目、代号、细目及栏号、小注等。

下面以《公路工程预算定额》第1章中的"1-1-9 挖掘机挖装土、石方"(见表1.1)为例,具体介绍定额表的构成。

表1.1　1-1-9 挖掘机挖装土、石方

工程内容:挖掘机就位;开辟工作面;挖土或爆破后石方;装车;移位;清理工作面。

单位:1 000 m³ 天然密石方

顺序号	项目	单位	代号	挖掘机斗容量					
				0.6 m³ 以内			1.0 m³ 以内		
				松土	普通土	硬土	松土	普通土	硬土
				1	2	3	4	5	6
1	人工	工日	1001001001	2.7	3.1	3.4	2.7	3.1	3.4

续表

顺序号	项　目	单位	代号	挖掘机斗容量					
				0.6 m³ 以内			1.0 m³ 以内		
				松　土	普通土	硬　土	松　土	普通土	硬　土
				1	2	3	4	5	6
2	0.6 m³ 以内履带式液压单斗挖掘机	台班	8001025	2.7	3.16	3.64	—	—	—
3	1 m³ 以内履带式液压单斗挖掘机	台班	8001027	—	—	—	1.7	1.98	2.26
4	2.0 m³ 以内履带式液压单斗挖掘机	台班	—	—	—	—	—	—	—
5	基价	元	9999001	2 535	2 960	3 391	2 318	2 696	3 062

注:土方不需装车时,应乘以系数 0.87。

1)表号及定额表名称

表号是编制概预算文件时与其对应定额时的——对应的关系符号,名称表达了一张定额表的基本属性或分类。如表1.1的表号为1-1-9,表示第1章第1节第9表,定额表的名称是"挖掘机挖装土、石方"。

2)工程内容

在定额表的左上侧,主要说明本定额表所包括的操作内容及对应详细工艺流程。查定额时,将实际发生的操作内容与表中的工程内容进行比较,若不一致时,应进行补充或采取其他措施。

3)工程项目计量单位

在定额表的右上侧,表1.1的单位是 1 000 m³。

4)顺序号

表征人、料、机及费用的顺序号,起简化说明的作用。

5)项目

项目即本定额表的工程所需人工、材料、机具、费用的名称、规格。

6)代号

代号也称数组变量代号。当采用计算机来编制公路工程概、预算时,可引用表中代号作为对工、料、机名称的识别符号。

7)工程细目

表征本定额表所包括的工程细目,如预算定额表1-1-9中的"松土""普通土"等,也称"子目""栏目"。

8)栏号

栏号指工程细目编号,如预算定额表1-1-9中的"松土"栏号为1,"普通土"栏号为2,也称栏目号。

9）定额值

定额表中各种资源的消耗量数值。如预算定额表 1-1-9 中的"0.6 m³ 以内挖掘机挖装松土"中人工的定额值是 2.7 工日。如果是括号内的数值，是计量不计价的。如预算定额表 4-6-3 中所示定额中的"C30 水泥混凝土"所对应的"（10.2 m³）"是指现浇 10 m³ 墩、台帽，需消耗 C30 水泥混凝土 10.2 m³。注意此值在编制概预算文件时不可直接列入。

10）基价

基价也称定额基价，它是用预算定额附录的工、料、机单价计算的该工程细目的人工费、材料费及机械费之和。

11）定额表注

有些定额列有"注"，是对本表的特别说明。使用定额时，必须仔细阅读小注，以免发生错误。

1.5 概预算定额说明的使用

在预算定额中有总说明、章说明、节说明。如《公路工程预算定额》共分为 9 章，所以有 9 个章说明；每 1 章又分为若干个小节，又有各个小节的节说明。这些说明都非常重要，要做到真正理解，切实掌握。

1.5.1 预算定额总说明

预算定额总说明是涉及定额使用方面的全面性的规定和解释，共有 20 条，这里着重介绍其中的几条。

①《公路工程预算定额》（JTG/T 3832—2018）是全国公路专业定额。它是编制施工图预算的依据，也是编制工程概算定额的基础，适用于公路基本建设新建、改建工程，不适用于独立核算执行产品出厂价格的构件厂生产的构配件。对于公路养护的大、中修工程，可参考使用。

②总说明中的第 5 条规定：本定额除潜水工作每工日 6 h，隧道工作每工日 7 h，其余均按每工日 8 h 计算。

③总说明中的第 17 条规定：定额表中注明"某某以内"或"某某以下"者，均包括"某某"本身；而注明"某某以外"或"某某以上"者则不包括"某某"本身。定额内数量带"（   ）"者，则表示基价中未包括其价值。

1.5.2 预算定额各章说明

1）"路基工程"章说明运用实例

"路基工程"章共有 1 条说明，第 1 节说明 8 条，第 2 节说明 7 条，第 3 节说明 4 条，第 4 节说明 7 条，现举一例说明其使用。

【例1.1】某路基工程采用挖掘机挖装普通土方,但机械无法操作处,需由人工挖装,机动翻斗车运输的工程量为6 500 m³,问:人工操作的工程量是怎样确定的,实际采用的预算定额值是多少,其所需劳动量是多少?

解:(1)人工挖装,机械运输定额见定额第10页1-1-6-2定额值为:145.5−30＝115.5(工日)

(2)人工施工的工程量见第1章第1节说明第3条:机械施工土、石方,挖方部分机械达不到需由人工完成的工程量由施工组织设计确定。其中人工操作部分,按相应定额乘以系数1.15。

(3)实际定额为:115.5×1.15＝132.825(工日)

(4)总劳动量为:6 500÷1 000×132.825＝863.36(工日)

2)"路面工程"章说明运用实例

"路面工程"章共有7条说明,第1节说明6条,第2节说明10条,第3节说明3条,现举一例说明其使用。

【例1.2】某高速公路的沥青混凝土路面基层摊铺工程,厚度36 cm,路面宽26.0 m,路段长10 km,查定额知:人工4.2工日/1 000 m²,6~8 t光轮压路机定额0.14台班/1 000 m²,12~15 t光轮压路机定额1.27台班/1 000 m²,计算所需人工劳动量及压路机作业量。

解:工程量＝26×10 000＝260(1 000 m²)

根据"路面工程"章第1节说明第1条(定额163页)知:各类稳定土基层、级配碎石、级配砾石基层的压实厚度在15 cm以内,填隙碎石一层压实厚度在12 cm以内,垫层、其他种类的基层和底基层压实厚度在20 cm以内,拖拉机、平地机和压路机的台班消耗按定额数量计。如超过以上压实厚度进行分层拌和、碾压时,拖拉机、平地机和压路机的台班消耗按定额数量加倍计算,每1 000 m²增加人工1.5工日。

本工程所需人工劳动量＝(4.2+1.5)×260＝1 482(工日)

6~8 t光轮压路机的作业量＝0.14×2×260＝72.8(台班)

12~15 t光轮压路机的作业量＝1.27×2×260＝660.4(台班)

【例1.3】某石灰砂砾基层,厚度28 cm,稳定土拌和机拌和,共80 000 m²,采用10 000 L洒水汽车洒水作业,需在距工地8 km处吸取自来水。自来水单价为6.0元/m³,增列水费,洒水汽车总作业量。

解:根据"路面工程"章说明第4条(定额161页)知:本章定额中凡列有洒水汽车的子目,均按5 km范围内洒水汽车在水源处自吸水编制,不计水费。如工地附近无天然水源可利用,必须采用供水部门供水(如自来水)时,可根据定额子目中洒水汽车的台班数量,按每台班35 m³计算定额用水量,乘以供水部门规定的水价增列水费。洒水汽车取水的平均运距超过5 km时,可按路基工程的洒水汽车洒水定额中的增运定额增加洒水汽车的台班消耗,但增加的洒水汽车台班消耗量不得再计水费。

(1)石灰砂砾基层稳定土拌和机拌和定额见定额第173页2-1-3-21、22。

水费＝(0.37+0.02×8)×80 000÷1 000×35×6.0＝8 904(元)

(2)路基工程的洒水汽车洒水定额见定额第35页1-1-22。

洒水汽车总作业量＝(0.37+0.02×8)×80 000÷1 000+(0.37+0.02×8)×80 000÷1 000×35×(8−1)×2÷1 000×0.26＝47.8(台班)

【例1.4】某水泥、石灰稳定土基层工程,筛拌法,设计配合比为5.5∶3.5∶91,厚度23 cm,确定水泥、石灰、土的实用定额值。

解:水泥、石灰稳定土基层见定额第190页,2-1-6-1、2。

根据"路面工程"章第1节说明第2条(定额163页)知:各类稳定土基层定额中的材料消耗系按一定配合比编制的,当设计配合比与定额标明的配合比不同时,有关材料可按下式进行换算:

$$C_i = [C_d + B_d(H_1 - H_0)] \times L_i / L_d$$

式中　C_i——按设计配合比换算后的材料用量;

　　　C_d——定额中基本压实厚度的材料用量;

　　　B_d——定额中压实厚度每增加或减少1 cm的材料数量;

　　　H_0——定额中基本压实厚度(15 cm);

　　　H_1——设计压实厚度;

　　　L_d——定额标明的材料百分率;

　　　L_i——设计配合比的材料百分率。

通过计算可得:

水泥:$[20.392 + 1.02 \times (23-20)] \times 5.5/6 = 21.498$(t)

石灰:$[14.943 + 0.747 \times (23-20)] \times 3.5/4 = 15.036$(t)

土:$[268.07 + 13.4 \times (23-20)] \times 91/90 = 311.695$(m^3)

3)"桥涵工程"章说明运用实例

桥涵工程章总说明共5条,包括11节,各节又有节说明,需要认真阅读。

【例1.5】某桥的草袋围堰工程,装草袋的土人工挑抬运距220 m,围堰高2.2 m。确定工程的预算定额。

解:草袋围堰定额见定额第430页,4-2-2。

根据"桥涵工程"章第2节说明第2条(定额426页)知:草土、草、麻袋、竹笼、木笼铁丝围堰定额中已包括50 m以内人工挖运土方的工日数量,定额中括号内所列"土"的数量不计价,仅限于取土运距超过50 m时,按人工挖运土方的增运定额,增加运输用工。

人工挖运土方增运定额见定额第10页1-1-6-4。

人工定额=26+增列超距运输用工=26+[5.9×(220-50)/10÷1 000×68.41]=26+6.86=32.86(工日)

草袋1 139个,±(68.41 m^3)不计价。

4)预算定额后5章说明运用实例

【例1.6】列出下列预算定额:

(1)装载机装,15 t以内自卸汽车运土,运距9 km。

(2)15 t以内自卸汽车配合装载机运路基土方,运距9 km。

(3)指出(1)、(2)两定额的区别。

解:(1)属于材料运输第9章第1 199页9-1-6-91、92。

15 t汽车:$0.38 + 0.08 \times (9-1) = 1.02$(台班)

基价:$352 + 74 \times (9-1) = 944$(元)

（2）属于路基工程章见定额 P16 页 1-1-11-21、23。

汽车:5.01+0.58×(9−1)×2=14.29(台班)

基价:4 643+538×(9−1)×2=13 251(元)

（3）（1）与（2）的区别:（1）是材料运输(第 9 章),(2)是路基土废方运输(第 1 章)。

1.6　概预算定额的运用

1.6.1　定额编号的引用

编制概预算时,在计算表格中均要列出所用的定额表号。一般可采用:[页号-表号-栏号]的编号方法。这种编号的方法容易查找,检查方便,不易出错。但书写字码较多,在概预算表中占格较宽。

另一种编号方法是省去页号,按[章-节-表-栏]的编号方法。例如《概算定额》中,浆砌片石基础的定额号为[4-5-2-1],即《概算定额》第 4 章第 5 节第 2 表第 1 栏。

定额编号在概预算文件中十分重要。一方面,保证复核、审查人员利用编号快速查找,核对所用定额的准确性;另一方面,对如此繁多的工程细目的工作内容以编号形式建立一一对应的模式,便于计算机处理及修编定额人员的统计工作;第三,在概预算文件的 21-2 表中,"定额表号"一栏必须填上对应的定额细目代号。不论手工计算,还是计算机处理,都必须保证该栏目的准确性。

1.6.2　定额的直接套用

如果设计图的要求、工作内容及确定的工程项目完全与相应定额的内容符合,可直接套用定额。

【例 1.7】确定人工挖运普通土(手推车运土)运 50 m 的预算定额,重载运输升 8% 的坡。

解:（1）由《预算定额》目录可知该定额在 10 页,定额表号为 1-1-6;

（2）确定定额号为[10-1-1-6-2+4]或[10106002,辅助定额 10106004];

（3）该定额小注 4 规定:如遇升降坡时,除按水平运距计算运距外,并按坡度不同需增加运距,重新计算运距为 50+50×8%×15=110 m,具体规定见预算定额第 10 页;

（4）计算定额值:

人工:$145.5+5.9×\frac{110−20}{10}=198.6$(工日/1 000 m³)

基价:$15 464+627×\frac{110−20}{10}=21 107$(元)

1.6.3　定额的抽换

由于定额是按一般合理的施工组织和正常的施工条件编制的。定额中所采用的施工方法和工程质量标准,主要依据国家标准计量而取得。因此,使用定额时不得因具体工程的施工组织、操作方法和材料消耗与定额的规定不同而变更定额。只有以下几种情况才允许对定额中某些项目进行抽换,使定额的使用更符合实际情况。

(1)定额抽换的条件

①就地浇筑钢筋混凝土梁用的支架及拱圈用的拱盔、支架,如确因施工安排达不到规定的周转次数时,可根据具体情况进行换算并按规定计算回收。

②设计采用的混凝土、砂浆标号或水泥标号与定额所列标号不同时,可按配合比表进行换算。

③钢筋工程中,当设计用Ⅰ、Ⅱ级钢筋比例与定额比例不同时,可进行换算。

④如施工中必须使用特殊机械时,可按具体情况进行换算。

(2)定额抽换实例

【例1.8】某石砌桥墩高19 m,用M12.5砂浆砌料石、镶面。试确定该项目的预算定额。

解:根据《预算定额》砌筑工程节说明1,可知因采用M12.5砂浆砌筑,应对定额中的M7.5砂浆进行抽换。

(1)料石砌筑、镶面定额,定额表号为[4-5-4];

(2)抽换说明:由于镶面料石的砌筑砂浆采用M12.5取代原M7.5,因此应进行抽换。①由[4-5-4]表查得M7.5砂浆2.00 m³/10 m³;水泥0.56 t、中砂2.28 m³。②由"基本定额"的砂浆配比表查得:每配制1 m³ M12.5砂浆,需32.5号水泥345 kg、砂1.07 m³;而每砌筑10 m³料石需砌筑砂浆2.0 m³和勾缝砂浆0.09 m³,那么根据此比例得出如下抽换计算:

水泥:2.0×345+0.09×345=721(kg)=0.721(t)

中砂:1.07×2.0+1.07×0.09=2.24(m³)

【例1.9】某跨径16 m的石拱桥,制备1孔木拱盔,满堂式,周转2次。确定其实际周转次数的周转性材料预算定额。

解:(1)由《预算定额》目录可知定额在836页,定额表号为[4-9-2]。

(2)确定定额号为[836-4-9-2]或[40902]。

(3)该定额总说明8规定:就地浇筑钢筋混凝土用的支架及拱圈用的拱盔、支架,如确因施工安排达不到规定的周转次数时,可根据具体的情况换算并按规定计算回收。其具体规定见预算定额总说明第8条。

在《预算定额》的附录中编制有材料的周转及摊销定额,它的主要用途有:

①规定各种周转性材料的周转、摊销次数;

②对达不到规定周转次数的材料定额进行抽换;

③具体计算可按下式进行:

$$E' = E \times K$$

式中　E'——实际周转次数的周转性材料定额;

E——定额规定的周转性材料定额。

$K = n/n'$

n——定额规定的材料周转次数;

n'——实际的材料周转次数。

（4）计算

序 号	材料规格名称	单 位	定额值 E	n	n'	K	换算值 E'
1	原木	m³	0.47	5	2	2.5	1.175
2	锯材	m³	1.63	5	2	2.5	4.075
3	铁件	kg	41.8	5	2	2.5	104.5
4	铁钉	kg	1.1	4	2	2	2.2

①材料定额：原木 0.47 m³，锯材 1.63 m³，铁件 41.8 kg，铁钉 1.1 kg。

②1 231 页，附录3，查得木拱盉的周转性材料的规定周转次数是：木材5次，铁件5次，铁钉4次。而实际周转次数为2次。

③实际定额为：原木 = 0.47 m³×5/2 = 1.175 m³，锯材 = 1.63 m³×5/2 = 4.075 m³，铁件 = 41.8 kg×5/2 = 104.5 kg，铁钉 = 1.1 kg×4/2 = 2.2 kg。

1.6.4 定额的补充

随着科学技术的发展，新结构、新工艺、新材料、新设备在公路工程上广泛使用。但是，定额的制定必须要有一定的周期，在新定额未颁布以前，为了合理、正确地反应工程造价和经济效益，在现行使用的概、预算定额基础上，又编制有部颁补充定额、地区补充定额和个别工程项目的一次性补充定额等。所以，在查用现行定额时，应注意定额表左上方的"工程内容"所包含的项目与实际工程项目是否完全一致，结构形式、施工工艺是否相同。要正确选用补充定额，做到不重不漏。

【例1.10】某中桥河中桥墩挖基工程，施工地面水深1 m，人工挖基，15 m木塔架吊运普通土的预算定额。

解：（1）由预算定额目录可知定额在421页，定额表号为4-1-2；

（2）确定定额号为[421-4-1-2]或[40102003]；

（3）该定额表左上角"工程内容"包括：①人工挖土或人工打眼开炸石方；②装土、卷扬机吊运土出坑外；③清理、整平、夯实土质基底，检平石质基底；④挖排水沟及集水井；⑤搭拆脚手架、移动卷扬机及整修运土、石渣便道；⑥取土回填、铺平、洒水、夯实。

（4）根据施工过程和工艺的要求，应补充抽水及扒杆的制作、安装、拆除定额。

（5）应补充的定额号如下：

①抽水：在该定额节说明中进行补充（418页）；

②木塔架的制作、安装、拆除定额号为[805-4-7-30]或[40730002]。

1.6.5 基本定额

1）基本定额的定义

基本定额是指在合理的条件下，为生产单位数量半产品、中间产品所规定的各种资源（工、料、机、费用等)消耗量标准。

2)基本定额的组成

基本定额由 4 部分组成:

①桥涵模板工作;

②砂浆及混凝土材料消耗,包括砂浆配合比表和混凝土配合比表;

③脚手架、踏步、井子架工料消耗;

④基本定额材料规格与质量。

3)基本定额的作用

①进行定额抽换。

②分析分项工程或半成品所需要人工、材料、机械消耗量。如新型结构桥梁中的混凝土构件在定额中查不到,此时即可通过基本定额来计算所需人工、机械、材料数量。

【例 1.11】某浆砌片石基础工程,设计采用 10 号砂浆,问编制预算时是否要进行定额抽换,如何进行抽换?

解:(1)由《预算定额》目录可知定额在 628 页,定额表号为[4-5-2]。

(2)定额中需砂浆 7.5 号,而设计是 10 号,需进行定额抽换。

(3)抽换方法:①由 628-4-5-3-1 定额查得:每 10 m³ 的实体需 7.5 号砂浆 3.5 m³,325 号水泥 0.931 t,砂 3.82 m³(其余不需抽换)。②由 1 009 页基本定额知:1 m³ 10 号砂浆需:325 号水泥 311 kg,砂 1.07 m³。③采用 10 号砂浆时 325 号水泥:3.5×0.311 t = 1.09 t,中砂:3.5 m³×1.07 = 3.75 m³。

1.6.6 定额的综合运用

【例 1.12】某高速公路的一段,路基土方挖方土质为普通土,平均运距 30 m 的有 1 000 000 m³,平均运距 50 m 的有 1 000 000 m³,平均运距 200 m 的有 1 000 000 m³,平均运距 3 000 m 的有 1 000 000 m³。

问题:

(1)计算挖土方的平均运距。

(2)提出全部合理的机械化施工方式。

(3)提出不同机械施工方式的预算定额工程细目名称、定额表号及定额直接费。

分析要点:

本案例主要考核关于土、石方工程机械的经济运距,以及机械规格型号的选择。

工程量较大的土、石方施工应选择大功率或大吨位的施工机械,工程量小的土、石方施工应选择小功率或小吨位的施工机械。

本案例推土机以 135 ~ 240 kW 均属正确;铲运机以 10 ~ 12 m³ 均属正确;自卸汽车以 12 ~ 15 t 均属正确;装载机以 2 ~ 3 m³ 均属正确。

解:(1)挖土方平均运距

$$= (30 \times 1\,000\,000 + 50 \times 1\,000\,000 + 200 \times 1\,000\,000 + 3\,000 \times 1\,000\,000) \div 4\,000\,000 =$$

820(m)

(2)合理的机械化施工方式

平均运距30 m和50 m的采用推土机施工;

平均运距200 m的采用铲运机施工;

平均运距3 000 m的采用推土机集土、装载机装土、自卸汽车运输施工。

(3)不同施工方式的预算定额工程细目名称、定额表号如下:

施工方式	预算定额细目名称		定额表号	数量 1 000 m³	定额基价	调整系数	备　注
推土机施工	165 kW 以内的推土机	第一个 20 m	10112018	2 000	2 114	—	按平均运距 40 m 考虑
		每增运 10 m	10112020	2 000	606	2	
铲运机施工	10 m³ 以内的铲运机	第一个 100 m	10113006	1 000	3 192	—	
		每增运 50 m	10113008	1 000	466	2	运距 200 m
装载机配合自卸汽车施工	165 kW 以内的推土机推松集土		10112018	1 000	2 114	0.8	见预算定额 15 页
	3 m³ 以内的装载机装土		10110003	1 000	1 350	—	
	15 t 以内自卸汽车运土	第一个 1 km	10111023	1 000	5 728	—	
		每增运 0.5 km	10111024	1 000	686	4	增运 2 km

参考资料:

[1]中华人民共和国交通运输部.公路工程概算定额:2018 年版[M].北京:人民交通出版社,2019.

[2]中华人民共和国交通运输部.公路工程预算定额:2018 年版[M].北京:人民交通出版社,2019.

[3]交通运输部定额站.公路工程定额的编制与管理:2011 年版[M].北京:人民交通出版社,2011.

本章小结

本章主要介绍了道桥工程定额的概念、特点和作用;对道桥工程定额的分类、原理及构成做了详细介绍;分别举例讲述了概、预算定额中各章说明的使用;对于定额运用介绍了定额编号的引用、定额的直接套用、定额的抽换与补充、基本定额的运用以及定额的综合运用。

课后习题

1. 定额的定义和特点是什么？

2. 定额按实物量消耗的分类有哪几种？按使用要求分类有哪几种？

3. 什么是时间定额和机械定额？

4. 机械台班费用定额的用途是什么？

5. 定额抽换的条件是什么？

6. 概算定额与预算定额的主要区别是什么？

7. 什么是基本定额？其作用是什么？

8. 浆砌块石拱圈工程,跨径 50 m 以内,砂浆 10 号,水泥 425 号。问编制预算是否要抽换？怎样抽换？

9. 水泥石灰砂砾基层,定额取定配合比是 5∶5∶90,基本压实厚度 15 cm,设计配合比为 4∶8∶88,设计厚度为 18 cm。试按设计配合比计算水泥、石灰、砂砾的定额。已知定额:15 cm 厚度:水泥 16.065 t/1 000 m², 石灰 16.223 t/1 000 m², 砂砾 180.73 m³/1 000 m²。每增减 1 cm 厚度:水泥 1.071 t/1 000 m², 石灰 1.082 t/1 000 m², 砂砾 12.05 m³/1 000 m²。

10. 浆砌片石基础工程 56.71 m³,设计采用与定额相同编号的砂浆。其用量为 7.5 号砂浆 3.5 m³/10 m³ 砌体,每 1 m³ 7.5 号砂浆需 325 号水泥 292 kg,中粗砂 1.09 m³。试计算该工程中水泥和中粗砂的用量。

11. 水泥混凝土构件预制场在准备、建造、施工、直到安装前的工艺流程中,所牵涉的预算定额的工程内容。

12. 列出拌和设备生产能力为 120 t/h 的中粒式沥青混合料的施工过程中,在集中拌和条件下,从拌和设备安装、混合料拌和直到摊铺所涉及的预算定额的工程内容和预算定额编号。

第2章
道桥工程概预算

本章导读

基本要求:了解概算、预算的定义,概预算文件的作用;熟悉概预算文件组成,甲组文件、乙组文件的内容;掌握人工、材料、机械台班单价,人工费、材料费、机械费、直接工程费及间接费、建筑安装工程费以及其他有关费用的计算,概预算文件的编制步骤。在掌握概预算各费用计算的基础上,能熟练完成概预算文件的编制。

重点:人工、材料、机械台班单价的计算,人工费、材料费、机械费、直接工程费及间接费、建筑安装工程费以及其他有关费用的计算,概预算文件的编制步骤。

难点:概预算各费用的计算和概预算文件的编制。

2.1 投资额测算体系与概预算项目

投资是指为了实现某一特定目的而将其能支配的资源投入社会再生产过程的一种社会实践活动。它是最重要和最复杂的经济活动之一。公路基本建设工程投资是众多投资中的一种。国家和社会通过对公路工程项目的投资活动,建立起交通运输的基本通道,为社会的经济发展和人们的生活提供最根本和最直接的物质条件。因此,必须对基本建设工程投资进行科学的管理和严格的控制。

2.1.1 投资额测算体系

为了对公路基本建设工程进行全面而有效的工程造价管理,在项目的各阶段都必须编制有关的造价文件,这些不同造价文件的投资额则要根据其主要内容要求,由不同测算工作来完成。投资额按工程的建设程序进行分类,有如下几种:

1）投资额估算

投资额估算,一般是指在投资前期(规划、项目建议书、可行性研究报告)阶段,建设单位向国家申请拟建项目或国家对项目进行决策时,确定建设项目在规划、项目建议书、可行性研究报告等不同阶段相应投资总额而编制的经济文件。

国家对任何一个拟建项目,都要通过对可行性研究报告的全面评审后,才能决定是否正式立项。在可行性研究中,除考虑国家经济发展上的需要和技术上的可行性外,还要考虑经济上的合理性。投资额估算为投资决策提供数量依据,也是建设项目经济效益分析中确定成本的主要依据,因此,它是建设项目在初步设计前各阶段工作中,作为拟建项目在经济上是否合理的重要文件。它具有如下几个方面的作用:

①投资额估算是国家决定拟建项目是否继续进行研究的依据。

②投资额估算是国家审批项目建议书的依据。

③投资额估算是国家审批建设项目可行性研究报告的依据。

可行性研究报告被批准后,投资额估算就作为控制初步设计概预算的依据,也是国家对建设项目下达投资的限额,并可作为资金筹措计划的依据。

④投资额估算是国家编制中长期规划和保持合理投资结构的依据。

根据投资额估算的作用不同,其内容的深浅程度也不尽相同。公路工程投资额估算是公路建设项目可行性研究报告中的重要内容,它可分为两类:一类是项目建议书投资额估算,另一类是工程可行性研究投资额估算。交通部在 2019 年公布了《公路工程基本建设项目投资估算编制办法》(JTG 3820—2018)和《公路工程估算指标》(JTG/T 3821—2018),自 2019 年 5 月 1 日起施行,在编制公路工程投资额估算时,应按其规定执行,并应满足预可行性研究和工程可行性研究的要求。

2）概算

概算又分为设计概算和修正概算两种。设计概算是指在初步设计或技术设计阶段,由设计单位根据设计图纸、概算定额、各类费用定额、建设地区的自然条件和技术经济条件等资料,预先计算和确定建设项目从筹建至竣工验收交付使用全部建设费用的造价文件。它是设计文件的重要组成部分,是国家确定和控制公路基本建设投资总额,安排基本建设计划,选择最优设计方案的依据。建设项目的总概算一经批准,在建设项目的其他阶段是不能随意突破的。

3）施工图预算

公路基本建设项目不论采用几阶段设计,设计单位在施工图设计阶段均应编制施工图预算。施工图预算是以设计单位为主,必要时可邀请施工单位、建设单位参加,根据施工图设计的工程量和施工方案,按预算定额和各类费用定额,所编制的反映工程造价的文件。它是考核施工图设计经济合理性的依据,对于按施工图预算承包的工程它又是签订建筑安装工程合同,实行建设单位和施工单位投资包干和办理工程结算的依据;对于进行施工招标的工程,施工图预算也是编制工程标底的依据;同时,它也是施工单位加强经营管理,搞好经济核算的基础。

施工图预算必须以施工图图纸、说明书、施工组织设计以及编制预算的法令性文件为依据。

4）施工预算

施工预算是施工单位进行成本控制与成本核算的依据,也是施工单位进行劳动组织与安排,以及进行材料和机械管理的依据,对施工组织和施工生产有着极为重要的作用。

施工预算是指施工阶段,在施工图预算的控制下,施工单位根据施工图计算的分项工程量、施工定额、施工组织设计或分部分项工程施工组织设计以及其他有关技术资料,通过工料分析,计算和确定完成一个工程项目或一个单位工程或其中的分部分项工程所需的人工、材料、机械台班消耗量及其他相应费用的造价文件。施工预算所反映的是完成工程项目的成本,是成本控制的主要目标。

5) 招标控制价

招标控制价是工程项目实行招标时,按发包工程的工程内容、设计文件、合同条件以及技术规范和有关定额等资料进行编制的反映投资额测算的文件。招标控制价是评标的根本依据,也是衡量投标人报价水平高低的基本指标,在招投标工作中起着关键作用。招标控制价一般以施工图预算为基础进行编制。

6) 报价

报价是由投标单位根据招标文件及有关定额(主要是投标单位根据自身的施工经验与管理水平所制定的企业定额)和招标项目所在地区的自然、社会和经济条件及施工组织方案和投标单位自身条件,计算完成招标工程所需各项费用的造价文件。报价是投标文件最重要的组成部分,是投标工作的关键和核心,也是能否中标的主要依据。报价过高,中标率就会降低;报价过低,尽管中标率增大,但可能无利可图,甚至中标单位会承担工程亏本的风险,因此,能否准确计算和合理确定工程报价,是施工企业在投标竞争中能否获胜的前提条件。中标单位的报价,将直接成为工程承包合同价的主要基础,并对将来施工过程起着严格的制约作用。承包单位和业主均不能随意更改报价。

报价与施工预算比较接近,但不同于施工预算。报价的费用组成和计算方法同概预算类似,但其编制体系和要求均不同于概预算,尤其目前招投标工作中,一般采用单价合同,因而使报价时的费用分摊与概预算的费用计算方式有很大差别。总的看来,报价与概预算的差别主要体现在两个方面:一是概预算文件必须按国家有关规定进行编制。二是概预算由设计单位编制完成后,必须经建设单位或其主管部门、建设银行等审查批准后才能作为建设单位与施工单位结算工程价款的依据;而报价则可以根据投标单位对工程和招标文件的理解程度,在预算造价上下浮动,无须预先送建设单位审核。因此,报价比概预算更复杂,也比概预算更灵活。

报价与招标控制价有着极为密切的关系,招标控制价同概预算的性质很相近,编制方式也相同,都有较为严格的要求。报价则比招标控制价编制要灵活,由于二者有很明显的区别,并且从不同角度来对同一工程的造价进行预测,计算结果很难相同。但报价与招标控制价又有极其密切的关系,如果报价与招标控制价偏离较大的话,则无中标的可能。随着公路工程投资体制的进一步改革(如项目业主责任制的推行),公路工程招投标制度的进一步完善和公路施工监理制度的推广,将会进一步加强和完善招标控制价与报价这两种工程造价测算工作,也必然会使各方和更多的人认识这两种测算工作的重要性,从而把它们做得更好。投标报价超过投标控制价则会导致废标。

7) 工程结算

工程项目建设是一个复杂的过程,涉及的单位是一些相对独立的经济实体,有着各自的经济利益,在项目建设过程中承担着不同的工作内容,因此,无论公路工程项目采用何种方式进行建设,在建设过程中,各经济实体之间必然会发生货币收支行为。这种在项目建设过程中由于器材采购、劳务供应,施工单位已完工程点交和可行性研究及设计任务的完成等经济活动而引起的货币收支行为,就是项目结算。在社会主义商品经济条件下,公路建设项目的建设过程也是一种商品的生产过程,其间所发生的一系列工作和活动最终都要通过结算来完成。因此,正确而及时组织项目结算,全面做好项目结算的各项工作,对于加速资金周转,加强经济核算,促进建设任务的完成,保证项目建设的顺利进行以及加强对项目建设过程的财政信用监督等方面都有着十分重要的意义。项目的结算过程,实际上也是组织基本建设活动,实行基本建设拨款、货款的投资过程,也是及时掌握项目投资活动中的动态及其变化情况的过程。项目结算是国家组织的基本建设经济活动,及时掌握经济活动信息,实现固定资产再生产的重要手段。同时,通过结算,可以协助建设单位有计划地组织一切货币收支活动,使各企业、各单位的劳动耗能及时得到补偿。

项目结算的主要内容包括货物结算、劳务供应结算、工程(费用)结算及其他货币资金的结算等。货物结算是指建设单位同其他经济单位之间,由于物资的采购和转移而发生的结算;劳务供应结算是指建设单位同其他单位之间,由于提供劳务而发生的结算;工程费用的结算指建设单位同施工单位之间,由于拨付各种预付款和支付已完工程等费用而发生的结算;其他货币资金结算是指基本建设各部门,承包企业和各单位之间由于资金往来以及他们同建设银行之间因存款、放款业务而发生的结算。

工程费用结算又称为工程价款结算,是项目结算中最重要和最关键的部分,是项目结算的主体内容,占整个项目结算额的75%~80%。工程价款结算,一般以实际完成的工程量和有关合同单价以及施工过程中现场实际情况的变化资料(如工程变更通知、计日工使用记录等)计算当月应付的工程价款。施工单位将实际完成的工程量填入各种报表,按月送交驻地监理工程师验收签认,然后向建设单位提交当月工程价款结算单。根据结算应付的工程价款经总监理工程师签认的支付证书,财务部门才能转账。目前,由于各地区施工单位流动资金支付方式的差别和具体工程项目的不同,工程价款的结算方法有很多形式。建设银行1990年实行的《建设工程价款结算办法》第五条规定:建设工程价款结算可以根据不同情况采取多种方式:①按月结算;②竣工后一起结算;③分段结算;④约定的其他结算方式。而实行 FIDIC 条款的合同,则明确规定了计量支付条款,对结算内容、结算方式、结算时间、结算程序给予了明确规定,一般是按月申报,期中支付,分段结算,最终结清。

8)竣工决算

竣工决算是指在建设项目完工后竣工验收阶段,由建设单位编制的建设项目从筹建到建成投产或使用的全部实际成本的技术经济文件。它是公路建设投资管理的重要环节,是公路工程竣工验收及交付使用的重要依据,也是进行公路建设项目财务总结,银行对其实行监督的必要手段。其内容由文字说明和结算报表两部分组成。文字说明主要包括:工程概况;设计概算和基本建设规划执行情况;各项技术经济指标完成情况;各项拨款(或货款)使用情况;建设成本和投资效果的分析以及建设过程中的主要经验;存在的问题和解决意见,等等。

应当注意,施工单位往往也根据工程结算结果,编制单位工程竣工成本决算,核算单位工程的预算成本、实际成本和成本降低额。工程结算人员经企业内部成本分析,突出经营效果,总结经验,提高经营管理水平。

投资活动的进展顺序及相关工作内容和投资额测算的相互关系如图 2.1 所示。

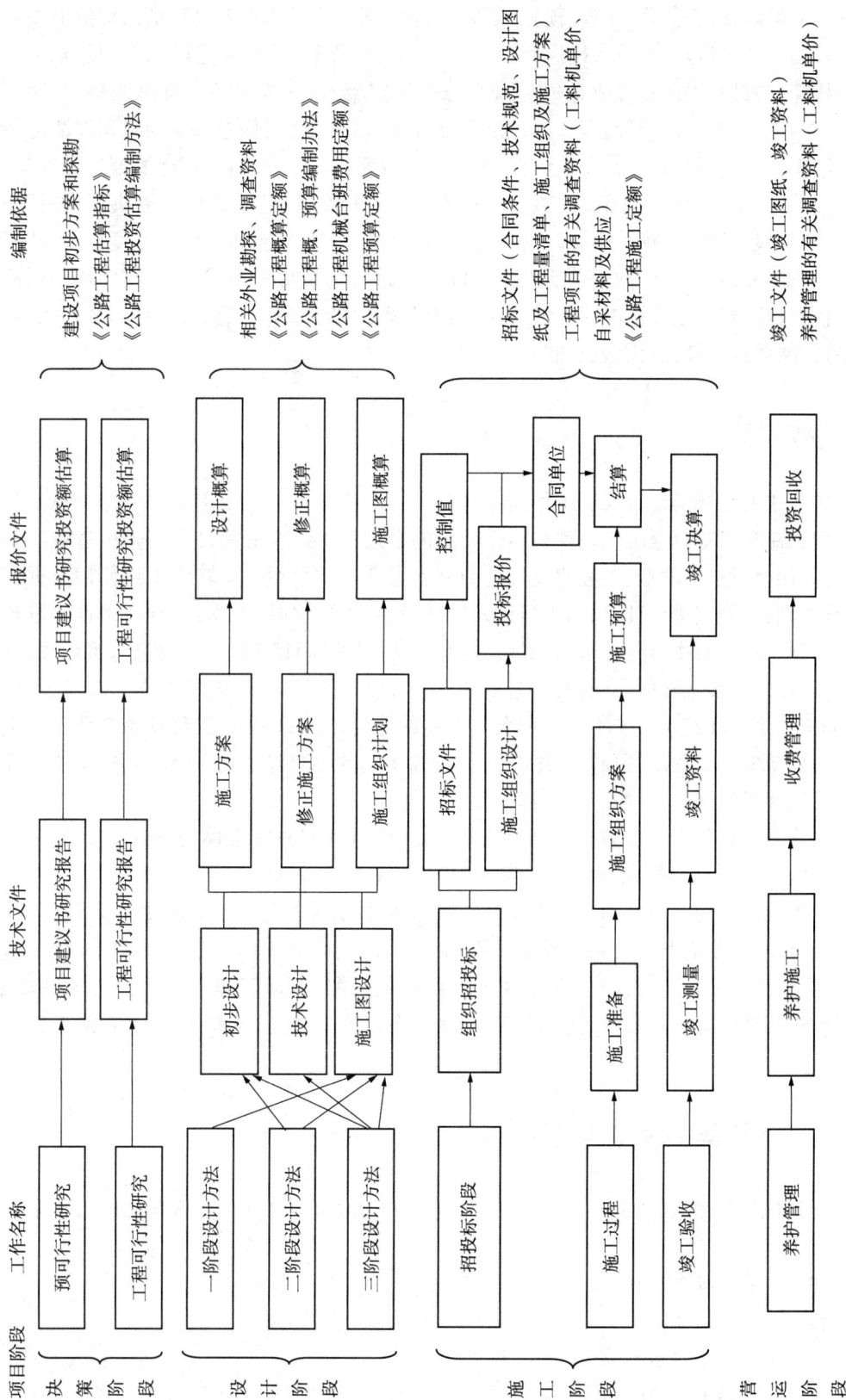

图 2.1　投资进程与投资额测算关系

项目阶段	工作名称	技术文件	报价文件	编制依据

决策阶段

- 预可行性研究 → 项目建议书研究报告 → 项目建议书研究投资额估算
  - 编制依据：建设项目初步方案和探勘　《公路工程估算指标》　《公路工程投资估算编制方法》
- 工程可行性研究 → 工程可行性研究报告 → 工程可行性研究投资额估算

设计阶段

- 一阶段设计方法 → 初步设计 → 施工方案 → 设计概算
- 二阶段设计方法 → 技术设计 → 修正施工方案 → 修正概算
- 三阶段设计方法 → 施工图设计 → 施工组织计划 → 施工图概算
  - 编制依据：相关外业勘探、调查资料　《公路工程概算》　《公路工程概、预算编制办法》　《公路工程机械台班费用定额》　《公路工程预算定额》

施工阶段

- 招投标阶段 → 组织招投标 → 招标文件 → 控制值；施工组织设计 → 投标报价 → 合同单位
- 施工过程 → 施工准备 → 施工组织方案 → 施工预算 → 结算
- 竣工验收 → 竣工测量 → 竣工资料 → 竣工决算
  - 编制依据：招标文件（合同条件、技术规范、设计图纸及工程量清单、施工组织及施工方案）工程项目的有关调查资料（工料机单价、自采材料及供应）　《公路工程施工定额》

营运阶段

- 养护管理 → 养护施工 → 收费管理 → 投资回收
  - 编制依据：竣工文件（竣工图纸、竣工资料）　养护管理的有关调查资料（工料机单价）

从图 2.1 可以看出,估算、概算、预算、招标控制价、报价和结算以及决算都以价值形态贯穿整个投资过程。从申报建设项目,确定和控制基本建设投资额,进行基建经济管理和施工单位进行经济核算,到最后以决算形成企(事)业单位的固定资产,构成了一个有机的整体,缺一不可。因此,在一定意义上说,它们是基本建设投资活动的血液,也是联系参与项目建设活动各经济实体的纽带。申报项目要编投资额估算,设计要编概算和施工图预算,招标要编招标控制价,投标要编报价,施工前要编施工预算,施工过程之中要进行结算,施工完成要编决算,并且一般还要求决算不能超过预算,预算不能超过概算,概算则不能超出估算所允许的幅度范围,结算不能突破合同价的允许范围,合同价不能偏离报价与招标控制价太多,而报价(指中标价)则不能超出招标控制价的规定幅度范围,并且招标控制价不允许超概预算。总之,各种测算环环相扣,紧密联系,共同对投资额进行有效控制。

2.1.2 划分项目

①概预算主要组成是建筑安装工程概预算。

公路建设工程从筹建至竣工,验收、运营使用的全过程中需要的建设费用是由建筑安装工程费、土地使用及拆迁补偿费、工程建设其他费和预备费四部分组成。其中土地使用及拆迁补偿费按照国家有关规定进行计算;而工程建设其他费多为费用性质的支付,预备费也是按规定进行计算。这三部分费用可分别按国家规定的有关费用标准和相应的产品价格直接计算,较易确定。但是,建筑安装工程则不同,要从基本的分项工程的各项消耗开始逐步扩大计算,其中包括直接、间接的消耗和建筑安装工人为社会所创造的价值。因此,公路工程概预算费用的主要组成部分是建筑安装工程的概预算费用。在一定意义上讲,编制公路工程概预算,主要是编制建筑安装工程概预算,它是编制公路工程概预算的关键。

②建筑安装工程是由众多数量的分项工程组成的庞大复杂的综合体,直接计算出它的全部人工、材料和机械台班的消耗量及费用,是一项极为困难的工作。

③为了准确无误地计算和确定建筑安装工程的造价,必须对公路基本建设工程项目进行科学地分析与分解,使之有利于公路工程概预算的编审,以及公路基本建设的计划、统计和基建拨款贷款等各方面的工作,在编制概预算时项目不重不漏,保证工程造价文件的编制质量,因此,必须对概预算项目的划分、排列顺序及内容作出统一规定,这就形成了公路工程概预算项目表。

2.1.3 道路桥梁概预算项目

公路工程概预算项目应按项目表的序列及内容进行编制。公路工程概预算项目主要包括以下内容:

第一部分 建筑安装工程

第一项 临时工程

第二项 路基工程

第三项 路面工程

第四项　桥梁涵洞工程

第五项　隧道工程

第六项　交叉工程

第七项　交通工程及沿线设施

第八项　绿化及环境保护工程

第九项　其他工程

第十项　专项费用

第二部分　土地使用及拆迁补偿费

第三部分　工程建设其他费

第四部分　预备费

1. 施工场地建设费

2. 安全生产费

2.1.4　项目表使用注意事项

《公路工程建设项目概算预算编制办法》对全国的公路工程基本建设概、预算的编制做了规范化的规定,防止出现混乱、漏列、错列的现象。具体规定是:概算、预算项目应按项目表的序列及内容编制。当实际出现的工程和费用项目与项目表的内容不完全相符时,第一、二、三、四部分和"项"的序号、内容应保留不变,项目表中的"项"以下的分项在引用时应保持序号、内容不变,缺少的分项内容可随需要就近增加,并按项目表的顺序以实际出现的级别依次排列,不保留缺少的"项"以下的项目序号。

2.2　概预算文件的作用及组成

2.2.1　概预算的作用

工程概预算是决定工程结构物设计价值的造价文件,是基本建设管理工作中的重要环节。概预算文件编制质量的好坏,对国家基本建设资金是否能正确合理地使用有重大的影响。它既是衡量完成国家计划的依据,又是正确组织施工的前提。

一个工程设计,技术上是否先进合理,工程造价是衡量的标准之一。当基本建设项目确定后,如何将大量的劳动力和材料用好、管好,做到少花钱多办事,是工程组织管理的主要内容,因此,从设计、施工直至投产,都离不开工程概预算。工程概预算是设计文件的组成部分,又是工程管理不可缺少的内容和依据。其作用归纳如下:

(1)工程概预算是编制基本建设计划,确定和控制基本建设投资额的依据

国家规定,编制年度基本建设计划,确定计划投资额及其构成数额,要以批准的初步设计概算中有关指标为依据,初步设计概算没有批准的建设工程不能列入年度基本建设计划。批准的投资数额,是控制国家投资的最高限额,在工程建设过程中,一般不能突破这一限额。

（2）工程概预算是设计与施工方案优选的依据

工程概预算是确定工程价值的造价文件，它不仅反映各项工程的建设规模，并规定了工程经济活动范围，同时也综合体现出各项工程设计与施工方案的合理性（其中包括路线方案、结构形式、材料品种和施工方法等多个方面）。

首先，概预算有货币的指标体系。当建设项目的各个设计方案出来以后，可以利用总概预算造价指标、单位工程概预算造价指标、单位产品成本等指标进行经济比较，从而可以发现问题，促使设计人员进一步改进设计，从而选出最优的设计方案。因为每个方案的设计意图都会通过计算工程量和各项费用全部反映到概预算文件中来，通过这些货币指标的比较，就可以从中选出在各方面均能满足原定要求而又经济的最佳方案，从而促进设计的优化工作。

其次，基本建设概预算文件中的实物指标，如主要材料（钢材、木材、水泥、沥青等）的消耗量，人工、机械台班的消耗量，对于进行技术经济分析与考虑经济效益也有着重要的作用，尤其当需要考虑物价上涨问题时，对不同材料的上涨指数，可通过对实物指标的分析来获得，从而可预测不同设计方案的物价风险。

（3）工程概预算是实行基本建设招投标，签订工程合同，进行工程拨款、贷款和结算的依据

合同制是按照经济规律要求所确定的一种经济管理办法。工程承包合同包括工程范围、施工期限、工程质量、工程造价、材料设备供应和工程结算等内容，所以工程概预算是签订工程承包合同的重要依据之一。

初步设计概算是拨款和贷款的最高限额，对建设项目的全部拨款、贷款或单项、单位工程的拨款、贷款累计总额，不能超过初步设计概算。以批准的初步设计进行施工招标的工程其单项或单位工程的标底应在批准的总概算范围内。

施工图预算是实行建筑安装工程包干，办理工程进度款，安排施工组织计划和备料，进行工程结算的依据。以施工图设计进行施工招标的工程，经审定批准后的施工图预算是编制工程招标控制价的依据。

（4）工程概预算是施工企业加强经营管理，搞好经济核算的基础

公路工程施工企业为了加强经营管理，搞好经济核算，降低工程成本，增加利润，就必须以概预算为基础，制订经营计划，做好施工准备，进行"两算"对比，并考核经营效果和完善经济责任制。

施工企业的经营计划和施工财务计划的组成内容，以及它们的相应指标体系中的部分指标的确定，都必须以施工图预算为依据。例如，实物工程量、工作量、总产值和利润额等指标，其中的总产值应直接按工程承包的施工图预算价格计算。另外，在编制施工财务计划中的施工计划、保证性计划中的材料技术供应计划的财务计划时，也必须以施工图预算为依据。

在对拟建工程进行施工的准备过程中，依赖于施工图预算提供有关数据的工作主要有：在施工图预算的控制下编制单位工程施工预算；以施工图预算的分部分项工程量、工料分析为依据，编制施工进度计划和劳动力、材料、成品、半成品、构件及施工机械等需要量及供应计划，并落实货源，组织运输，控制消耗；以施工图预算提供的直接费、间接费为依据，对工程施工进度的网络计划进行工期与资源、工期与成本优化等。

"两算"是指施工图预算和施工预算。施工企业为搞好经济核算，常常通过施工预算与施工图预算的对比，对"施工预算"进行审核，从中发现矛盾并及时分析原因，然后予以纠正。这

样既可以防止多算或漏算,有利于企业对单位工程经济收入的预测与控制,又可以使人工、材料、机械台班等资源需要量计划的编制工作准确无误,有利于工料消耗的分析与控制,确保工程施工的顺利进行。

施工企业以施工图预算为依据,实行内部的单位工程、班组和各职能部门的经济核算,从而使企业本身及其内部各部门和全体职工明确自己的经济责任,努力提高劳动生产率,确保安全施工,大力节约工时和资源,保证每项工程都能达到工期短、质量好、成本低、利润高的目的。

(5)工程概预算是对工程进行成本分析和统计工程进度的重要指标

对基本建设计划完成情况和存在的问题,必须通过基本建设统计分析加以反映。基本建设会计是以货币指标和实物指标反映工程的人工、材料、机械台班的实际消耗。会计的有关科目应和概预算一致,才能对照工程概预算各费用项目,进行成本分析。同时,通过对在建项目的概预算完成情况的统计,可以及时了解工程的进度。

必须指出,由于初步设计概算和施工图预算编制的时间、依据和要求不同,因此它们的作用既有共同点也有不同之处。由于它们都是国家对基本建设进行科学管理和监督的有效手段,所以在编制年度基本建设计划,确定工程造价、方案,签订工程合同,建设银行进行拨款(贷款)和竣工结算等方面有着共同的作用。其不同之处主要表现在:设计概算在确定的控制建设项目投资总额等方面的作用最为突出;施工图预算在最终确定和控制单项工程或单位工程的计划价格、施工企业加强经济管理等方面的作用最显著。

2.2.2　概预算的编制依据

公路工程概预算的编制是一项十分细致的工作,编制前应全面了解工程所在地的建设条件,掌握各种基础资料,正确引用规定的定额、取费标准和材料及设备价格。在编制时严格执行国家的方针、政策和有关制度,符合公路设计施工技术规范。编制的主要依据如下:

①法令性文件。即编制概预算中必须遵循的国家、交通部和地方主管部门颁布的有关法令性文件或规定,如交通部颁发的《公路基本建设工程概算、预算编制办法》以及《公路工程基本建设项目设计文件编制办法》等。

②设计资料。设计概算文件应根据建设项目的初步设计编制;修正概算文件应根据技术设计(或扩大初步设计)编制;施工图预算则应根据施工图设计编制。

编制人员应熟悉设计资料、结构特点及设计意图。设计图纸上的工程细目数量往往不能满足概预算编制的要求,还需做出必要的计算或补充,对设计文件上提出的施工方案还需补充和完善。

③概预算定额,概算指标,取费标准,材料、设备预算价格等资料。概算文件应根据概算定额(或指标)、其他工程费和间接费标准、计划利润率、税金、材料、设备预算价格等资料进行编制;施工图预算应根据国家或主管部门编制的公路工程预算定额或其他专用定额、省(区)编制的补充定额、其他工程费和间接费标准、计划利润率、税金、材料、设备预算价格等资料进行编制。

④施工组织设计资料。从施工组织设计中可以看出,与概预算编制有关的资料包括:工程中的开竣工日期、施工方案、主要工程项目的进度要求、材料开采与堆放地点,大型临时设施的

规模、建设地点和施工方法等。

⑤当地物资、劳力、动力等资源可利用的情况。本着因地制宜、就地取材的原则,对当地情况应作深入的调查了解,经反复比较后确定最优成果。

物资:外购材料要确定外购的地点、货源、质量、分期到货等情况;自采加工材料要确定开采地点、开采方式、运输条件(道路、运输工具及各种运输工具的比重、运价、装卸费等)、堆放地点等。

劳力:当地各种技工及普工可以提供的数量、劳力分布地点、工资标准及其他要求等。

动力:当地可供利用的电力资源情况,包括提供的数量、单价以及可能出现的输电线路变压器问题等情况。

运输:向运输部门了解当地各种运输工具可供利用的情况及运价、装卸费等有关规定。

⑥施工单位的施工能力及潜力。编制概算时,施工单位尚未明确,可按中等施工能力考虑。施工图预算,若已明确施工单位,就应根据施工单位的管理与技术水平,确定新工艺、新技术采用的可能程度,明确施工单位可以提供的施工机具、劳力、设备以及外部协作关系。

⑦了解当地自然条件及其变化规律。如气温、雨季、冬季、洪水季节及规律,风雪、冰冻、地质、水源等。

⑧其他工程及沿线设施。如旧有建筑物的拆迁,与水利、电信、铁路的干扰及解决措施,清除场地、管理养护及服务设施等。

2.2.3 概预算费用组成

根据交通部发布的《公路基本建设工程概算、预算编制办法》(JTG 3830—2018),公路工程概预算费用由建设安装工程费、土地使用及拆迁补偿费、工程建设其他费、预备费共四大部分费用组成,如图2.2所示。

2.2.4 概预算文件组成

概、预算文件由封面及目录,概、预算编制说明和全部概、预算计算表格组成。

(1)封面及目录

概、预算文件的封面和扉页应按《公路工程基本建设项目设计文件编制办法》中的规定制作,扉页的次页应有建设项目名称,编制单位,编制、复核人员姓名并加盖执业(从业)资格印章,编制日期及第几册共几册等内容。概、预算文件的封面和扉页的格式见附录五。目录应按概、预算表的表号顺序编排。

(2)概、预算编制说明

概、预算编制完成后,应写出编制说明,文字力求简明扼要。应叙述的内容一般有:

①建设项目设计资料的依据及有关文号,如建设项目可行性研究报告批准文号、初步设计和概算批准文号(编修正概算及施工图预算时),以及根据何时的测设资料及比选方案进行编制等。

概预算总金额
- 建筑安装工程费
  - 直接费
    - 人工费
    - 材料费
    - 施工机械使用费
  - 设备购置费
  - 措施费
    - 冬季施工增加费
    - 雨季施工增加费
    - 夜间施工增加费
    - 特殊地区施工增加费
      - 高原地区施工增加费
      - 风沙地区施工增加费
      - 沿海地区施工增加费
    - 行车干扰施工增加费
    - 施工辅助费
    - 工地转移费
  - 企业管理费
    - 基本费用
    - 主副食运费补贴
    - 职工探亲路费
    - 职工取暖补贴
    - 财务费用
  - 规费
    - 养老保险费
    - 失业保险费
    - 医疗保险费
    - 工伤保险费
    - 住房公积金
  - 利润
  - 税金
  - 专项费用
    - 施工场地建设费
    - 安全生产费
- 土地使用及拆迁补偿费
- 工程建设其他费
  - 建设项目管理费
    - 建设单位（业主）管理费
    - 建设项目信息化费
    - 工程监理费
    - 设计文件审查费
    - 竣（交）工验收试验检测费
  - 研究试验费
  - 建设项目前期工作费
  - 专项评价（估）费
  - 联合试运转费
  - 生产准备费
    - 工器具购置费
    - 办公和生活用家具购置费
    - 生产人员培训费
    - 应急保通设备购置费
  - 工程保通管理费
  - 工程保险费
  - 其他相关费用
- 预备费
  - 基本预备费
  - 价差预留费
- 建设期贷款利息

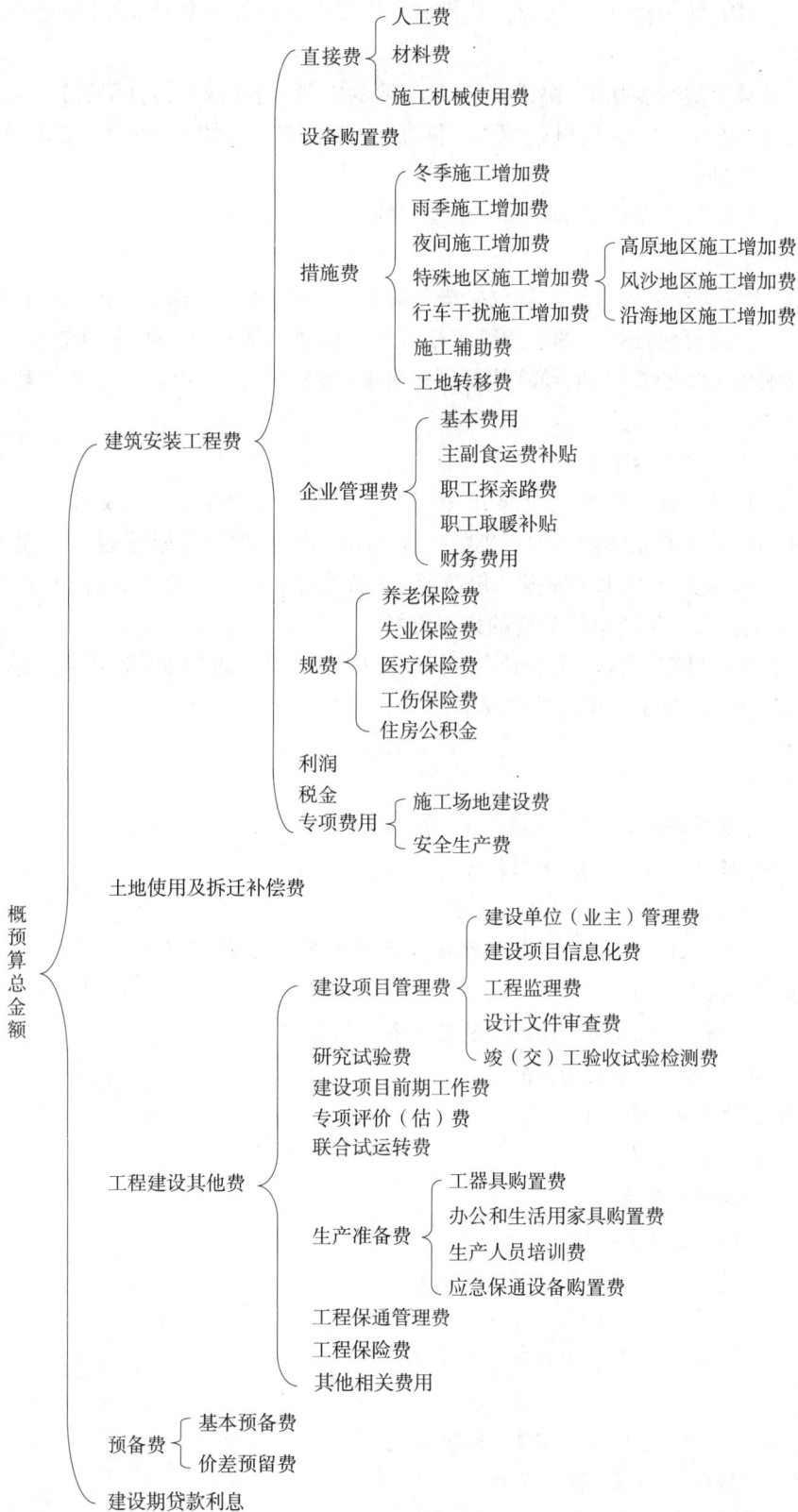

图 2.2　概预算费用组成

②采用的定额、费用标准,人工、材料、机械台班单价的计算依据或来源,补充定额及编制依据的详细说明。

③与概、预算有关的委托书、协议书、会议纪要的主要内容(或将抄件附后)。

④总概、预算金额,人工、钢材、水泥、木料、沥青的总需要量情况,各设计方案的经济比较,以及编制中存在的问题。

⑤其他与概、预算有关但不能在表格中反映的事项。

(3)概、预算表格

概预算文件的主要内容和组成部分是概预算表格,它实际上是由一套规定的表格所组成。并且,公路工程概预算应按统一的概预算表格计算。概预算表格是一个有机的整体,它们互相联系,共同反映出工程的费用;概预算的材料和机械台班单价及各项费用的计算都应通过表格反映。

(4)甲组文件与乙组文件

概、预算文件是设计文件的组成部分,按不同的需要分为两组:甲组文件为各项费用计算表;乙组文件为建筑安装工程费各项基础数据计算表。两组文件应按《公路工程基本建设项目设计文件编制办法》关于设计文件报送份数要求,随设计文件一并报送,并同时提交可计算的造价电子数据文件和新工艺单价分析的详细资料。

当一个建设项目需要分段或分部编制时,应根据需要分别编制,但必须汇总编制"总概(预)算汇总表"甲、乙组文件包括的内容下:

(1)甲组文件

a.编制说明;

b.前后阶段费用对比表;

c.建设项目属性及技术经济信息表(00 表);

d.总概(预)算汇总表(01-1 表);

e.总概(预)算人工、主要材料、施工机械台班数量汇总表(02-1 表);

f.概(预)算表(01 表);

g.人工、主要材料、施工机械台班数量汇总表(02 表);

h.建筑安装工程费计算表(03 表);

i.综合费率计算表(04 表);

j.综合费用计算表(04-1 表);

k.设备费计算表(05 表);

l.专项费用计算表(06 表);

m.土地使用及拆迁补偿费计算表(07 表);

n.工程建设其他费计算表(08 表);

o.人工、材料、施工机械台班单价汇总表(09 表)。

(2)乙组文件

a.分项工程概(预)算计算数据表(21-1 表);

b.分项工程概(预)算表(21-2 表);

c.材料预算单价计算表(22 表);

d. 自采材料料场价格计算表(23-1 表);

e. 材料自办运输单位运费计算表(23-2 表);

f. 施工机械台班单价计算表(24 表);

g. 辅助生产人工、材料、施工机械台班单位数量表(25 表)。

2.3　基础单价计算

2.3.1　人工单价计算

人工工日单价由省级交通运输主管部门制定发布,并适时进行动态调整。

人工工日单价仅作为编制概算、预算的依据,不作为施工企业实发工资的依据。

2.3.2　材料预算单价

材料预算价格由材料原价、运杂费、场外运输损耗、采购及仓库保管费组成。

$$材料预算价格=(材料原价+运杂费)×(1+场外运输损耗率)×$$
$$(1+采购及保管费率)-包装品回收价值 \tag{2.1}$$

材料预算价格由材料原价、运杂费、场外运输损耗、采购及保管费组成。

$$材料预算价格=(材料原价+运杂费)×(1+场外运输损耗率)×(1+采购及保管费率)-$$
$$包装品回收价值。 \tag{2.2}$$

(1)材料原价

各种材料原价按下列规定计算:

①外购材料:外购材料价格参照本行政区域内交通运输主管部门发布的价格和按调查的市场价格进行综合取定。

②自采材料:自采的砂、石、黏土等自采材料,按定额中开采单价加辅助生产间接费和矿产资源税(如有)计算。

(2)运杂费

运杂费系指材料自供应地点至工地仓库(施工地点存放材料的地方)的费用,包括装卸费、运费,如果发生,还应计囤存费及其他杂费(如过磅、标签、支撑加固、路桥通行等费用)。

通过铁路、水路和公路运输的材料,按调查的市场运价计算运费。

有容器或包装的材料及长大轻浮材料,应按表 2.1 规定的毛质量计算。桶装沥青、汽油、柴油按每吨摊销一个旧汽油桶计算包装费(不计回收)。

材料单位运杂费的计算:

$$材料单位运杂费=单位运费+单位装卸费+单位杂费 \tag{2.3}$$
$$单位运费=运价率×运距×单位毛重 \tag{2.4}$$

式中　运价率——运输每吨每千米材料的费用[元/(t·km)],按当地运输部门规定计列;

运距——由运料的起点到运料终点间的距离(km);

$$单位装卸费 = 装卸费率 × 单位毛重 \qquad (2.5)$$

毛重系数、单位毛重按表 2.1 确定。

（3）场外运输损耗

场外运输损耗指有些材料在正常的运输过程中发生的损耗。材料场外运输操作损耗率见表 2.2。

（4）采购及仓库保管费

材料采购及保管费指在组织采购、保管过程中,所需的各项费用及工地仓库的材料储存损耗。材料采购及保管费,以材料的原价加运杂费及场外运输损耗的合计数为基数,乘以采购及保管费费率计算。

钢材的采购及保管费费率为 0.75%,燃料、爆破材料为 3.26%,其余料为 2.06%。商品水泥混凝土、沥青混合料和各类稳定土混合料、外购的构件、成品及半成品的预算价格计算方法与材料相同。商品水泥混凝土、沥青混合料和各类稳定土混合料不计采购及保管费,外购的构件、成品及半成品的采购及保管费费率为 0.42%。

表 2.1 材料毛重系数及单位毛量表

材料名称	单　　位	毛重系数	单位毛重
爆破材料	t	1.35	—
水泥、块状沥青	t	1.01	—
铁钉、铁件、焊条	t	1.10	—
液体沥青、液体燃料、水	t	桶装 1.17,油罐车装 1.00	—
木料	m³	—	1.000 t
草袋	个	—	0.004 t

表 2.2 材料场外运输操作损耗率表（%）

材料名称		场外运输（包括一次装卸）	每增加一次装卸
块状沥青		0.5	0.2
石屑、碎砾石、砂砾、煤渣、工业废渣、煤		1.0	0.4
砖、瓦、桶装沥青、石灰、黏土		3.0	1.0
草皮		7.0	3.0
水泥（袋装、散装）		1.0	0.4
砂	一般地区	2.5	1.0
	风沙地区	5.0	2.0

注:汽车运水泥如运距超过 500 km 时,袋装水泥损耗率增加 0.5 个百分点。

2.3.3 机械台班单价计算

机械台班预算价格应按现行《公路工程机械台班费用定额》(JTG/T 3833)计算,机械台班单价由不变费用和可变费用组成。不变费用包括折旧费、检修费、维护费、安拆辅助费等;可变费用包括机上人员人工费、动力燃料费、车船税。可变费用中的人工工日数及动力燃料消耗量,应以机械台班费用定额中的数值为准。台班人工费工日单价同生产工人人工费单价。动力燃料费用则按材料费的计算规定计算。

工程仪器仪表使用费指机电工程施工作业所发生的仪器仪表使用费,以施工仪器仪表台班耗用量乘以施工仪器仪表台班单价计算。

当工程用电为自行发电时,电动机械每度电的单价可由下述近似公式计算:

$$A = 0.15K/N \tag{2.6}$$

式中　A——每 kW·h 电单价(元);

　　　K——发电机组的台班单价(元);

　　　N——发电机组的总功率(kW)。

2.4　建筑安装工程费计算

2.4.1　直接费计算

直接费是指施工过程中耗费的构成工程实体和有助于工程形成的各项费用,包括人工费、材料费、施工机械使用费。

直接费是建筑安装工程费的主体部分,它的高低直接决定了工程造价的高低。直接费的多少取决于设计质量、施工方法、概(预)算定额、工程所在地的人工工日单价、材料预算单价、机械台班单价以及工程所在地的其他工程费的费率等因素。

直接费的计算方法是:①将工程项目按要求分解成分项工程并计算各分项工程的工程量;②查阅和套用定额项目表中各分项工程的人工、材料、机械消耗量;③根据分项工程的工程量大小和定额的规定计算出各分项工程的人工、材料、机械消耗量;④用人工工日单价、材料预算单价和机械台班单价计算出各分项工程的人工费、材料费、机械使用费;⑤将人工费、材料费、机械使用费合计起来得到直接费。

(1)人工费计算

人工费是指列入概、预算定额的直接从事建筑安装工程施工的生产工人开支的各项费用。人工费包括以下内容:

①计时工资或计件工资:指按计时工资标准和工作时间或对已做工作按计件单价支付给个人的劳动报酬。

②津贴、补贴:指为了补偿职工特殊或额外的劳动消耗和因其他特殊原因支付给个人的津贴,以及为了保证职工工资水平不受物价影响支付给个人的物价补贴。如流动施工津贴、特殊地区施工津贴、高温(寒)作业临时津贴、高空津贴等。

③特殊情况下支付的工资:指根据国家法律、法规和政策规定,因病、工伤、产假、计划生育假、婚丧假、事假、探亲假、定期休假、停工学习、执行国家或社会义务等原因按计时工资标准或

计件工资标准的一定比例支付的工资。

人工费以概算、预算定额人工工日数乘以综合工日单价计算。人工费的计算公式为:

$$人工费 = \sum 分项工程数量 \times 相应定额单位工日数 \times 工日单价 \qquad (2.7)$$

式中:分项工程数量根据设计图纸按工程量计算规则计算得到;定额单位工日数由定额查得。

【例2.1】某公路工程人工夯实填土,工程量为3 000 m³,在该地区发布的人工单价是105元/工日,试确定该项目的预算人工费。

解:查预算定额表1-1-7"夯实填土",定额值为85工日/1 000 m³

人工费 = 3 000×85/1 000×105 = 26 775(元)

(2)材料费计算

材料费是指施工过程中耗用的构成工程实体的原材料、辅助材料、构配件、零件、半成品或成品等,按工程所在地的材料价格计算的费用。

材料费在建筑安装工程费用计算中占主要地位,准确计算材料费对概预算工作有巨大意义。其计算公式如下:

$$材料费 = \sum (分项工程数量 \times 相应定额单位材料消耗量 \times 材料预算价格 +$$
$$分项工程数量 \times 其他材料费) \qquad (2.8)$$

式中:分项工程数量根据设计图纸按工程量计算规则计算得到;定额材料消耗量以及其他材料费由定额查得。

材料费计算步骤:

①分项并计算工程数量:将工程按要求分项,计算各分项工程的工程量,并按定额单位计算定额工程数量。

②查定额:由各分项工程查相应定额,确定材料的消耗种类及相应数量。

③计算材料预算价格:将定额中所出现的种类材料,按规定分别计算其预算单价。

④计算材料费:先计算各分项工程的材料费,然后计算工程项目的材料费。

【例2.2】某箱型拱桥工程中预制主拱圈300 m³,需要运输水泥,调查原价为350元/t,运距40 km,运价率为0.3元/(t·km),装卸费为1.0元/t,试计算水泥的材料费。

解:(1)计算水泥的材料预算价格

查得水泥的毛重系数为1.01。

水泥的单位运杂费 = (0.3×40+1.0)×1.01 = 13.13(元/t)

水泥的场外运输损耗率为1.0%,采购及保管费费率为2.06%,水泥的预算价格:

水泥的预算价格 = (350+13.13)×(1+1.0%)×(1+2.06%) = 374.32(元/t)

(2)计算该项目中水泥的材料费

查预算定额"预制双曲拱桥构件"4-7-23知每10 m³实体需要42.5级水泥4.474 t。

水泥的材料费 = 工程量×相应的定额×材料预算价格

= 300×4.474/10×374.32 = 50 241.23(元)

(3)施工机械使用费计算

施工机械使用费是指列入概算、预算定额的工程机械和工程仪器仪表台班数量,按相应的施工机械台班费用定额计算的费用等。计算公式为：

$$施工机械使用费 = \sum （分项工程数量×相应定额单位机械台班消耗量×$$

$$机械台班单价+分项工程数量×小型机具使用费）\qquad（2.9）$$

施工机械使用费计算步骤：

①分项及工程数量计算：同前。

②定额机械台班消耗量：由定额直接查得完成一定数量单位的分项工程定额所规定消耗的机械种类及台班数量和小型机具使用费。

③计算机械台班单价。

④计算机械费：将工程数量、定额及台班单价代入式2.9完成机械费的计算。

$$直接费=人工费+材料费+机械费\qquad（2.10）$$

【例2.3】某路基工程土方约为3 000 m³，土为普通土，推土机施工，功率90 kW以内，推土机运距50 m，柴油单价为6.3元/kg，人工单价为105元/工日，试确定推土机的机械费。

解：(1)确定推土机的定额

查《公路工程预算定额》表1-1-12"推土机推土"得推土机的定额值

$$2.15+（50-20）×0.72÷10=4.31（台班）$$

(2)计算推土机的台班单价

查《机械台班费用定额》，90 kW推土机的不变费用是347.89元/台班；可变费用是人工：2工日/台班，柴油：65.37 kg/台班。

推土机的台班单价=不变费用+可变费用=347.89+2×105+65.37×6.3=969.72（元/台班）

(3)计算推土机的机械费用

$$3 000×4.31÷1 000×969.72=12 538.48（元）$$

2.4.2　设备购置费

设备购置费是指为满足公路初期运营、管理需要购置的构成固定资产标准的设备和虽低于固定资产标准但属于设计明确列入设备清单的设备的费用，包括：渡口设备，隧道照明、消防、通风的动力设备，公路收费、监控、通信、路网运行监测、供配电及照明设备等。

①设备购置费应列出计划购置的清单(包括设备的规格、型号、数量)，以设备预算价计入。

②设备购置费包括设备原价、运杂费、运输保险费、采购及保管费，各种税费按编制期有关部门规定计算。

③需要安装的设备，按建筑安装工程费的有关规定计算设备的安装工程费。设备与材料的划分标准参见《公路工程建设项目概算预算编制办法》的附录C。

2.4.3　措施费

措施费包括冬季施工增加费、雨季施工增加费、夜间施工增加费、特殊地区施工增加费、行车干扰施工增加费、施工辅助费、工地转移费。由于工程项目千差万别，所以无法按各具体工程项目来制定费率标准,因此,只能将性质相近的工程项目合并成若干类别来制订费率。措施费的取费费率必须按工程类别来取。

1)工程类别共划分了10类

①土方:指人工及机械施工的土方工程、路基掺灰、路基换填及台背回填。

②石方:指人工及机械施工的石方工程。

③运输:指用汽车、拖拉机、机动翻斗车、船舶等运送土石方、路面基层和面层混合料、水泥混凝土及预制构件、绿化苗木等。

④路面:指路面所有结构层工程、路面附属工程、便道以及特殊路基处理(不含特殊路基处理中的圬工构造物)。

⑤隧道:指隧道土建工程(不含隧道的钢材及钢结构)。

⑥构造物Ⅰ:指砍树挖根、拆除工程、排水、防护、特殊路基处理中的圬工构造物、涵洞、交通安全设施、拌和站(楼)安拆工程、便桥、便涵、临时电力和电信设施、临时轨道、临时码头、绿化工程等工程。

⑦构造物Ⅱ:指小桥、中桥、大桥、特大桥工程。

⑧构造物Ⅲ:指商品水泥混凝土的浇筑、商品沥青混合料和各类商品稳定土混合料的铺筑、外购混凝土构件、设备安装工程等。

⑨技术复杂大桥:指钢管拱桥、斜拉桥、悬索桥、单孔跨径在120 m以上(含120 m)和基础水深在10 m以上(含10 m)的大桥主桥部分的基础、下部和上部工程(不含桥梁的钢材及钢结构)。

⑩钢材及钢结构:指所有工程的钢材及钢结构等工程。

2)措施费

(1)冬季施工增加费

冬季施工增加费是指按照公路工程施工及验收规范所规定的冬季施工要求,为保证工程质量和安全生产所需采取的防寒保温设施、工效降低和机械作业效率降低以及技术操作过程的改变等所增加的有关费用。

①冬季施工增加费的内容包括:因冬季施工所需增加的一切人工、机械与材料的支出。施工机械所需修建的暖棚(包括拆、移),增加其他保温设备购置费用。因施工组织设计确定,需增加的一切保温、加温等有关支出。清除工作地点的冰雪等与冬季施工有关的其他各项费用。

②全国冬季施工气温区划分表见《编制办法》附录D。

③冬季施工增加费的计算方法,是根据各类工程的特点,规定各气温区的取费标准。为了简化计算手续,采用全年平均摊销的方法,即不论是否在冬季施工,均按规定的取费标准计取冬季施工增加费。

④一条路线穿过两个以上的气温区时,可分段计算或按各区的工程量比例求得全线的平均增加率,计算冬季施工增加费。

⑤冬季施工增加费以各类工程的定额人工费和定额施工机械使用费之和为基数,按工程所

在地的气温区选用表2.3的费率计算。

表2.3 冬季施工增加费费率表(%)

工程类别	冬季期平均气温(℃)								准一区	准二区
	−1以上		−1~−4		−4~−7	−7~−10	−10~−14	−14以下		
	冬一区		冬二区		冬三区	冬四区	冬五区	冬六区		
	I	II	I	II						
土方	0.835	1.301	1.800	2.270	4.288	6.094	9.140	13.720	—	—
石方	0.164	0.266	0.368	0.429	0.859	1.248	1.861	2.801	—	—
运输	0.166	0.25	0.354	0.437	0.832	1.165	1.748	2.643	—	—
路面	0.566	0.842	1.181	1.371	2.449	3.273	4.909	7.364	0.073	0.198
隧道	0.203	0.385	0.548	0.710	1.175	1.52	2.269	3.425	—	—
构造物I	0.652	0.940	1.265	1.438	2.607	3.527	5.291	7.936	0.115	0.288
构造物II	0.868	1.240	1.675	1.902	3.452	4.693	7.028	10.542	0.165	0.393
构造物III	1.616	2.296	3.114	3.523	6.403	8.680	13.020	19.520	0.292	0.721
技术复杂大桥	1.019	1.444	1.975	2.230	4.057	5.479	8.219	12.338	0.170	0.446
钢材及钢结构	0.04	0.101	0.141	0.181	0.301	0.381	0.581	0.861	—	—

(2)雨季施工增加费

雨季施工增加费是指雨季期间施工为保证工程质量和安全生产所需采取的防雨、排水、防潮和防护措施、工效降低和机械作业率降低以及技术操作过程的改变等,所需增加的有关费用。

①雨季施工增加费的内容包括:因雨季施工所需增加的工、料、机费用的支出,包括工作效率的降低及易被雨水冲毁的工程所增加的清理坍塌基坑和堵塞排水沟、填补路基边坡冲沟等工作内容。路基土方工程的开挖和运输,因雨季施工(非土壤中水影响)而引起的黏附工具、降低工效所增加的费用。因防止雨水必须采取的挖临时排水沟、防止基坑坍塌所需的支撑、挡板等防护措施费用。材料因受潮、受湿的耗损费用。增加防雨、防潮设备的费用。因河水高涨致使工作困难等其他有关雨季施工所需增加的费用。

②全国雨季施工雨量区及雨季期划分见《公路工程建设项目概算预算编制办法》附录E。

③雨季施工增加费的计算方法,是将全国划分为若干雨量区和雨季期,并根据各类工程的特点规定各雨量区和雨季期的取费标准。为了简化计算手续,采用全年平均摊销的方法,即不论是否在雨季施工,均按规定的取费标准计取雨季施工增加费。

④一条路线通过不同的雨量区和雨季期时,应分别计算雨季施工增加费或按工程量比例求得平均的增加率,计算全线雨季施工增加费。

⑤雨季施工增加费以各类工程的定额人工费和定额施工机械使用费之和为基数,按工程所在地的雨量区、雨季期选用表2.4的费率计算。

(3)夜间施工增加费

夜间施工增加费是指根据设计、施工技术规范和合理的施工组织要求,必须在夜间施工或必须昼夜连续施工而发生的夜班补助费、夜间施工降效、施工照明设备摊销及照明用电等费用。

夜间施工增加费以夜间施工工程项目的定额人工费与定额施工机械使用费之和为基数,按表2.5的费率计算。

表2.4 雨季施工增加费费率表(%)

工程类别	雨季期(月数)																			
	1	1.5	2	2.5		3		3.5		4		4.5		5		6		7	8	
	雨量区																			
	Ⅰ	Ⅰ	Ⅰ	Ⅰ	Ⅱ	Ⅰ	Ⅱ	Ⅰ	Ⅱ	Ⅰ	Ⅱ	Ⅰ	Ⅱ	Ⅰ	Ⅱ	Ⅰ	Ⅱ	Ⅱ	Ⅱ	
土方	0.140	0.175	0.245	0.385	0.315	0.455	0.385	0.525	0.455	0.595	0.525	0.700	0.595	0.805	0.665	0.939	0.764	1.114	1.289	1.499
石方	0.105	0.140	0.212	0.349	0.280	0.420	0.349	0.491	0.418	0.563	0.487	0.667	0.555	0.772	0.626	0.876	0.701	1.018	1.194	1.373
运输	0.142	0.178	0.249	0.391	0.320	0.462	0.391	0.568	0.462	0.675	0.533	0.781	0.604	0.888	0.675	0.959	0.781	1.136	1.314	1.527
路面	0.115	0.153	0.230	0.366	0.306	0.480	0.366	0.557	0.425	0.634	0.501	0.710	0.578	0.825	0.654	0.940	0.749	1.093	1.267	1.459
隧道	—	—	—	—	—	—	—	—	—	—	—	—	—	—	—	—	—	—	—	—
构造物Ⅰ	0.098	0.131	0.164	0.262	0.196	0.295	0.229	0.360	0.262	0.426	0.327	0.491	0.393	0.557	0.458	0.622	0.524	0.753	0.884	1.015
构造物Ⅱ	0.106	0.141	0.177	0.282	0.247	0.353	0.282	0.424	0.318	0.494	0.388	0.565	0.459	0.636	0.530	0.742	0.600	0.883	1.059	1.201
构造物Ⅲ	0.200	0.266	0.366	0.565	0.466	0.699	0.565	0.832	0.665	0.998	0.765	1.164	0.898	1.331	1.031	1.497	1.164	1.730	1.996	2.295
技术复杂大桥	0.109	0.181	0.254	0.363	0.290	0.435	0.363	0.508	0.435	0.580	0.580	0.689	0.580	0.798	0.653	0.907	0.725	1.052	1.233	1.414
钢材及钢结构	—	—	—	—	—	—	—	—	—	—	—	—	—	—	—	—	—	—	—	—

表2.5 夜间施工增加费费率表

工程类别	费率	工程类别	费率
构造物Ⅱ	0.903	构造物Ⅲ	1.702
技术复杂大桥	0.928	钢结构	0.874

(4)特殊地区施工增加费

特殊地区施工增加费包括高原地区施工增加费、风沙地区施工增加费和沿海地区施工增加费三项。

①高原地区施工增加费,指在海拔高度2 000 m以上地区施工,由于受气候、气压的影响,致使人工、机械效率降低而增加的费用。一条路线通过两个以上(含两个)不同的海拔高度分区时,应分别计算高原地区施工增加费或按工程量比例求得平均的增加率,计算全线高原地区施工增加费。高原地区施工增加费以各类工程的定额人工费与定额施工机械使用费之和为基数,按表2.6的费率计算。

②风沙地区施工增加费,是指在沙漠地区施工时,由于受风沙影响,按照施工及验收规范的

要求,为保证工程质量和安全生产而增加的有关费用,内容包括:防风、防沙及气候影响的措施费,材料费,人工、机械效率降低增加的费用,以及积沙、风蚀的清理修复等费用。

全国风沙地区公路施工区划见《公路工程建设项目概算预算编制办法》附录 F。当地气象资料及自然特征与附录 F 中的风沙地区划分有较大出入时,由项目所在地省级交通运输主管部门按当地气象资料和自然特征及上述划分标准确定工程所在地的风沙区划。一条路线穿过两个以上不同风沙区时,按路线长度经过不同的风沙区加权计算项目全线风沙地区施工增加费。

风沙地区施工增加费以各类工程的定额人工费和定额施工机械使用费之和为基数,根据工程所在地的风沙区划及类别,按表 2.7 的费率计算。

③沿海地区工程施工增加费,是指工程项目在沿海地区受海风、海浪和潮汐的影响,致使人工、机械效率降低等所需增加的费用。本项费用,由沿海各省级交通运输主管部门制定具体的适用范围(地区)。

沿海地区施工增加费以各类工程的定额人工费和定额施工机械使用费之和为基数,按表 2.8 的费率计算。

表 2.6　高原地区施工增加费费率表(%)

工程类别	海拔高度(m)						
	2 001 ~ 2 500	2 501 ~ 3 000	3 001 ~ 3 500	3 501 ~ 4 000	4 001 ~ 4 500	4 501 ~ 5 000	5 000 以上
土方	13.295	19.709	27.455	38.875	53.102	70.162	91.853
石方	13.711	20.358	29.025	41.435	56.875	75.358	100.223
运输	13.288	19.666	26.575	37.205	50.493	66.438	85.040
路面	14.572	21.618	30.689	45.032	59.615	79.500	102.640
隧道	13.364	19.850	28.490	40.767	56.037	74.302	99.259
构造物 Ⅰ	12.799	19.051	27.989	40.356	55.723	74.098	95.521
构造物 Ⅱ	13.622	20.244	29.082	41.617	57.214	75.874	101.408
构造物 Ⅲ	12.786	18.985	27.054	38.616	53.004	70.217	93.371
技术复杂大桥	13.912	20.645	29.257	41.670	57.134	75.640	100.205
钢材及钢结构	13.204	19.622	28.269	40.492	55.699	73.891	98.930

表 2.7　风沙地区施工增加费费率表(%)

工程类别	风沙一区			风沙二区			风沙三区		
	沙漠类型								
	固定	半固定	流动	固定	半固定	流动	固定	半固定	流动
土方	4.558	8.056	13.674	5.618	12.614	23.426	8.056	17.331	27.507
石方	0.745	1.490	2.981	1.014	2.236	3.959	1.490	3.726	5.216
运输	4.304	8.608	13.988	5.380	12.912	19.368	8.608	18.292	27.976
路面	1.364	2.727	4.932	2.205	4.932	7.567	3.365	7.137	11.025

续表

工程类别	风沙一区			风沙二区			风沙三区		
	沙漠类型								
	固定	半固定	流动	固定	半固定	流动	固定	半固定	流动
隧道	0.261	0.522	1.043	0.355	0.783	1.386	0.522	1.304	1.826
构造物Ⅰ	3.968	6.944	11.904	4.960	10.912	16.864	6.944	15.872	23.808
构造物Ⅱ	3.254	5.694	9.761	4.067	8.948	13.828	5.694	13.015	19.523
构造物Ⅲ	2.976	5.208	8.928	3.720	8.184	12.648	5.208	11.904	17.226
技术复杂大桥	2.778	4.861	8.333	3.472	7.638	11.805	8.861	11.110	16.077
钢材及钢结构	1.035	2.070	4.140	1.409	3.105	5.498	2.070	5.175	7.245

表2.8　沿海地区工程施工增加费费率表(%)

工程类别	费率	工程类别	费率
构造物Ⅱ	0.207	构造物Ⅲ	0.195
技术复杂大桥	0.212	钢材及钢结构	0.200

(5)行车干扰工程施工增加费

行车干扰工程施工增加费是指由于边施工边维持通车,受行车干扰的影响,致使人工、机械效率降低而增加的费用。

该费用以受行车影响部分的工程项目的定额人工费和定额施工机械使用费之和为基数,按表2.9的费率计算。

表2.9　行车干扰工程施工增加费费率表(%)

工程类别	施工期间平均每昼夜双向行车次数(机动车、非机动车合计)							
	51~100	101~500	501~1 000	1 001~2 000	2 001~3 000	3 001~4 000	4 001~5 000	5 000以上
运输	1.451	2.230	3.041	4.001	4.641	5.164	5.719	6.285
路面	1.390	2.098	2.802	3.487	4.046	4.496	4.987	5.475
隧道	—	—	—	—	—	—	—	—
构造物Ⅰ	0.924	1.386	1.858	2.320	2.693	2.988	3.313	3.647
构造物Ⅱ	1.007	1.516	2.014	2.512	2.915	3.244	3.593	3.943
构造物Ⅲ	0.948	1.417	1.896	2.365	2.745	3.044	3.373	3.713
技术复杂大桥	—	—	—	—	—	—	—	—
钢材及钢结构	—	—	—	—	—	—	—	—

（6）施工辅助费

施工辅助费包括生产工具用具使用费、检验试验费和工程定位复测、工程点交、场地清理等费用。施工辅助费以各类工程的定额直接费为基数，按表 2.10 的费率计算。

①生产工具用具使用费，指施工所需、不属于固定资产的生产工具，检验、试验用具及仪器、仪表等的购置、摊销和维修费，以及支付给生产工人自备工具的补贴费。

②检验试验费，指施工企业对建筑材料、构件和建筑安装工程进行一般鉴定、检查所发生的费用，包括自设试验室进行试验所耗用的材料和化学药品的费用，以及技术革新和研究试验费，不包括新结构、新材料的试验费和建设单位要求对具有出厂合格证明的材料进行检验、对构件破坏性试验及其他特殊要求检验的费用。

③高填方和软基沉降监测、高边坡稳定监测、桥梁施工监测、隧道施工监控量测、超前地质预报等施工监控费含在施工辅助费中，不得另行计算。

表 2.10　施工辅助费费率表（%）

工程类别	费率	工程类别	费率
土方	0.521	构造物 Ⅰ	1.201
石方	0.470	构造物 Ⅱ	1.537
运输	0.154	构造物 Ⅲ	2.729
路面	0.818	技术复杂大桥	1.677
隧道	1.195	钢材钢结构	0.564

（7）工地转移费

工地转移费，系指施工企业迁至新工地的搬迁费用。

①工地转移费内容包括：施工单位职工及随职工迁移的家属向新工地转移的车费、家具行李运费、途中住宿费、行程补助费、杂费等公物、工具、施工设备器材、施工机械的运杂费，以及外租机械的往返费及施工机械、设备、公物、工具的转移费等。非固定工人进退场的费用。

②工地转移费以各类工程的定额人工费和定额施工机械使用费之和为基数，按表 2.11 的费率计算。

③高速公路、一级公路及独立大桥、独立隧道项目转移距离按省会城市至工地的里程计算；二级及二级以下公路项目转移距离按地级城市所在地至工地的里程计算。

④工地转移里程数在表列里程之间时，费率可内插计算。工地转移距离在 50 km 以内的工程按 50 km 计算。

表 2.11　工地转移费费率表（%）

工程类别	工地转移距离（km）					
	50	100	300	500	1 000	每增加 100
土方	0.244	0.301	0.470	0.614	0.815	0.036
石方	0.176	0.212	0.363	0.476	0.628	0.030
运输	0.157	0.203	0.315	0.416	0.543	0.025

续表

工程类别	工地转移距离（km）					
	50	100	300	500	1 000	每增加100
路面	0.321	0.435	0.682	0.891	1.191	0.062
隧道	0.257	0.351	0.549	0.717	0.959	0.049
构造物Ⅰ	0.262	0.351	0.552	0.720	0.963	0.051
构造物Ⅱ	0.333	0.449	0.706	0.923	1.236	0.066
构造物Ⅲ	0.622	0.841	1.316	1.720	2.304	0.119
技术复杂大桥	0.389	0.523	0.818	1.067	1.430	0.073
钢材及钢结构	0.351	0.473	0.737	0.961	1.288	0.063

2.4.4 企业管理费

企业管理费由基本费用、主副食运费补贴、职工探亲路费、职工取暖补贴和财务费用5项组成。

（1）基本费用

基本费用是指建筑安装企业组织施工生产和经营管理所需的费用。基本费用包括：

①管理人员工资：管理人员的基本工资、绩效工资、津贴补贴及特殊情况下支付的工资以及缴纳的养老、医疗、失业、工伤保险费和住房公积金等。

②办公费：企业管理办公用的文具、纸张、账表、印刷、通信、网络、书报、办公软件、会议、水电、烧水和集体取暖降温（包括现场临时宿舍取暖降温）用煤（电、气）等费用。

③差旅交通费：职工因公出差、调动工作的差旅费、住勤补助费、市内交通费和误餐补助费，劳动力招募费，职工退休、退职一次性路费，工伤人员就医路费以及管理部门使用的交通工具的油料、燃料等费用。

④固定资产使用费：管理部门及附属生产单位使用的属于固定资产的房屋、设备等的折旧、大修、维修或租赁费。

⑤工具用具使用费：企业管理使用的不属于固定资产的工具、器具、家具、交通工具和检验、试验、测绘、消防用具等的购置、维修和摊销费。

⑥劳动保险费：企业支付的离退休职工的易地安家补助费、职工退职金、6个月以上的病假人员工资、职工死亡丧葬补助费、抚恤费、按规定支付给离休干部的各项经费。

⑦职工福利费：按国家规定标准计提的职工福利费。

⑧劳动保护费：企业按国家有关部门规定标准发放的劳动保护用品的购置费及修理费、防暑降温费、在有碍身体健康环境中施工的保健费用等。

⑨工会经费：指企业根据《中华人民共和国工会法》的规定按全部职工工资总额比例计提的工会经费。

⑩职工教育经费：按职工工资总额的规定比例计提，企业为职工进行专业技术和职业技能

培训,专业技术人员继续教育、职工职业技能鉴定、职业资格认定以及根据需要对职工进行各类文化教育所发生的费用,不含职工安全教育、培训费用。

⑪保险费:企业财产保险、管理用及生产用车辆等保险费用及人身意外伤害险费用。

⑫工程排污费:施工现场按规定缴纳的排污费用。

⑬税金:系指企业按规定缴纳的城市维护建设税、教育费附加、地方教育附加、房产税、车船使用税、土地使用税、印花税等。

⑭其他:上述项目以外的其他必要的费用支出,包括技术转让费、技术开发费、竣(交)工文件编制费、招投标费、业务招待费、绿化费、广告费、公证费、定额测定费、法律顾问费、审计费、咨询费以及施工标准化、规范化、精细化管理等费用。

基本费用以各类工程的定额直接费为基数,按表 2.12 的费率计算。

表 2.12　基本费用费率表(%)

工程类别	费　率	工程类别	费　率
土方	2.747	构造物 I	3.587
石方	2.792	构造物 II	4.726
运输	1.374	构造物 III	5.976
路面	2.427	技术复杂大桥	4.143
隧道	3.569	钢材钢结构	2.242

(2)主副食运费补贴

主副食运费补贴是指施工企业在远离城镇及乡村的野外施工购买生活必需品所增加的费用。该费用以各类工程的定额直接费为基数,按表 2.13 的费率计算。

表 2.13　主副食运费补贴费率表(%)

工程类别	综合里程(km)										
	3	5	8	10	15	20	25	30	40	50	每增加 10
土方	0.122	0.131	0.164	0.191	0.235	0.284	0.322	0.377	0.444	0.519	0.070
石方	0.108	0.117	0.149	0.175	0.218	0.261	0.293	0.346	0.405	0.473	0.063
运输	0.118	0.130	0.166	0.192	0.233	0.285	0.322	0.379	0.477	0.519	0.073
路面	0.066	0.088	0.119	0.130	0.165	0.194	0.224	0.259	0.308	0.356	0.051
隧道	0.096	0.104	0.130	0.152	0.185	0.229	0.260	0.304	0.359	0.418	0.054
构造物 I	0.114	0.120	0.145	0.167	0.207	0.254	0.285	0.338	0.394	0.463	0.062
构造物 II	0.126	0.140	0.168	0.196	0.242	0.292	0.338	0.394	0.467	0.540	0.073
构造物 III	0.225	0.248	0.303	0.352	0.435	0.528	0.599	0.705	0.831	0.969	0.132
技术复杂大桥	0.101	0.115	0.143	0.165	0.205	0.245	0.280	0.325	0.389	0.452	0.063
钢材及钢结构	0.104	0.113	0.146	0.168	0.207	0.247	0.281	0.331	0.387	0.449	0.062

说明:综合里程=粮食×0.06+燃料运距×0.09+蔬菜运距×0.15+水运距×0.70;粮食、燃料、蔬菜、水的运距均为全线平均运距;综合里程数在列表之间时,费率采用内插;综合里程在 3 km 以内的工程,按 3 km 计取本项费用。

（3）职工探亲路费

职工探亲路费是指按照有关规定施工企业职工在探亲期间发生的往返交通费和途中住宿费等费用。

该费用以各类工程的定额直接费为基数，按表2.14的费率计算。

表2.14　职工探亲路费费率表（%）

工程类别	费率	工程类别	费率
土方	0.192	构造物 I	0.274
石方	0.204	构造物 II	0.348
运输	0.132	构造物 III	0.551
路面	0.159	技术复杂大桥	0.208
隧道	0.266	钢材钢结构	0.164

（4）职工取暖补贴

职工取暖补贴是指按规定发放给施工企业职工的冬季取暖费或在施工现场设置的临时取暖设施的费用。该费用以各类工程的定额直接费为基数，按工程所在地的气温区（根据《编制办法》附录D）选用表2.15的费率计算。

表2.15　职工取暖补贴费费率表（%）

工程类别	气温区						
	准二区	冬一区	冬二区	冬三区	冬四区	冬五区	冬六区
土方	0.060	0.130	0.221	0.331	0.436	0.554	0.663
石方	0.054	0.118	0.183	0.279	0.373	0.472	0.569
运输	0.065	0.130	0.228	0.336	0.444	0.552	0.671
路面	0.049	0.086	0.155	0.229	0.302	0.376	0.456
隧道	0.045	0.091	0.158	0.249	0.318	0.409	0.488
构造物 I	0.065	0.130	0.206	0.304	0.390	0.499	0.607
构造物 II	0.070	0.153	0.234	0.352	0.481	0.598	0.727
构造物 III	0.126	0.264	0.425	0.643	0.849	1.067	1.297
技术复杂大桥	0.059	0.120	0.203	0.310	0.406	0.501	0.609
钢材及钢结构	0.047	0.082	0.141	0.222	0.293	0.363	0.433

（5）财务费用

财务费用是指施工企业为筹集资金提供投标担保、预付款担保、履约担保、职工工资支付担保等所发生的各种费用，包括企业经营期间发生的短期贷款利息净支出、汇兑净损失、调剂外汇手续费、金融机构手续费，以及企业筹集资金发生的其他财务费用。该费用以各类工程的定额直接费为基数，按表2.16的费率计算。

表 2.16　财务费用费率表(%)

工程类别	费　率	工程类别	费　率
土方	0.271	构造物Ⅰ	0.466
石方	0.259	构造物Ⅱ	0.545
运输	0.264	构造物Ⅲ	1.094
路面	0.404	技术复杂大桥	0.637
隧道	0.513	钢材钢结构	0.653

2.4.5　规　费

规费是指按法律、法规、规程规定施工企业必须缴纳的费用,主要包含以下几项:

①养老保险费:施工企业按规定标准为职工缴纳的基本养老保险费。

②失业保险费:施工企业按规定标准为职工缴纳的失业保险费。

③医疗保险费:施工企业按规定标准为职工缴纳的医疗保险费(含生育保险费)。

④工伤保险费:施工企业按规定标准为职工缴纳的工伤保险费。

⑤住房公积金:施工企业按规定标准为职工缴纳的住房公积金。

各项规费以各类工程的人工费之和为基数,按国家或工程所在地法律、法规、规章、规程规定的标准计算。

2.4.6　利　润

利润系指施工企业完成所承包的工程应取得的盈利。按定额直接费及措施费、企业管理费之和的 7.42% 计算。

2.4.7　税　金

税金是按国家税法规定应计入建筑安装工程造价的增值税销项税额。

$$税金 = (直接费 + 设备购置费 + 措施费 + 企业管理费 + 规费 + 利润) \times 10\% \qquad (2.11)$$

2.4.8　专项费用

专项费用包括施工场地建设费和安全生产费。

(1)施工场地建设费

①按照工地建设标准化要求进行承包人驻地、工地试验室建设,钢筋集中加工、混合料集中拌制、构件集中预制等所需的办公、生活居住房屋(包括职工家属房屋及探亲房屋)、公用房屋

(如广播室、文体活动室、医疗室等)和生产用房屋(如仓库、加工厂、加工棚、发电站、变电站、空压机站、停机棚、值班室等)等费用。

②包括场区平整(山岭重丘区的土石方工程除外)、场地硬化、排水、绿化、标志、污水处理设施、围墙隔离设施等的费用,不包括钢筋加工的机械设备、混合料拌和设备及安拆、预制构件台座、预应力张拉设备、起重及养护设备,以及概算、预算定额中临时工程的费用。

③包括以上范围内的各种临时工作便道(包括汽车、人力车道)、人行便道,工地临时用水、用电的水管支线和电线支线,临时构筑物(如水井、水塔等)、其他小型临时设施等的搭设或租赁、维修、拆除、清理的费用;但不包括红线范围内贯通便道、进出场的临时道路、保通便道。

④工地试验室所发生的属于固定资产的试验设备和仪器等折旧、维修或租赁费用。

⑤施工扬尘污染防治措施费:指裸露的施工场地覆盖防尘网、施工便道和施工场地洒水或喷洒抑尘剂,运输车辆的苫盖和冲洗、环境敏感区设置围挡,防尘标识设置,环境监控与检测等所需要的费用。

⑥文明施工、职工健康生活的费用。

施工场地建设费以施工场地计费基数,按表2.17的费率,以累进法计算。施工场地计费基数为定额建筑安装工程费减去专项费用。

(2)安全生产费

安全生产费包括完善、改造和维护安全设施设备费用,配备、维护、保养应急救援器材、设备费用,开展重大危险源和事故隐患评估和整改费用,安全生产检查、评价、咨询费用,配备和更新现场作业人员安全防护用品支出,安全生产宣传、教育、培训费用,安全设施及特种设备检测检验费用,施工安全风险评估、应急演练等有关工作及其他与安全生产直接相关的费用。

安全生产费按建筑安装工程费(不含安全生产费本身)乘以安全生产费费率计算,费率按不少于1.5%计取。

2.5 土地使用及拆迁补偿费

(1)土地使用及拆迁补偿费内容

土地使用及拆迁补偿费包含永久占地费、临时占地费、拆迁补偿费、水土保持补偿费、其他费用。

永久占地费包括土地补偿费、被征用耕地安置补助费、耕地开垦费、森林植被恢复费、失地农民养老保险费。

临时占地费包括临时征地使用费、复耕费。

拆迁补偿费指被征用或占用土地地上、地下的房屋及附属构筑物、公用设施、文物等的拆除、发掘及迁建补偿费、拆迁管理费等。

水土保持补偿费根据国家相关法律、法规规定缴纳。

其他费用指国务院行政主管部门及省级人民政府规定的与征地拆迁相关的费用。

表 2.17 施工场地建设费费率表

施工场地计费基数（万元）	费率（%）	算例（万元）	
		施工场地计费基数	施工场地建设费
500 及以下	5.338	500	500×5.338%=26.69
500~1 000	4.228	1 000	26.69+(1 000-500)×4.228%=47.83
1 000~5 000	2.665	5 000	47.83+(5 000-1 000)×2.665%=154.43
5 000~10 000	2.222	10 000	154.43+(10 000-5 000)×2.222%=265.53
10 000~30 000	1.785	30 000	265.53+(30 000-10 000)×1.785%=622.53
30 000~50 000	1.694	50 000	622.53+(50 000-30 000)×1.694%=961.33
50 000~100 000	1.579	100 000	961.33+(100 000-50 000)×1.579%=1 750.83
100 000~150 000	1.498	150 000	1 750.83+(150 000-100 000)×1.498%=2 499.83
150 000~200 000	1.415	200 000	2 499.83+(200 000-150 000)×1.415%=3 207.33
200 000~300 000	1.348	300 000	3 207.33+(300 000-200 000)×1.348%=4 555.33
300 000~400 000	1.289	400 000	4 555.33+(400 000-300 000)×1.289%=5 844.33
400 000~600 000	1.235	600 000	5 844.33+(600 000-400 000)×1.235%=8 314.33
600 000~800 000	1.188	800 000	8 314.33+(800 000-600 000)×1.188%=10 690.33
800 000~1 000 000	1.149	1 000 000	10 690.33+(1 000 000-800 000)×1.149%=12 988.33
1 000 000 以上	1.118	1 200 000	12 988.33+(1 200 000-1 000 000)×1.118%=15 224.33

（2）土地使用及拆迁补偿费计算方法

应根据设计文件确定的建设工程用地和临时用地面积及其附着物的情况，以及实际发生的费用项目，按国家有关规定及工程所在地的省（自治区、直辖市）颁布的有关规定和标准计算。

森林植被恢复费应根据审批单位批准的建设工程占用林地的类型及面积，按国家有关规定及工程所在地的省（自治区、直辖市）颁布的有关规定和标准计算。

当与原有的电力电信设施、管线、水利工程、铁路及铁路设施互相干扰时，应与有关部门联系，商定合理的解决方案和补偿金额，也可由这些部门按规定编制费用以确定补偿金额。

水土保持补偿费按各省（自治区、直辖市）制定的水土保持补偿费收费标准进行计算。

2.6 工程建设其他费

工程建设其他费包括建设项目管理费、研究试验费、建设项目前期工作费、专项评价（估）费、联合试运转费、生产准备费、工程保通管理费、工程保险费、其他相关费用。

2.6.1　建设项目管理费

建设项目管理费包括建设单位(业主)管理费、建设项目信息化费、工程监理费、设计文件审查费、竣(交)工验收试验检测费。其中建设单位(业主)管理费、建设项目信息化费和工程监理费均为实施建设项目管理的费用,可根据建设单位(业主)、施工、监理单位所实际承担的工作内容和工作量统筹使用。

1)建设单位(业主)管理费

建设项目管理费指建设单位(业主)为进行建设项目的立项、筹建、建设、竣(交)工验收、总结等工作所发生的费用。

建设单位(业主)管理费包括工作人员的工资、工资性津贴、施工现场津贴,社会保险费用(基本养老、基本医疗、失业、工伤保险)、住房公积金、职工福利费、工会经费、劳动保护费,办公费、会议费、差旅交通费、固定资产使用费(包括办公及生活房屋折旧、维修或租赁费,车辆折旧、维修、使用或租赁费,通信设备购置、使用费,测量、试验设备仪器折旧、维修或租赁费,其他设备折旧、维修或租赁费等)、零星固定资产购置费、招募生产工人费,技术图书资料费、职工教育培训经费,招标管理费,合同契约公证费、法律顾问费、咨询费,建设单位的临时设施费、完工清理费、竣(交)工验收费[含其他行业或部门要求的竣工验收费用、建设单位负责的竣(交)工文件编制费]、各种税费(包括房产税、车船使用税、印花税等),对建设项目前期工作、项目实施及竣工决算等全过程进行审计所发生的审计费用;境内外融资费用(不含建设期贷款利息)、业务招待费及工程质量、安全生产管理费和其他管理性开支。

建设单位(业主)管理费以定额建筑安装工程费为基数,按表 2.18 的费率,以累进方法计算。

表 2.18　建设单位(业主)管理费费率表

定额建筑安装工程费 (万元)	费率 (%)	算例(万元)	
		定额建筑安装工程费	建设单位(业主)管理费
500 及以下	4.858	500	500×4.858% = 24.29
500 ~ 1 000	3.813	1 000	24.29+(1 000−500)×3.813% = 43.355
1 000 ~ 5 000	3.049	5 000	43.355+(5 000−1 000)×3.049% = 165.315
5 000 ~ 10 000	2.562	10 000	165.315+(10 000−5 000)×2.562% = 293.415
10 000 ~ 30 000	2.125	30 000	293.415+(30 000−10 000)×2.125% = 718.415
30 000 ~ 50 000	1.773	50 000	718.415+(50 000−30 000)×1.773% = 1 073.015
50 000 ~ 100 000	1.312	100 000	1 073.015+(100 000−50 000)×1.312% = 1 729.015
100 000 ~ 150 000	1.057	150 000	1 729.015+(150 000−100 000)×1.057% = 2 257.515
150 000 ~ 200 000	0.826	200 000	2 257.515+(200 000−150 000)×0.826% = 2 670.515

定额建筑安装工程费 （万元）	费率 （%）	算例（万元）	
		定额建筑安装工程费	建设单位（业主）管理费
200 000~300 000	0.595	300 000	2 670.515+（300 000-200 000）×0.595% = 3 265.515
300 000~400 000	0.498	400 000	3 265.515+（400 000-300 000）×0.498% = 3 763.515
400 000~600 000	0.450	600 000	3 763.515+（600 000-400 000）×0.45% = 4 663.515
600 000~800 000	0.400	800 000	4 663.515+（800 000-600 000）×0.4% = 5 463.515
800 000~1 000 000	0.375	1 000 000	5 463.515+（1 000 000-800 000）×0.375% = 6 213.515
1 000 000 以上	0.350	1 200 000	6 213.515+（1 200 000-1 000 000）×0.35% = 6 913.515

2）建设项目信息化费

建设项目信息化费是指建设单位（业主）和各参建单位用于建设项目的质量、安全、进度、费用等方面的信息化建设、运维及各种税费等费用，包括建设项目全寿命周期的建筑信息模型（Building Information Modeling）等相关费用。建设项目信息化费以定额建筑安装工程费为基数，按表2.19的费率，以累进方法计算。

3）工程监理费

工程监理费指建设单位（业主）委托具有监理资格的单位，按施工监理规范进行全面的监督和管理所发生的费用。

工程监理费内容包括工作人员的工资、工资性津贴、施工现场津贴、社会保险费用（基本养老、基本医疗、失业、工伤保险）、住房公积金、职工福利费、工会经费、劳动保护费，办公费、会议费、差旅交通费，办公、试验固定资产使用费（包括办公及生活房屋折旧、维修或租赁费，车辆折旧、维修、使用或租赁费，通信设备购置、使用费，测量、试验、检测设备仪器折旧、维修或租赁费，其他设备折旧、维修或租赁费等）、零星固定资产购置费、招募生产工人费，技术图书资料费、职工教育经费、投标费用，合同契约公证费、法律顾问费、咨询费、业务招待费，财务费用、监理单位的临时设施费、完工清理费、竣（交）工验收费、各种税费、安全生产管理费和其他管理性开支。

工程监理费以定额建筑安装工程费为基数，按表2.20的费率，以累进方法计算。

表2.19 建设项目信息化费费率表

定额建筑安装工程费 （万元）	费率 （%）	算例（万元）	
		定额建筑安装工程费	建筑项目信息化费
500 及以下	0.600	500	500×0.6% = 3
500~1 000	0.452	1 000	3+（1 000-500）×0.452% = 5.26
1 000~5 000	0.356	5 000	5.26+（5 000-1 000）×0.356% = 19.5
5 000~10 000	0.285	10 000	19.5+（10 000-5 000）×0.285% = 33.75

续表

定额建筑安装工程费（万元）	费率（%）	算例（万元）	
		定额建筑安装工程费	建筑项目信息化费
10 000 ~ 30 000	0.252	30 000	33.75+(30 000-10 000)×0.252% = 84.15
30 000 ~ 50 000	0.224	50 000	84.15+(50 000-30 000)×0.224% = 128.95
50 000 ~ 100 000	0.202	100 000	128.95+(100 000-50 000)×0.202% = 229.95
100 000 ~ 150 000	0.171	150 000	229.95+(150 000-100 000)×0.171% = 315.45
150 000 ~ 200 000	0.160	200 000	315.45+(200 000-150 000×0.16% = 395.45
200 000 ~ 300 000	0.142	300 000	395.45+(300 000-200 000)×0.142% = 537.45
300 000 ~ 400 000	0.135	400 000	537.45+(400 000-300 000)×0.135% = 672.45
400 000 ~ 600 000	0.131	600 000	672.45+(600 000-400 000)×0.131% = 934.45
600 000 ~ 800 000	0.127	800 000	934.45+(800 000-600 000)×0.127% = 1 188.45
800 000 ~ 1 000 000	0.125	1 000 000	1 188.45+(1 000 000-800 000)×0.125% = 1 438.45
1 000 000 以上	0.122	1 200 000	1 438.45+(1 200 000-1 000 000)×0.122% = 1 682.45

表2.20　工程监理费费率

定额建筑安装工程费（万元）	费率（%）	算例（万元）	
		定额建筑安装工程费	工程监理费
500 及以下	3.00	500	500×3% = 15
500 ~ 1 000	2.40	1 000	15+(1 000-500)×2.4% = 27
1 000 ~ 5 000	2.10	5 000	27+(5 000-1 000)×2.1% = 111
5 000 ~ 10 000	1.94	10 000	111+(10 000-5 000)×1.94% = 208
10 000 ~ 30 000	1.87	30 000	208+(30 000-10 000)×1.87% = 582
30 000 ~ 50 000	1.83	50 000	582+(50 000-30 000)×1.83% = 948
50 000 ~ 100 000	1.78	100 000	948+(100 000-50 000)×1.78% = 1 838
100 000 ~ 150 000	1.72	150 000	1 838+(150 000-100 000)×1.72% = 2 698
150 000 ~ 200 000	1.64	200 000	2 698+(200 000-150 000)×1.64% = 3 518
200 000 ~ 300 000	1.55	300 000	3 518+(300 000-200 000)×1.55% = 5 068
300 000 ~ 400 000	1.49	400 000	5 068+(400 000-300 000)×1.49% = 6 558
400 000 ~ 600 000	1.45	600 000	6 558+(600 000-400 000)×1.45% = 9 458
600 000 ~ 800 000	1.42	800 000	9 458+(800 000-600 000)×1.42% = 12 298

续表

定额建筑安装工程费 （万元）	费率 （%）	算例（万元）	
		定额建筑安装工程费	工程监理费
800 000 ~ 1 000 000	1.37	1 000 000	12 298+（1 000 000−800 000）×1.37% = 15 038
1 000 000 以上	1.33	1 200 000	15 038+（1 200 000−1 000 000）×1.33% = 17 698

4）设计文件审查费

设计文件审查费指在项目审批前,建设单位(业主)为保证勘察设计工作的质量,组织有关专家或委托有资质的单位,对提交的建设项目可行性研究报告和勘察设计文件进行审查所需要的相关费用。

设计文件审查费以定额建筑安装工程费为基数,按表2.21的费率,以累进方法计算。

①建设项目若有地质勘察监理,费用在此项目开支。

②建设项目若有设计咨询(或称设计监理、设计双院制),其费用在此项目内开支。

表 2.21 设计文件审查费费率

定额建筑安装工程费 （万元）	费率 （%）	算例（万元）	
		定额建筑安装工程费	设计文件审查费
5 000 以下	0.077	5 000	5 000×0.077% = 3.85
5 000 ~ 10 000	0.072	10 000	3.85+（10 000−5 000）×0.072% = 7.45
10 000 ~ 30 000	0.069	30 000	7.45+（30 000−10 000）×0.069% = 21.25
30 000 ~ 50 000	0.066	50 000	21.25+（50 000−30 000）×0.066% = 34.45
50 000 ~ 100 000	0.065	100 000	34.45+（100 000−50 000）×0.065% = 66.95
100 000 ~ 150 000	0.061	150 000	66.95+（150 000−100 000）×0.061% = 97.45
150 000 ~ 200 000	0.059	200 000	97.45+（200 000−150 000）×0.059% = 126.95
200 000 ~ 300 000	0.057	300 000	126.95+（300 000−200 000）×0.057% = 183.95
300 000 ~ 400 000	0.055	400 000	183.95+（400 000−300 000）×0.055% = 238.95
400 000 ~ 600 000	0.053	600 000	238.95+（600 000−400 000）×0.053% = 344.95
600 000 ~ 800 000	0.052	800 000	344.95+（800 000−600 000）×0.052% = 448.95
800 000 ~ 1 000 000	0.051	1 000 000	448.95+（800 000−600 000）×0.051% = 550.95
1 000 000 以上	0.050	1 200 000	550.95+（800 000−600 000）×0.050% = 650.95

5）竣（交）工验收试验检测费

竣(交)工验收试验检测费是指在公路建设项目竣(交)工验收前,由建设单位(业主)或工程质量监督机构委托有资质的公路工程质量检测单位按照有关规定对建设项目的工程质量进行检测并出具检测试验意见,以及进行桥梁动(静)载试验或其他特殊检测等所需的费用。

①竣(交)工验收试验检测费按表2.22规定的费率计算。道路工程按主线路基长度计算,桥梁工程以主线桥梁、分离式立交、匝道桥的长度之和进行计算,隧道按单洞长度计算。

②道路工程,高速公路、一级公路按四车道计算,二级及二级以下公路按两车道计算,每增加1个车道,按表2.22的费用增加10%。桥梁和隧道按双向四车道计算,每增加1个车道费用增加15%。二级及二级以下公路的桥隧工程,按表2.22费用的40%计算。

2.6.2 研究试验费

研究试验费是指按项目特点和有关规定,在建设过程中必须进行的研究和试验所需的费用,以及支付科技成果、专利、先进技术的一次性技术转让费。

研究试验费不包括:

①应由前期工作费(为建设项目提供或验证设计数据、资料等专题研究)开支的项目。

②应由科技三项费用(即新产品试制费、中间试验费和重要科学研究补助费)开支的项目。

③应由施工辅助费开支的施工企业对建筑材料、构件和建筑物进行一般鉴定、检查所发生的费用及技术革新研究试验费。

按设计提出的研究试验内容和要求进行编制。

表2.22　竣(交)工验收试验检测费

检测项目			竣(交)工验收试验检测费(元/km)	备　注
道路工程	高速公路		23 500	包括路基、路面、涵洞、通道、路段安全设施和机电、房建、绿化、环境保护及其他工程
	一级公路		17 000	
	二级公路		11 500	
	三级及三级以下公路		5 750	
桥梁工程	一般桥梁		40	包括桥梁范围内的所有土建、安全设施和机电、声屏障等环境保护工程及必要的动(静)载试验
	技术复杂桥梁(元/延米)	钢管拱	750	
		连续刚构	500	
		斜拉桥	600	
		悬索桥	560	
隧道工程(元/延米)		单洞	80	包括隧道范围内的所有土建、安全设施、机电、消防设施等

2.6.3 建设项目前期工作费

建设项目前期工作费指委托勘察设计单位、咨询单位对建设项目进行可行性研究、工程勘察设计,以及设计、监理、施工招标文件及招标标底或造价控制值文件编制时,按规定应支付的费用。

建设项目前期工作费包括：

①编制项目建议书(或预可行性研究报告)、可行性研究报告、投资估算,以及相应的勘察、设计等所需的费用。

②通过风洞试验、地震动参数、索塔足尺模型试验、桥墩局部冲刷试验、桩基承载力试验等为建设项目提供或验证设计数据所需的专题研究费用。

③初步设计和施工图设计的勘察费、设计费、概(预)算编制及调整概算编制费用等。

④设计、监理、施工招标及招标标底(或造价控制值或清单预算)文件编制费等。

前期工作费以定额建筑安装工程费为基数,按表 2.23 的费率,以累进方法计算。

2.6.4　专项评价(估)费

专项评价(估)费指依据国家法律、法规规定进行评价(评估)、咨询,按规定应支付的费用。

专项评价(估)费包括:环境影响评价费、水土保持评估费、地震安全性评价费、地质灾害危险性评价费、压覆重要矿床评估费、文物勘察费、通航论证费、行洪论证(评估)费、使用林地可行性研究报告编制费、用地预审报告编制费、项目风险评估费、节能评估费和社会风险评估费、放射性影响评估费、规划选址意见书编制费等费用。

专项评价(估)费依据委托合同,或参照类似工程已发生的费用进行计列。

2.6.5　联合试运转费

联合试运转费是指建设项目的机电工程,按照有关规定标准,需要进行整套设备带负荷联合试运转所需的全部费用,不包括应由设备安装工程费中开支的调试费用。

联合试运转费包括:联合试运转期间所需的材料、燃料和动力的消耗,机械和检测设备使用费,工具用具和低值易耗品费,参加联合试运转的人员工资及其他费用等。

联合试运转费以定额建筑安装工程费为基数,按 0.04% 费率计算。

表 2.23　建设项目前期工作费费率表

定额建筑安装工程费 (万元)	费率 (%)	算例(万元)	
		定额建筑安装工程费	建设项目前期工作费
500 及以下	3.00	500	500×3.00% =15
500 ~ 1 000	2.70	1 000	15+(1 000-500)×2.70% =28.5
1 000 ~ 5 000	2.55	5 000	28.5+(5 000-1 000)×2.55% =130.5
5 000 ~ 10 000	2.46	10 000	130.5+(10 000-5 000)×2.46% =253.5
10 000 ~ 30 000	2.39	30 000	253.5+(30 000-10 000)×2.39% =731.5
30 000 ~ 50 000	2.34	50 000	731.5+(50 000-30 000)×2.34% =1 199.5
50 000 ~ 100 000	2.27	100 000	1 199.5+(100 000-50 000)×2.27% =2 334.5

续表

定额建筑安装工程费 （万元）	费率 （%）	算例（万元）	
		定额建筑安装工程费	建设项目前期工作费
100 000 ~ 150 000	2.19	150 000	2 334.5+（150 000-100 000）×2.19% = 3 429.5
150 000 ~ 200 000	2.08	200 000	3 429.5+（200 000-150 000）×2.08% = 4 469.5
200 000 ~ 300 000	1.99	300 000	4 469.5+（300 000-200 000）×1.99% = 6 459.5
300 000 ~ 400 000	1.94	400 000	6 459.5+（400 000-300 000）×1.94% = 8 399.5
400 000 ~ 600 000	1.86	600 000	8 399.5+（600 000-400 000）×1.86% = 12 119.5
600 000 ~ 800 000	1.80	800 000	12 119.5+（800 000-600 000）×1.80% = 15 719.5
800 000 ~ 1 000 000	1.76	1 000 000	15 719.5+（1 000 000-800 000）×1.76% = 19 239.5
1 000 000 以上	1.72	1 200 000	19 239.5+（1 200 000-1 000 000）×1.72% = 22 679.5

2.6.6 生产准备费

生产准备费是指为保证新建、改扩建项目交付使用后满足正常的运行、管理发生的工器具购置、办公和生活用家具购置、生产人员培训、应急保通设备购置等费用。

（1）工器具购置费

工器具购置费，指建设项目交付使用后为满足初期正常运营必须购置的第一套不构成固定资产的设备、仪器、仪表、工卡模具、器具、工作台（框、架、柜）等的费用，不包括构成固定资产的设备、工器具和备品、备件及已列入设备费中的专用工具和备品、备件。工器具购置费由设计单位列出计划购置清单（包括规格、型号、数量），计算方法同设备购置费。

（2）办公和生活用家具购置费

办公和生活用家具购置费，指新建、改扩建工程项目，为保证初期正常生产、使用和管理所购置的办公和生活用家具、用具的费用，包括行政、生产部门的办公室、会议室、资料档案室、阅览室、宿舍及生活福利设施等的家具、用具。办公和生活用家具购置费按表2.24规定计算。

表2.24 办公和生活用家具购置费标准表

工程所在地	路线（元/公路公里）				单独管理或单独收费的桥梁、隧道（元/座）		
	高速公路	一级公路	二级公路	三、四级公路	特大、大桥		特长隧道
					一般桥梁	技术复杂大桥	
内蒙古、黑龙江、青海、新疆、西藏	21 500	15 600	7 800	4 000	24 000	60 000	78 000
其他省、自治区、直辖市	17 500	14 600	5 800	2 900	19 800	49 000	63 700

注：改（扩）建工程按表列费用的70%计。

（3）生产人员培训费

生产人员培训费，指为保证生产的正常运行，在工程交工验收交付使用前对运营部门生产人员和管理人员进行培训所需的费用，包括培训人员的工资、工资性津贴、职工福利费、差旅交通费、劳动保护费、培训及教学实习费等。该费用按设计定员和 3 000 元/人的标准计算。

（4）应急保通设备购置费

应急保通设备购置费，指新建、改扩建工程项目，为满足初期正常营运，购置保障抢修保通、应急处置，且构成固定资产的设备所需的费用。该费用由设计单位列出计划购置清单，计算方法同设备购置费。

2.6.7　工程保通管理费

工程保通管理费，指新建或改扩建工程需边施工边维持通车或通航的建设项目，为保证公（铁）路运营安全、船舶航行安全及施工安全而进行交通（公路、航道、铁路）管制、交通（铁路）与船舶疏导所需的媒体、公告等宣传费用及协管人员经费等。

工程保通管理费应按设计需要进行列支。涉水项目施工期通航安全保障费用计算方法按《编制办法》附录 G 执行。

2.6.8　工程保险费

工程保险费，指在合同执行期内，施工企业按合同条款要求办理保险的费用，包括建筑工程一切险和第三方责任险。

①建筑工程一切险是为永久工程、临时工程和设备及已运至施工工地用于永久工程的材料和设备所投的保险。

②第三方责任险是对因实施合同工程而造成的财产（本工程除外）损失或损害，或人员（业主和承包人雇员除外）的死亡或伤残所负责进行的保险。

工程保险费以建筑安装工程费（不含设备费）为基数，按 0.4% 费率计算。

2.6.9　其他相关费用

其他相关费用是指国务院行政主管部门及省级人民政府规定的其他与公路建设相关的费用，按其相关规定计算。

2.7　预备费

预备费由基本预备费和价差预备费两部分组成。

2.7.1　基本预备费

基本预备费系指在初步设计和概算、施工图设计和施工图预算中难以预料的工程费用。

（1）基本预备费内容

①在进行技术设计、施工图设计和施工过程中，在批准的初步设计和概算范围内所增加的工程费用。

②在设备订货时，由于规格、型号改变的价差，材料货源变更、运输距离或方式的改变以及因规格不同而代换使用等原因发生的价差。

③在项目主管部门组织竣（交）工验收时，验收委员会（或小组）为鉴定工程质量必须开挖和修复隐蔽工程的费用。

（2）基本预备费的计算

基本预备费以建筑安装工程费、土地使用及拆迁补偿费、工程建设其他费之和为基数，按下列费率计算：

①设计概算按 5% 计列。

②修正概算按 4% 计列。

③施工图预算按 3% 计列。

2.7.2 价差预备费

价差预备费是指设计文件编制年至工程交工年期间，建筑安装工程费用的人工费、材料费、设备费、施工机械使用费、措施费、企业管理费等由于政策、价格变化可能发生上浮而预留的费用及外资贷款汇率变动部分的费用。

价差预备费以建筑安装工程费用总额为基数，按设计文件编制年始至建设项目工程交工年终的年数和年工程造价增涨率计算，计算公式见式 2.12。

$$价差预备费 = p \times \left[(1 + i)^{n-1} - 1 \right] \tag{2.12}$$

式中　p——建筑安装工程费总额；

　　　i——年工程造价增涨率（%）；

　　　n——设计文件编制年至建设项目开工年+建设项目建设期限（年）。

年工程造价增涨率按有关部门公布的工程投资价格指数计算。设计文件编制至工程交工在 1 年以内的工程，不列此项费用。

2.8　建设期贷款利息

建设期贷款利息是指工程项目使用的贷款部分在建设期内应计取的贷款利息，包括各种金融机构贷款、建设债券和外汇贷款等利息。

根据不同的资金来源分年度投资计算所需支付的利息，计算公式见公式 2.13。

$$建设期贷款利息 = \sum （上年末付息贷款本息累计 + 本年度付息贷款额 \div 2）\times 年利率 \tag{2.13}$$

即：

$$S = \sum_{n=1}^{N} (F_{n-1} + b_n \div 2) \times i$$

式中　S——建设期贷款利息；

N——项目建设期(年);

n——施工年度;

F_{n-1}——建设期第 $n-1$ 年末需付息贷款本息累计;

b_n——建设期第 n 年度付息贷款额;

i——中国人民银行公布的贷款基准年利率。

2.9　概预算文件的编制与审查

2.9.1　概预算文件的编制步骤

概预算文件的编制是一项十分严肃的工作,编制质量的高低及各项费用计算的准确与否,直接关系到国家的经济利益。为了确保概预算文件的编制质量,必须根据工程概预算内在的规律和国家的有关规定,按以下的步骤来进行。概预算编制的基本步骤如图 2.3 所示。

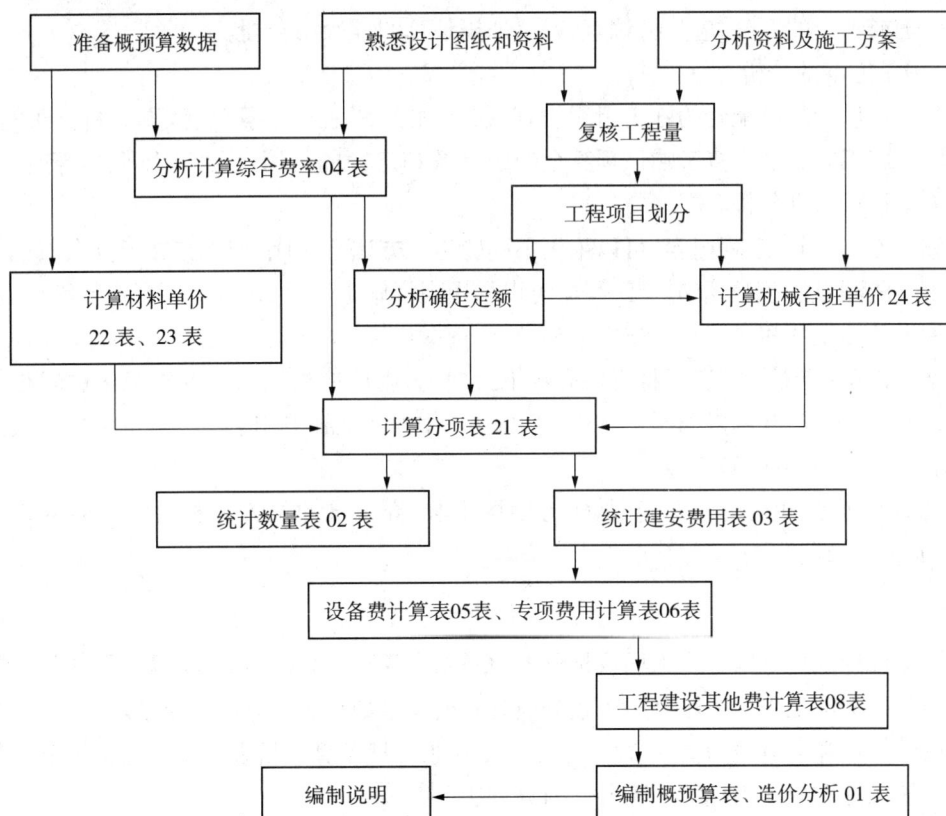

图 2.3　概预算表格计算步骤

1)熟悉设计图纸和资料

编制概算、修正概算、施工图预算等文件前,应对相应阶段的初步设计、技术设计和施工图设计内容进行检查和整理,认真阅读和核对设计图纸及有关表格,如工程一览表、工程数量表等,若图纸中所有材料规格或要求不清时,要核对查实。

2)准备概预算资料

概预算资料包括概预算表格、定额和有关文件等。在编制概预算前,应将有关文件如《公路工程基本建设项目设计文件编制办法》《公路基本建设工程概预算编制办法》,地方和中央的有关文件(如《公路基本建设工程概预算编制办法补充规定》等)准备好,同时也应将定额如《公路工程概算定额》《公路工程预算定额》及各类补充定额等准备齐全。最后,要将概预算表格备齐。

3)分析外业调查资料及施工方案

(1)概预算调查资料分析

概预算资料的调查工作是一项关系到概预算文件的基础工作,一般在公路工程外业勘察时同时进行。调查的内容很广,原则上凡对施工生产有影响的一切因素都必须调查,主要是筑路材料的来源(沿线料场及有无自采材料),采用的运输方式及运距,运费标准,占用土地的补偿费、安置费及拆迁补偿费,沿线可利用房屋及劳动力供应情况等。对这些调查资料应进行分析,若有不明确或不全的部分,应另行调查,以保证概预算的准确和合理。

(2)施工方案的分析

对于相应设计阶段配套的施工组织设计文件(尤其是施工方案)应认真分析其可行性、经济性。因为施工方案会直接影响该预算金额的高低和定额的查用,因此编制概预算时,重点应对施工方案进行认真分析。

①施工方法:同一工程内容,可以采用不同的施工方法来完成,如土方施工有人工挖土方和机械挖土方两种方法;钢筋混凝土工程既可以采用现浇施工,也可以采用预制安装等。因此,应根据工程设计的意图和要求与工程实际相结合,选择最经济的施工方法。

②施工机械:施工机械选择将直接影响施工费用,因此应根据选定的施工法选配相应的施工机械,如挖填土方,既可以采用铲运机,又可以采用挖土机配自卸汽车;又如混凝土预制构件安装,也可采用多种机械施工等。

③其他方面:运距远近的选择(如土方中取土坑、弃土堆的位置)、材料堆放的位置及仓库的设置、人员高峰期等。

4)分项

公路工程概预算是以分项工程概预算表为基础计算和汇总而来的,所以工程分项是概预算工作中的重要基础工作。一般公路工程分项时必须满足如下3个方面的要求。

①按照概预算项目表的要求分项,这是基本要求。概预算项目表实质上是将一个复杂的建设项目分解成许多分项工程的一种科学划分方法。

②符合定额项目表的要求。定额项目表是定额的主体内容,分项后的分项工程必须能够在定额项目表中直接查到。

③符合费率的要求。其他工程费和间接费都是按不同工程类别而确定的费率定额,因此所分的项目应满足其要求。

按上面3个方面的要求分项后,便可将工程细目一一引出并填入21表中。

5）计算工程量

在编制概预算时,应对各分项的工程量,按工程量计算原则进行计算。一是对设计中已有的工程量进行核对,二是对设计文件中缺少或未列的工程量进行补充计算,计算时应注意计算单位和计算规则与定额的计量单位及计算规则一致。将算得的分项工程量填入 21 表中。

6）查定额

概预算定额就是以分项工程为对象,统一规定完成一定计量单位分项工程所需的人工、材料、机械台班消耗数量。分项工程一般是按照选用的施工方法,所使用的材料、结构件规格等因素划分。经较为简单的施工过程就能完成,以适当的计量单位就可以计算工程量及其建筑安装工程产品,是建设项目最基本的组成要素。因此,根据分项所得的工程细目(分项工程)即可从定额中查出相应的人工、材料、施工机械名称、单位及消耗量定额值,并将查得的定额值和定额单位及定额号分别填入 21 表的相关栏目,再将各分项工程的实际工程量换算的定额工程数量乘以相应的定额,即可得出各分项工程的资源消耗数量,填入 21 表的数量栏中。

7）基础单价的计算

编制概预算的另一项重要工作便是确定基础单价。基础单价是人工工日单价、材料预算单价和施工机械台班单价的统称。定额中除基价和小额零星材料及小型机具使用费用货币指标外,其他均是资源消耗的实物指标。要以货币来表现消耗,就必须计算各种资源的单价。有关单价的计算方法已在前面介绍,公路工程概预算的基础单价通过 22 表和 23 表来完成计算。

①根据 21 表中所出现的材料种类、规格及机械作业所需的燃料和水电编制 22 表。

②根据 21 表中所发生的自采材料种类、规格,按照外业场场调查资料编制"自采材料料场价格计算表"(23 表),并将计算结果汇入 22 表的材料原价栏中。

③根据 21 表、23 表中所出现的所有机械种类,计算工程所有机械的台班单价,即编制"机械台班单价计算表"(24 表)。

④根据地区类别和地方规定等资料确定人工工日单价。

⑤将上面①、②、③、④项所算得的各基础单价汇总,编制人工、材料、机械单价汇总表(09 表)。

8）计算分项工程的直接费和间接费

有了各分项工程的资源消耗数量及基础单价,便可计算其直接费与间接费。

①将 09 表的单价填入 21 表中的单价栏,由单价与数量相乘得出人工费、材料费、机械使用费,并可算得工、料、机合计费用,即直接工程费。

②根据工程类别和工程所在地区,取定各项费率并计算其他工程费综合费率和间接费综合费率,即编制 04 表。

③将 04 表中各费率填入 21 表中的相应栏目,计算措施费、企业管理费、规费。

9）计算建筑安装工程费

建筑安装工程费通过 03 表计算。

①将 21 表中各分项工程的费用汇总填入 03 表中的相应栏目。

②填设备费计算表 05 表,专项费用计算表 06 表。

③按要求确定计划利润、税金的百分率,并填入 03 表的有关栏目。

④按相应基数计算计划利润和税金。

⑤计算定额直接费和定额设备购置费。

⑥总计各单位工程的建安费及工程项目的建安费。

10)实物指标计算

概预算还必须编制工程项目的实物消耗指标,这可通过 02 表的计算完成。

11)计算其他有关费用

按规定计算第二部分、第三部分、第四部分费用。

12)编制总概预算表并进行造价分析

①编制总概预算表:将 03、05、06、07、08 表中的各项填入 01 表中相应栏目,并计算各项技术经济指标。

②造价分析:根据概预算总金额、各单位工程或分项工程的费用比值和各项技术经济指标进行全面分析,对设计提出修改建议和从经济角度对设计是否合理予以评价,找出挖潜措施。

13)编制综合概预算

根据建设项目要求,当分段成分部编制 01 表和 02 表时,需要汇总编制综合概预算。

①汇总各种概预算表,编制"总概(预)算汇总表"(01-1 表)。

②汇总各段的 02 表编制"总概(预)算人工、主要材料、机械台班数量汇总表"(02-1 表)。

14)编制说明

概预算表格计算并编制完后,必须编制概预算说明,主要说明概预算编制依据,编制中存在的问题,工程总造价的货币和实物量指标及其他与概预算有关但不能在表格中反映的事项。

2.9.2 概预算费用计算程序

公路工程建设各项费用的计算程序及计算方式见表 2.25。

表 2.25 公路工程建设各项费用的计算程序及计算方式

序 号	项 目	说明及计算式
(一)	定额直接费	$\sum$ 人工消耗量×人工基价+ $\sum$(材料消耗量×材料基价+机械台班消耗量×机械台班基价)
(二)	定额设备购置费	$\sum$ 设备购置数量×设备基价
(三)	直接费	$\sum$ 人工消耗量×人工单价+ $\sum$(材料消耗量×材料预算单价+机械台班消耗量×机械台班预算单价)
(四)	设备购置费	$\sum$ 设备购置数量×预算单价
(五)	措施费	(一)×施工辅助费费率+定额人工费和定额施工机械使用费之和×其余措施费综合费率
(六)	企业管理费	(一)×企业管理费综合费率

续表

序号	项目	说明及计算式
（七）	规费	各类工程人工费（含施工机械人工费）×规费综合费率
（八）	利润	[（一）+（五）+（六）]×利润率
（九）	税金	[（三）+（四）+（五）+（六）+（七）+（八）]×10%
（十）	专项费用	
	施工场地建设费	[（一）+（五）+（六）+（七）+（八）+（九）]×累进费率
	安全生产费	建筑安装工程费（不含安全生产费本身）×（≥1.5%）
（十一）	定额建筑安装工程费	（一）+（二×40%）+（五）+（六）+（七）+（八）+（九）+（十）
（十二）	建筑安装工程费	（三）+（四）+（五）+（六）+（七）+（八）+（九）+（十）
（十三）	土地使用及拆迁补偿费	按规定计算
（十四）	工程建设其他费	
	建设单位（业主）管理费	（十一）×累进费率
	建设项目信息化费	（十一）×累进费率
	工程监理费	（十一）×累进费率
	设计文件审查费	（十一）×累进费率
	竣（交）工验收试验检测费	按规定计算
	研究试验费	
	建设项目前期工作费	（十一）×累进费率
	专项评价（估）费	按规定计算
	联合试运转费	（十一）×费率
	生产准备费	
	工具器购置费	按规定计算
	办公和生活用家具购置费	按规定计算
	生产人员培训费	按规定计算
	应急保通设备购置费	
	工程保通管理费	按规定计算
	工程保险费	[（十二）-（四）]×费率
	其他相关费用	
（十五）	预备费	
	基本预备费	[（十二）+（十三）+（十四）]×费率
	价差预备费	（十二）×费率
（十六）	建设期贷款利息	按实际贷款额度及利率计算
（十七）	公路基本造价	（十二）+（十三）+（十四）+（十五）+（十六）

2.9.3　概预算文件的审查

概预算的审查,主要审查概预算的编制依据是否合法、编制方法是否正确、编制内容是否齐全、费率取值是否恰当、有无重项或漏项、计算数据是否正确、是否执行了国家的有关技术经济政策等。归纳起来包括以下几个步骤:

①认真阅读概预算说明:主要掌握工程总的情况、占工程造价较大的工程项目和费用、经济指标情况,以便查看其他工程造价文件(如分项表)时,做到有针对性。

②审查材料价格计算:特别是主要材料,审查其计算或取值的合理性。

③审查机械台班单价计算:特别是主要机械,审查其价格计算是否正确。

④审查施工方案的合理性、经济性:其内容包括施工工艺及辅助工程设施,如设备数量、施工便道、便桥、临时码头、水上水下设施、供水供电设施、大型设备机械安排(如规模、位置)以及工期安排等。

⑤审查各项费率的取定:判断其取值的合理性。

⑥审查分项工程的计算:尤其对主要工程项目,审查其套用定额及工程数量计算的合理性,以及是否有漏算、重算等现象。

⑦审查其他费用计算:主要包括土地、青苗等补偿费和安置补助费、建设单位管理费、研究试验费等是否符合规定以及计算是否正确。

⑧审查预留费用:包括价差预备费和基本预备费,审查其是否符合规定以及计算是否正确。

⑨审查建设期贷款利息计算:判断计算是否正确。

⑩审查建设项目总造价金额的计算。

⑪编写审查报告。

2.10　预算案例

1)案例背景

本工程为某国道的一部分,简称××改建一级公路,编制桩号为 K0+000 ~ K5+000。该路为不中断交通施工,高峰交通量为 8 000 次,平均交通量近 6 000 次。

2)编制依据

(1)属性表数据

①工程所在地:山东省德州市。

②取费标准:交通部部颁费率标准。

③工程标准:路面改建工程,一级公路。

④工程规模:全长 5 km(编制范围:K0+000 ~ K5+000)。

⑤利润 7.42% ,税率 10% 。

⑥地形:平原微丘区,行车干扰 5 000 次以上。

(2)建筑安装工程费里设备购置费不计。

（3）第二部分费用土地使用及拆迁补偿费，青苗补偿按 30×4 000＝120 000 元（亩×单价）计算。

（4）第三部分费用按下列参数计算

①建设项目管理费中建设单位管理费费率、建设项目信息化费费率、工程监理费费率、设计文件审查费费率按累进费率计算。

②施工期一年以内，不计基本预备费。

③基本预备费：按建筑安装工程费、土地使用及拆迁补偿费、工程建设其他费之和的 3% 计（预算系数包干）。

（5）工料机单价

人工单价 105 元/工日；砂、碎石采用计算单价：原价分别为 78.5 元/m^3、88.7 元/m^3，运距 15 km，运费 1.2 元/(t·km)，毛重系数均为 1.5 t/m^3，装卸费单价 3.0 元/(t·次)，装卸一次；其他材料采用部颁定额单价。不计车船使用费。机械台班单价取用《公路工程机械台班费用定额》(JTG/T 3833—2018)中的定额基价。

3）工程量

工程量表

项目名称	定额子目名称	单 位	工程量
水泥稳定土底基层厚 200 mm	厂拌基层稳定土混合料（压实厚度 15 cm）	m^2	328 992
	15 t 以内自卸汽车第一个 1 km	m^3	65 952
	摊铺机铺筑 12.5 m 以内	m^2	328 992
水泥稳定土基层厚 360 mm	厂拌基层稳定土混合料（压实厚度 15 cm）	m^2	312 096
	15 t 以内自卸汽车第一个 1 km	m^3	112 355
	摊铺机铺筑 12.5 m 以内	m^2	312 096
水泥稳定土拌和设备	厂拌设备安装拆除（300 t/h 以内）	座	1
粗粒式沥青混凝土厚 80 mm	沥青混凝土混合料拌和（320 t/h 以内）	m^3	23 040
	15 t 以内自卸汽车装载运输第一个 1 km		23 040
	320 t/h 以内机械摊铺机摊铺沥青		23 040
封层	层铺法封层（下封层）石油沥青	m^2	304 480
中粒式改性沥青混合料路面厚 50 mm	320 t/h 以内沥青混凝土混合料拌和	m^3	14 400
	沥青混合料运输（15 t 自卸汽车）第 1 个 1 km		14 400
	320 t/h 以内机械摊铺沥青混合料		14 400
中粒式改性沥青混合料路面厚 60 mm	320 t/h 以内沥青混凝土混合料拌和	m^3	17 280
	沥青混合料运输（15 t 自卸汽车）第 1 个 1 km		17 280
	320 t/h 以内机械摊铺沥青混合料		17 280

续表

项目名称	定额子目名称	单 位	工程量
沥青混合料拌和设备	沥青混合料拌和设备安拆(320 t/h 以内)	座	1
培土路肩	培路肩(培肩厚度 20 cm)	m²	44 000
	2.0 m³ 内挖掘机挖装土方普通土	m³	8 006.4
	8 t 内自卸汽车运土		8 212.8
混凝土预制块路缘石(平缘石)	混凝土预制块预制、安砌	m³	652.8
	起重机装卸		652.8

解:

第一部分 建筑安装费

1. 直接费

(1)水泥稳定土底基层(厚 200 mm)

①厂拌基层稳定土混合料(2-1-7-5):

a. 人工费=工程量×定额×人工单价=328.992×2.5×105=86 360.4(元)

人工费合计: 86 360.4(元)

定额人工费: 328.992×2.5×106.28=87 413.17(元)

b. 材料费:

材料费=工程量×定额×材料单价

32.5 号水泥材料费: 328.992×22.566×307.69=2 284 300.86(元)

水: 328.992×28×2.72=25 056.03(元)

碎石单价: [88.7+(15×1.2+3.0)×1.5]×(1+1%)×(1+2.06%)=123.90(元)

碎石材料费: 328.992×296.73×123.90=12 095 340.54(元)

材料费合计: 2 284 300.86+25 056.03+12 095 340.54=14 404 697.43(元)

c. 机械费:

机械费=工程量×定额×机械台班单价

3 m³ 轮胎式装载机: 328.992×0.55×1 249.79=226 144(元)

机械费合计: 226 144(元)

定额机械费: 226 144(元)

分项工程直接工程费合计: 86 360.4+14 404 697.43+226 144=14 717 201.83(元)

定额人工费与定额机械费合计: 87 413.174+226 144=313 557.17(元)

定额直接费: 328.992×30 769=10 122 754.85(元)

②15 t 以内自卸汽车(2-1-8-7、8):(按 2 km 计)

机械费=工程量×定额×机械台班单价

按运距调整的定额值: 4.54+0.46×2=5.46(工日)

15 t 以内自卸汽车=工程量×定额×机械台班单价=65.952×5.46×926.78=333 731.55(元)

分项工程直接工程费合计：333 731.55(元)

定额机械费：333 731.55(元)，定额直接费：333 731.55(元)

下面各项的计算略去计算公式。

③摊铺机铺筑 12.5 m 以内(2-1-9-12)：

a. 人工费：$328.992 \times 2.2 \times 105 = 75 997.15$(元)

定额人工费：$328.992 \times 2.2 \times 106.28 = 76 923.59$(元)

b. 机械费：

12~15 t 光轮压路机：$328.992 \times 0.08 \times 587.09 = 15 451.83$(元)

20 t 以内振动压路机：$328.992 \times 0.35 \times 1 466.48 = 168 861.06$(元)

12.5 m 以内稳定土摊铺机：$328.992 \times 0.16 \times 2 495.17 = 131 342.55$(元)

16~20 t 轮胎式压路机 $328.992 \times 0.22 \times 765.52 = 55 406.99$(元)

10 000 L 以内洒水汽车：$328.992 \times 0.16 \times 1 104.87 = 52 524.59$(元)

机械费合计：423 587.02(元)，定额机械费：423 587.02(元)

分项工程直接工程费合计：499 584.17(元)

定额人工费与定额机械费合计：$76 923.59 + 423 587.02 = 500 510.61$(元)

分项工程定额直接工程费合计：500 510.61(元)

分项工程直接费中工料机的分项综合计算表

底基层	直接费			
	人工费 1(元)	材料费 2(元)	机械费 3(元)	合计 1+2+3(元)
厂拌基层稳定土混合料	86 360.4	14 404 697.43	226 144	14 717 201.83
15 t 以内自卸汽车	0	0	333 731.55	333 731.55
摊铺机铺筑 12.5 m 以内	75 997.15	0	423 587.02	499 584.17
合计	162 357.55	14 404 697.43	983 462.57	15 550 517.55

分项工程定额人工费、定额机械费、定额直接费计算表

底基层	定额人工费 4(元)	定额机械费 5(元)	定额人工费与定额机械费之和 4+5(元)	定额直接费(元)
厂拌基层稳定土混合料	87 413.17	226 144	313 557.17	10 122 754.85
15 t 以内自卸汽车	0	333 731.55	333 731.55	333 731.55
摊铺机铺筑 12.5 m 以内	76 923.59	423 587.02	500 510.61	500 510.61
合计	164 336.76	983 462.57	1 147 799.33	10 956 997.01

2. 设备购置费

不计。

3. 措施费

(1) 冬季施工增加费费率:该工程位于山东省德州市,气温区为冬一区Ⅰ类,工程类别属于路面,查《编制办法》,冬季施工增加费费率为0.566%。

(2) 雨季施工增加费费率:雨量区为Ⅰ区,雨季期为4个月。工程类别属于路面,查《编制办法》,雨季施工增加费费率为0.501%。

(3) 夜间施工增加费:不计。

(4) 特殊地区施工增加费:不计。

(5) 行车干扰工程施工增加费费率:平均交通量近6 000次。工程类别属于路面,查《编制办法》,行车干扰工程施工增加费费率为5.475%。

(6) 施工辅助费率:工程类别属于路面,查《编制办法》,施工辅助费率为0.818%。

(7) 工地转移费:不计。

分项工程措施费计算表

分项工程	冬季施工增加费费率	雨季施工增加费费率	行车干扰工程施工增加费费率	施工辅助费费率	定额人工费+定额机械费	定额直接费	措施费(元)
	1	2	3	4	5	6	(1+2+3)×5+4×6
底基层	0.566%	0.501%	5.475%	0.818%	1 147 799.33	10 956 997.01	164 717.27

4. 企业管理费

(1) 基本费用费率:工程类别属于路面,查《编制办法》,基本费用费率2.427%。

(2) 主副食运费补贴费率:距离选10 km,工程类别属于路面,查《编制办法》,基本费用费率0.13%。

(3) 职工探亲路费费率:工程类别属于路面,查《编制办法》,基本费用费率0.159%。

(4) 职工取暖补贴费率:工程所在地德州属于冬一区,工程类别属于路面,查《编制办法》,基本费用费率0.086%。

(5) 财务费用费率:工程类别属于路面,查《编制办法》,基本费用费率0.404%。

分项工程企业管理费计算表

分项工程	基本费用费率	主副食运费补贴费率	职工探亲路费费率	职工取暖补贴费率	财务费用费率	定额直接费	企业管理费(元)
	1	2	3	4	5	6	(1+2+3+4+5)×6
底基层	2.427%	0.13%	0.159%	0.086%	0.404%	10 956 997.01	351 281.32

5. 规费

本工程在山东德州,按照山东的规费费率42%。

规费:各类工程的人工费之和×规费的费率=162 357.55×42%=68 190.17(元)

6. 利润

本工程的利润:定额直接费+措施费+企业管理费 = 10 956 997.01+164 717.27+351 281.32

= 11 472 995.60(元)

7. 税金

本工程的税金:直接费+设备购置费+措施费+企业管理费+规费+利润)×10%

= (15 550 517.55+0+164 717.27+351 281.32+68 190.17+11 472 995.60)×10%

= 2 760 770.19(元)

8. 专项费用

(1)施工场地建设费:(定额直接费+措施费+企业管理费+规费+利润+税金)×累进费率

施工场地建设费计算基数:10 956 997.01+164 717.27+351 281.32+68 190.17+11 472 995.60+

2 760 770.19 = 25 774 951.56(元)

施工场地建设费:47.83+(2 577.495 2−1 000)×2.665% = 89.870 2(万元)

(2)安全生产费:计算基数是建筑安装工程费(不含安全工程费本身):

直接费+设备购置费+措施费+企业管理费+规费+利润+税金

= 15 550 517.55+164 717.27+351 281.32+68 190.17+11 472 995.60+2 760 770.19

= 30 368 472.1(元)

安全生产费:30 368 472.1×1.5% = 455 527.08(元)

专项费用:898 702+455 527.08 = 1 354 229.08(元)

9. 定额建筑安装工程费

本工程定额建筑安装工程费:定额直接费+设备购置费×40%+措施费+企业管理费+规费+

利润+税金+专项费用 = 10 956 997.01+164 717.27+351 281.32+68 190.17+11 472 995.60+

2 760 770.19+1 354 229.08 = 27 129 180.64(元)

10. 建筑安装工程费

本工程建筑安装工程费:直接费+设备购置费+措施费+企业管理费+规费+利润+税金+专项

费用 = 15 550 517.55+164 717.27+351 281.32+68 190.17+11 472 995.60+2 760 770.19+1 354 229.08

= 31 722 701.18(元)

第二部分　土地使用及拆迁补偿费

土地使用及拆迁补偿费

青苗补偿按 30×4 000 = 120 000(元)

第三部分　工程建设其他费

1. 建设项目管理费

(1)建设单位管理费:定额建筑安装工程费×累进费率

= 43.355+(2 712.918 064−1 000)×3.049% = 95.581 9(万元)

(2)建设项目信息化费:定额建筑安装工程费×累进费率

= 5.26+(2 712.918 064−1 000)×0.356% = 11.358 0(万元)

(3)工程监理费:定额建筑安装工程费×累进费率

= 27+(2 712.918 064−1 000)×2.1% = 62.971 3(万元)

（4）设计文件审查费：定额建筑安装工程费×累进费率

$$=2\,712.918\,064×0.077\%=2.088\,9（万元）$$

（5）竣（交）工验收试验检测费：17 000 元×5＝8.5（万元）

建设项目管理费：95.581 9＋11.358 0＋62.971 3＋2.088 9＋8.5＝180.500 1（万元）＝1 805 001（元）

2. 研究试验费

不计。

3. 建设项目前期工作费

建设项目前期工作费：定额建筑安装工程费×累进费率

$$=28.5+(2\,712.918\,064-1\,000)×2.55\%=72.179\,4（万元）$$

4. 专项评价（估）费

不计。

5. 联合试运转费

联合试运转费：定额建筑安装工程费×0.04%＝27 129 180.64×0.04%

$$=10\,851.67（元）$$

6. 生产准备费

（1）工器具购置费：不计

（2）办公和生活用家具购置费：14 600（元）

（3）生产人员培训费：（人员按30人计）30×3 000＝90 000（元）

（4）应急保通设备购置费：不计

生产准备费：14 600＋90 000＝104 600（元）

7. 工程保通管理费

不计。

8. 工程保险费

工程保险费：建筑安装工程费（不含设备费）×0.4%＝31 722 701.18×0.4%

$$=126\,890.80（元）$$

9. 其他相关费用

不计。

本分项工程的工程建设其他费计算表

费用名称	建设项目管理费（元）	研究试验费（元）	建设项目前期工作费（元）	专项评价（估）费（元）	联合试运转费（元）	生产准备费（元）	工程保通管理费（元）	工程保险费（元）	其他相关费用（元）	工程建设其他费（元）
	1	2	3	4	5	6	7	8	9	1+2+3+4+5+6+7+8+9
费用	1 805 001	0	721 794	0	10 851.67	104 600	0	126 890.80	0	2 769 137.47

第四部分　预备费

1. 基本预备费

基本预备费:(建筑安装工程费+土地使用及拆迁补偿费+工程建设其他费)×3%

$\quad\quad\quad$ = (31 722 701.18+120 000+2 769 137.47)×3% = 1 038 355.16(元)

2. 价差预备费

预计在1年之内完工,不计此项费用。

预备费:基本预备费+价差预备费 = 1 038 355.16(元)

第五部分　建设期贷款利息

本分项工程不计。

本分项工程的预算总金额=建筑安装工程费+土地使用及拆迁补偿费+工程建设其他费+预备费+建设期贷款利息

$\quad\quad$ = 31 722 701.18+120 000+2 769 137.47+1 038 355.16 = 35 650 193.81(元)

其他的分项工程可以按照同样的方法计算出来。

本章小结

　　本章主要介绍了概算、预算的定义,概预算文件的作用、编制和审查;对概预算文件组成,甲组文件、乙组文件的内容作了详细介绍;讲述了人工、材料、机械台班单价,人工费、材料费、机械费、直接费及措施费、建筑安装工程费以及其他有关费用的计算,概预算文件的编制和审查步骤。本章的重点是概预算各费用的计算和概预算文件的编制,通过本章的学习,应该在掌握概预算各费用的计算的基础上,能熟练完成概预算文件的编制。

课后习题

1. 概预算文件有哪几种形式? 各在什么阶段编制?

2. 公路工程项目投资额测算体系由哪些造价文件组成?

3. 概预算的作用及编制依据是什么?

4. 概预算文件的组成是什么?

5. 概预算项目表的主要内容及使用注意事项是什么?

6. 建安费的组成包含哪些内容?

7. 建设单位管理费的计算方法是什么?

8. 工程预备费的计算方法是什么?

9. 直接费的费用组成及各自的计算公式是什么?

10. 24表计算的机械包括哪些表格所涉及的机械?

11. 某路基工程所需片石由工地余方供应,但需要检清,定额规定每检清100 m³片石需消耗人工36工日,若设人工单价为106元/工日,试计算片石的料场单价。

12. 某桥梁工程的主桥部分的直接费为1 300万元,措施费的综合费率为12%,企业管理费的综合费用为5.5%,规费的费率为42%。利润率为7.42%,税率为10%,专项费用的费率查《编制办法》,计算建筑安装工程费。

第3章
公路工程招投标

> **本章导读**
>
> **基本要求**:了解招投标的基本概念;掌握公路工程招标程序和投标程序;掌握工程量清单的内容组成与编制;通过工程量清单的编制案例掌握工程量清单的编制方法和注意事项;熟悉公路工程评标办法;重点掌握投标报价的编制方法,熟悉报价策略和常用的报价技巧。
>
> **重点**:公路工程招标程序和投标程序;工程量清单的内容组成与编制;投标报价的编制方法;投标报价策略和常用的报价技巧。
>
> **难点**:工程量清单的编制方法和注意事项;投标报价的编制;投标报价策略和常用的报价技巧。

3.1 公路工程招投标概述

招标投标是商品交易活动的一种运作方式。它是伴随社会经济的发展而产生并不断发展的高级的、有组织的、规范化的交易运作行为。招标投标工作是公路建设中的重要组成部分。

3.1.1 公路工程招投标的概念

公路工程招投标包括公路工程招标和公路工程投标。公路工程招标是指招标人在发包建设项目之前,公开招标或邀请投标人,根据招标人的意图和要求提出报价,择日当场开标,以便从中择优选定中标人的一种经济活动。公路工程投标是工程招标的对称概念,指具有合法资格和能力的投标人根据招标条件,经过初步研究和估算,在指定期限内填写标书,提出报价,并等候开标,决定能否中标的经济活动。

招投标制促使建设单位按基本建设程序办事;促使施工单位在竞争中注重自身的经营管理、技术进步,提高管理水平,树立良好的信誉;促使施工企业由生产型向生产经营型转变,改革企业内部的经营体制和管理体制,以求得最好的经济效益。

3.1.2　招标投标的基本原则

"公开、公平、公正和诚实信用",是招标投标活动必须遵循的最基本的原则,也是推行招标投标的关键,如果违反了这一基本原则,招标投标则失去了其真正的意义。《招标投标法》中的各项规定,都是为了贯彻这一基本原则而制定的。

1)公开原则

所谓公开原则,就是要求招标投标活动应具有较高的透明度,这也是招标投标最基本、最重要的原则。

2)公平原则

公平原则,要求给予所有投标人平等的机会,使其享有同等的权利,履行同等的义务。《招标投标法》第六条明确规定:"依法必须进行招标的项目,其招标投标活动不受地区或者部门的限制,任何单位和个人不得违法限制或者排斥本地区、本系统以外的法人或者其他组织参加投标,不得以任何方式非法干涉招标投标活动。"

3)公正原则

公正原则,就是要求招标人在招标投标活动中应当按照统一的标准衡量每一个投标人的优劣。进行资格审查时,招标人应当按照资格预审文件或招标文件中载明的资格审查的条件、标准和方法对潜在投标人或者投标人进行资格审查,不得改变载明的条件或者以没有载明的资格条件进行资格预审。

《招标投标法》还规定评标委员会应当按照招标文件确定的评标标准和方法,对投标文件进行评审和比较。评标委员会成员应当客观、公正地履行职务,遵守职业道德。

4)诚实信用原则

诚实信用原则要求招标投标双方互相尊重双方利益,信守要约和承诺的法律规定,履行各自义务,不得规避招标、串通哄抬投标、泄露标底、骗取中标、非法转包合同及行贿受贿。

3.2　公路工程招标

3.2.1　招标文件组成

招标文件是业主或业主委托单位进行编制的。招标人应当根据招标项目的特点和需要编制招标文件。招标文件应当包括招标项目的技术要求、对投标人资格审查的标准、投标报价要求和评标标准等所有实质性要求和条件以及拟签订合同的主要条款。所谓招标文件是指建设单位在招标以前,为供投标单位阅读和了解工程实际情况,把拟建的公路工程的技术经济条件编写成的文件的统称。

招标文件一般应包括:工程综合说明书(包括项目名称、工程质量检验标准、施工条件等);施工图纸和必要的技术材料;技术标准、工程款的支付方式;采用工程量清单招标的,应当提供工程量清单;材料供应方式及主要材料、设备的订货情况;投标的起止日期和开标时间、地点;对工程的特殊要求及对投标企业的相应要求;拟签订合同的主要条款;其他规定和要求(投标邀请书、投标书及附表格式、施工组织设计建议书及附表、招标文件补遗书等)。国家对招标项目的技术、标准有规定的,招标人应当按照其规定在招标文件中提出相应要求。

3.2.2　公路工程招标的方式

1)招标分为公开招标和邀请招标

公开招标,是指招标人以招标公告的方式邀请不特定的法人或者其他组织投标。采用公开招标的,招标人应当通过国家指定的报刊、信息网络或者其他媒体发布招标公告,邀请具备相应资格的不特定的法人投标。

邀请招标,是指招标人以投标邀请书的方式邀请特定的法人或者其他组织投标。采用邀请招标的,招标人应当以发送投标邀请书的方式,邀请3个以上具备相应资格的特定的法人投标。

2)公路工程招标的范围

公路建设项目除涉及国家安全、国家机密、抢险救灾或利用扶贫资金实行以工代赈、民工建勤、民办公助的项目不适宜招标外,达到下列规模标准之一的,必须进行招标:①工程单项合同估算价在400万元人民币以上的;②重要设备、材料等货物的采购,单项合同估算价在200万元人民币以上;③勘察、设计、监理等服务的采购,单项合同估算价在100万元人民币以上。同一项目中可以合并进行的勘察、设计、施工、监理以及与工程建设有关的重要设备、材料等的采购,合同估算价合计达到前款规定标准的,必须招标。

根据《公路工程建设项目招标投标管理办法》的规定,有下列情形之一的公路工程建设项目,可以不进行招标:

①涉及国家安全、国家秘密、抢险救灾或者属于利用扶贫资金实行以工代赈、需要使用农民工等特殊情况。

②需要采用不可替代的专利或者专有技术。

③采购人自身具有工程施工或者提供服务的资格和能力,且符合法定要求。

④已通过招标方式选定的特许经营项目投资人依法能够自行施工或者提供服务。

⑤需要向原中标人采购工程或者服务,否则将影响施工或者功能配套要求。

⑥国家规定的其他特殊情形。

招标人不得为适用前款规定弄虚作假,规避招标。

国有资金占控股或者主导地位的依法必须进行招标的项目,应当公开招标,但有下列情形之一的,可以邀请招标:

①技术复杂、有特殊要求或者受自然环境限制,只有少量潜在投标人可供选择。

②采用公开招标方式的费用占项目合同金额的比例过大。

有前款第2项所列情形,属于邀请招标的项目,由项目审批、核准部门在审批、核准项目时作出认定;其他项目由招标人申请有关行政监督部门作出认定。

3.2.3　公路工程招标的类别

根据招标目的不同,我国目前公路工程主要有以下几种形式:建设项目总承包招标、勘察设计招标、施工监理招标、材料设备招标、施工招标。

①建设项目总承包招标,又称建设项目全过程招标,在国外也称之为"交钥匙"工程招标。它是指在项目决策阶段从项目建议书开始,包括可行性研究报告、勘察设计、设备材料询价与采购、工程施工、生产设备,直至竣工投产、交付使用全面实行招标。

②勘察设计招标,指招标人就拟建工程的勘察设计任务发布通告,以法定方式吸引勘察设计单位参加竞争,经招标人审查获得投标资格的勘察设计单位按照招标文件的要求,在规定时间内向招标人填报投标书,招标人从中选择优越者完成勘察设计任务。

③施工监理招标,指招标人就拟建工程的监理任务发布通告,以法定方式吸引工程监理单位参加竞争,招标人从中选择优越者完成监理任务。

④材料设备招标,指招标人就拟购买的材料设备发布通告或邀请,以法定方式吸引材料设备供应商参加竞争,招标人从中选择优越者的法律行为。

⑤施工招标,指招标人就拟建的工程发布通告,以法定方式吸引建筑施工企业参加竞争,招标人从中选择最优者完成建筑施工任务。

3.2.4　公路工程施工招标应具备的条件

根据《公路工程建设项目招标投标管理办法》的规定,对于按照国家有关规定需要履行项目审批、核准手续的依法必须进行招标的公路工程建设项目,招标人应当按照项目审批、核准部门确定的招标范围、招标方式、招标组织形式开展招标。

公路工程建设项目履行项目审批或者核准手续后,方可开展勘察设计招标;初步设计文件批准后,方可开展施工监理、设计施工总承包招标;施工图设计文件批准后,方可开展施工招标。

施工招标采用资格预审方式的,在初步设计文件批准后,可以进行资格预审。

公路工程施工招标的招标人,应当是提出公路工程施工招标项目、进行公路工程施工招标的项目法人(以下简称招标人)。具备下列条件的招标人,可以自行办理招标事宜:

①具有与招标项目相适应的工程管理、造价管理、财务管理能力。

②有组织编制招标文件和标底的能力。

③有对投标人进行资格审查和组织评标的能力。

招标人不具备上述条件的,应当委托具有相应资格的招标代理机构办理公路工程施工招标事宜,任何组织和个人不得强行为招标人指定招标代理机构。

3.2.5　公路工程施工招标的基本程序

公路工程建设项目采用资格预审方式公开招标的,应当按照下列程序进行:

①编制资格预审文件。

②发布资格预审公告,发售资格预审文件,公开资格预审文件关键内容。

③接收资格预审申请文件。

④组建资格审查委员会对资格预审申请人进行资格审查,资格审查委员会编写资格审查报告。

⑤根据资格审查结果,向通过资格预审的申请人发出投标邀请书;向未通过资格预审的申请人发出资格预审结果通知书,告知未通过的依据和原因。

⑥编制招标文件。

⑦发售招标文件,公开招标文件的关键内容。

⑧需要时,组织潜在投标人踏勘项目现场,召开投标预备会。

⑨接收投标文件,公开开标。

⑩组建评标委员会评标,评标委员会编写评标报告、推荐中标候选人。

⑪公示中标候选人相关信息。

⑫确定中标人。

⑬编制招标投标情况的书面报告。

⑭向中标人发出中标通知书,同时将中标结果通知所有未中标的投标人。

⑮与中标人订立合同。

采用资格后审方式公开招标的,在完成招标文件编制并发布招标公告后,按照前款程序第⑦项至第⑮项进行。

采用邀请招标的,在完成招标文件编制并发出投标邀请书后,按照前款程序第⑦项至第⑮项进行。

针对上述招标程序就其中主要内容说明如下:

1)招标公告的审查

根据我国公路工程项目招标的实际,具体地讲公路工程项目招标公告中应包括如下内容:

①清楚地载明招标人的名称和地址。

②招标工程项目和各标段的基本情况:包括项目名称、批复文号、技术标准、工程规模、工程特点、投资情况、施工工期、实施地点和实施时间等。

③获取资格预审文件或招标文件的办法、时间和地点。

④对潜在投标人的资质要求。

⑤递交投标文件(或资格预审申请文件)的地点和起止时间。

⑥招标人认为应当公告或者告知的其他事项。

2)招标文件的审查

依照《中华人民共和国招标投标法》《中华人民共和国招标投标法实施条例》等法律法规,按照《公路工程建设项目招标投标管理办法》(交通运输部令 2015 年第 24 号),在国家发改委牵头编制的《标准施工招标文件》及《标准施工招标资格预审文件》(以下简称《标准文件》)基础上,结合公路工程施工招标特点和管理需要,交通运输部组织制定的《公路工程标准施工招标文件》(2018 年版)规定,招标文件包括:

第一卷:第一章　招标公告/投标邀请书

　　　　第二章　投标人须知

　　　　第三章　评标办法

　　　　第四章　合同条款及格式

　　　　第五章　工程量清单

第二卷:第六章　图纸(另册)

第三卷:第七章　技术规范(另册)

　　　　第八章　工程量清单计量规则(另册)

第四卷：第九章 投标文件格式

其中，招标文件中的合同条款及格式、技术规范、工程量清单不同的项目有不同的要求，应引起足够的重视。

(1)合同条款及格式

公路工程的合同条款及格式，主要包括通用合同条款、专用合同条款和合同附件格式等。

在《公路工程标准施工招标文件》的第一卷第四章"合同条款及格式"中，第一节为"通用合同条款"，并未列出条款的具体内容，但明确规定"通用合同条款"应采用《标准施工招标文件》的"通用条款"。这一明确规定，不仅可以体现保证合同条款的合法性、公平性、严谨性、指导性和可操作性，而且可以节省编制招标文件的时间、精力和经费，同时更有利于投标单位能更好地熟悉和研究招标文件的内容。因此，本项目的通用合同条款采用《标准施工招标文件》的"通用条款"即可。

公路工程专用合同条款是以《标准施工招标文件》为依据，结合公路工程施工的行业特点和实际，对通用合同条款作了公路工程专业规范性的细化和补充，使得专用合同条款更加具有针对性、规范性、指导性和可操作性。

招标人在根据《公路工程标准施工招标文件》编制项目招标文件中的"项目专用合同条款"时，可根据招标项目的具体特点和实际需要，对"通用合同条款"及"公路工程专用合同条款"进行补充和细化，除"通用合同条款"明确"专用合同条款"可作出不同约定及"公路工程专用合同条款"明确"项目专用合同条款"可作出不同约定外，补充和细化的内容不得与"通用合同条款"及"公路工程专用合同条款"强制性规定相抵触。同时，补充、细化的不同内容，不得违反法律、行政法规的强制性规定和平等、自愿、公平和诚实信用原则。

合同附件格式是《公路工程标准施工招标文件》的第一卷第四章的第三节，主要包括9个附件，即合同协议书、廉政合同、安全生产合同、其他主要管理人员和技术人员最低要求、主要机械设备和试验检测设备最低要求、项目经理委任书、履约担保、预付款担保和工程资金监管协议。

(2)工程量清单

工程量清单内的投资项目，是将整个工程项目按照一定的划分原则和工程量计算规则，将整个工程项目进行分解并计算出工程量而构成的工程细目表。公路工程工程量清单由招标人根据工程项目特点和实施需要编制，并与招标文件中的投标人须知、通用合同条款、专用合同条款及技术规范相衔接。

招标工程的工程量清单通常是由业主提供，但也有一些国际招标工程，并没用工程量清单，仅有招标图纸，这就要求投标人按照自己的习惯列出工程细目并计算工程量，或按国际通用的工程量编制方法提交工程量清单。我国的公路工程项目招标，一般均由招标单位提供工程量清单。招标单位在编制工程量清单时可参照最新的《公路工程标准施工招标文件》，按其中的技术规范给出相应章、节、目的工程细目表。

另外，需要特别指出的是工程量清单中所列的工程数量(也称为清单工程量)，是实际施工前根据设计施工图纸和说明及工程量清单计算规则所得到的一种准确性较高的预算数量，并不是中标者在施工时应予以完成的实际工程量。因为在实际施工过程中，可能会因各种原因与设计条件不一致，而产生工程量数量变化，业主应按实际工程量支付工程费用。

①工程量清单的作用

提供合同中关于工程量的足够信息，以使投标单位能有效而精确地编写标书；标有单价的工程量清单是办理中期支付和结算的依据。

②工程量清单的组成

工程量清单一般包括说明、工程细目、暂估价表、计日工明细表、工程量清单汇总表和工程量清单单价分析表6个方面。

工程量清单说明：规定了工程量清单的性质、特点以及单价的构成和填写要求。

工程细目：反映了施工项目各工程细目的数量，是工程量清单的主体部分。工程细目是招标工程中按章的顺序排列的各个项目表。表中有子目号、子目名称、工程数量、单位、单价及合价(或金额)栏目，其格式见表3.1。其中单价或金额栏的数字一般由承包人投标时填写，而其他部分一般由业主或者招标单位在编制工程量清单时确定。

表 3.1 工程量清单

清单 第100章 总 则					
子目号	子目名称	单位	工程数量	单价	合价
101 通则					
101-1	保险费				
-a	按合同条款规定,提供建筑工程一切险	总额			
-b	按合同条款规定,提供第三者责任险	总额			
102-1	竣工文件	总额			
102-2	施工环保费	总额			
102-3	安全生产费	总额			
102-4	信息化系统(暂估价)	总额			
103-1	临时道路修建、养护与拆除(包括原道路的养护费)	总额			
103-2	临时占地	总额			
103-3	临时供电设施架设、维护与拆除	总额			
103-4	电信设施的提供、维修与拆除	总额			
103-5	供水与排污设施	总额			
104	承包人驻地建设				
104-1	承包人驻地建设	总额			
105	施工标准化				
105-1	施工驻地	总额			
105-2	工地试验室	总额			
105-3	拌和站	总额			
105-4	钢筋加工场	总额			
105-5	预制场	总额			
105-6	仓储存放地	总额			
105-7	各场(厂)区、作业区连接道路及施工主便道	总额			
清单100章合计　　人民币					

工程细目分章排列,有利于将不同性质、不同部位、不同施工阶段或其他特性的不同的工程区别开来,同时也有利于将那些需要采用不同施工方法、不同施工阶段或成本不一样的工程区别开来。

工程细目按章、节、目的形式设置,至于具体分多少章,章中设多少节,节下设多少目,则视工程实际情况确定。《公路工程标准施工招标文件》技术规范分为 7 章,第 100 章为总则,清单格式见表 3.1,第 200 章为路基工程,第 300 章为路面工程,第 400 章为桥梁、涵洞,第 5 章为隧道,第 600 章为安全设施及预埋管线,第 700 章为绿化及环境保护设施。

暂估价表:材料、工程设备、专业工程暂估价已包括在清单合计中,不应重复计入投标报价。

计日工明细表:是处理小型变更工程的计价依据。计日工也称散工或按日计工,在招标文件中一般列有劳务、材料和施工机械 3 个计日工表。计日工清单是用来处理一些临时性的或者新增加项目计价用的,清单中计日工的数量是业主虚拟的,通常称为“名义工程量”,投标者在填入计日工单价后,再乘以“名义工程量”,然后将汇总的计日工总价加入投标总报价中,以避免承包人投标时计日工的单价报得太高。

工程量清单汇总表:通过汇总表对各章的工程报价及计日工汇总,再加上一定比例的暂定金额,即可得出该项目的总报价,该报价与投标书中所填写的投标总价应是一致的。

工程量清单单价分析表:分析工程量清单综合单价的费用组成。

③工程量清单的格式

工程量清单的格式如本章附表 1 ~ 5 所示。

④编制工程量清单的原则

编制工程量清单要和技术规范保持一致性;便于计量支付;便于合同管理及处理工程变更;保持合同的公平性。

⑤编写工程量清单的注意事项

工程量清单的内容很多、很细,极易出错,给计量、合同管理带来麻烦,可能给承包人造成有的项目费用无处可摊或是有可乘之机,甚至给业主带来不可弥补的损失。因此,在编写时注意以下几点:

a.将开办项目作为独立的工程子目单列出来。开办项目是工程施工开工前就要发生或一开工就要发生或大部分发生的项目,如工程保险、承包人的临时设施费、临时工程费等。在工程量清单及技术规范中,这些项目单独列项,放在工程量清单第 100 章总则中。如果将这些项目包括在其他项目单价中,到承包人开工时,上述各种款项将得不到及时支付,这不仅影响合同的公平性和承包人的资金周转,而且会增加招标中预付款的数量。

b.合理划分工程项目。在工程细目划分时,要注意将不同等级要求的工程区分开。将同一性质但不属于同一部位的工程区分开;将情况不同,可能要进行不同报价的项目区分开。这一做法主要是为了强化工程投标中的竞争性,使投标人报价更加具体,针对不同情况可以采用不同的单价,便于降低造价。

c.工程子目的划分要大小合适,把握好度。工程子目的划分可大可小,工程子目大,可减少计算工程量,但太大就难以发挥单价合同的优势,不便于工程变更的处理;另外,工程子目太大也会使支付周期延长,影响承包人的资金周转,最终影响合同的正常履行。例如:在桥梁工程中,如将基础回填工作的计价包含在基础挖方项目中,则承包人必须等到基础回填工作完成以后才能办理该项目的计量支付,支付周期可能要半年或更长的时间,这将直接影响承包人的资金周转,不利于合同的正常履行。但如果将基础开挖和基础回填分成两个工程子目,则可避免上述问题的发生。

工程子目相对较小,虽会增加计算工程量,但对处理工程变更和合同管理是有利的。如路基挖方中弃方运距的处理,有两种方案:一是路基挖方单价中包含全部弃方运距;二是路基挖方中包括部分弃方运距(如100 m),超过该运距的弃方运费单独计量与支付。如果弃土区明确而且施工中不出现变更的话,上述两种方案是一样的,而且前一方案还可较少计算工程量。但是,一旦弃土区变更或发生设计变更,弃土运距会发生变化,则前一方案的单价会变得不适应,双方需按变更工程协商确定新的单价,从而使投标合同单价失效;而采用后一种方案时,合同中的单价仍是适用的,原则上可按原单价办理结算。对于后一方案工程量清单中可以设置挖土方[包括部分弃方运距(如100 m)]和弃方运距增减(单位:0.5 km)两个工程子目。

可见,工程细目划分不是绝对的,既要简单明了、高度概括,又不能漏掉项目和应计价的内容,要结合工程实际,具体问题具体对待,灵活掌握。

d.工程量的计算整理要细致准确。计算和整理工程量的依据是图纸和技术规范,它是一项严谨的技术工作,绝不是简单的罗列设计文件中的工程量。要认真阅读技术规范中的计量与支付方法,仔细核查设计文件中工程量所对应的计量方法与技术规范中的计量方法是否一致,如不一致,则需在整理工程量时进行技术处理。此外,在工程量的计算过程中,要做到不重不漏,更不能发生计算错误,否则会带来一系列问题。

e.计日工清单不可缺少。计日工清单是用来处理一些附加的或小型的变更工程计价的,清单中计日工的数量完全是由业主虚拟的,用以避免承包人在投标报价时计日工的单价报的太离谱,有了计日工清单会使合同管理很方便。

f.应与技术规范一致。工程量清单是一份与技术规范相对应的文件。技术规范规定了各工程细目的质量要求及计量支付办法,而工程量清单则详细说明了每一工程细目可能要发生的工程数量。

【例3.1】工程量清单的编制案例

某高速公路第五合同段路面工程中,填方路堤为9.018 km,其中浅填路段为0.4 km,路面结构横断面示意图、中央分隔带、填挖方路面边部构造图、土路肩等大样图如图3.1~3.4所示。该工程垫层为厚度 $h_1 = 15$ cm 的级配碎石(浅填段),底基层为厚度 $h_2 = 18$ cm 的石灰粉煤灰稳定土,基层为厚度 $h_3 = 18$ cm 的水泥稳定碎石(水泥剂量4%,两层基层上撒布一层沥青封层,柔性基层为厚度 $h_4 = 12$ cm 大粒径透水性沥青混合料(LSPM-30),面层分为3层,下面层为厚度 $h_5 = 8$ cm 的粗粒式沥青混凝土(AC-25),中面层为厚度 $h_6 = 6$ cm 的中粒式改性沥青混合料(AC-20),表面层为厚度 $h_7 = 4$ cm 的 SMA 沥青混合料,沥青结构层之间撒布粘层,B 型填方分散排水路段为2km。试计算该项目路面工程清单项目工程量,并列出路面工程部分清单表。

解:根据图纸和最新《公路工程标准施工招标文件》的技术规范中路面工程工程量计量与支付的计量规则计算工程数量。路面各分项工程量按照清单工程量计算规则计算过程如表3.2所示。路面工程部分工程量清单表如表3.3所示。

填方路基

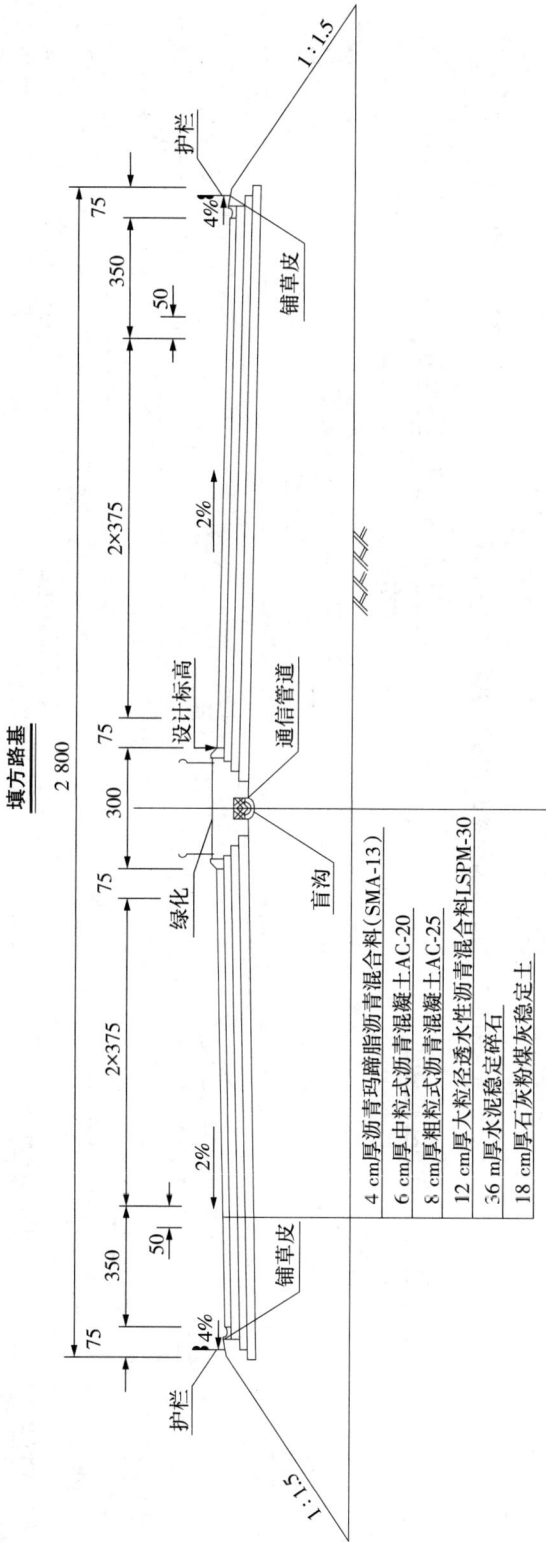

图 3.1　沥青路面结构图（尺寸单位：cm）

4 cm厚沥青玛蹄脂混合料(SMA-13)
6 cm厚中粒式沥青混凝土AC-20
8 cm厚粗粒式沥青混凝土AC-25
12 cm厚大粒径透水性沥青混合料LSPM-30
36 m厚水泥稳定碎石
18 cm厚石灰粉煤灰稳定土

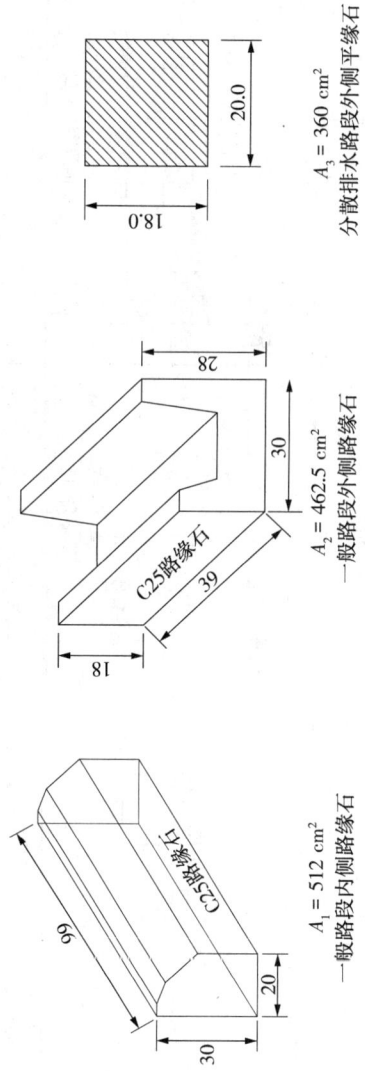

图 3.2　路缘石大样图（尺寸单位：cm）

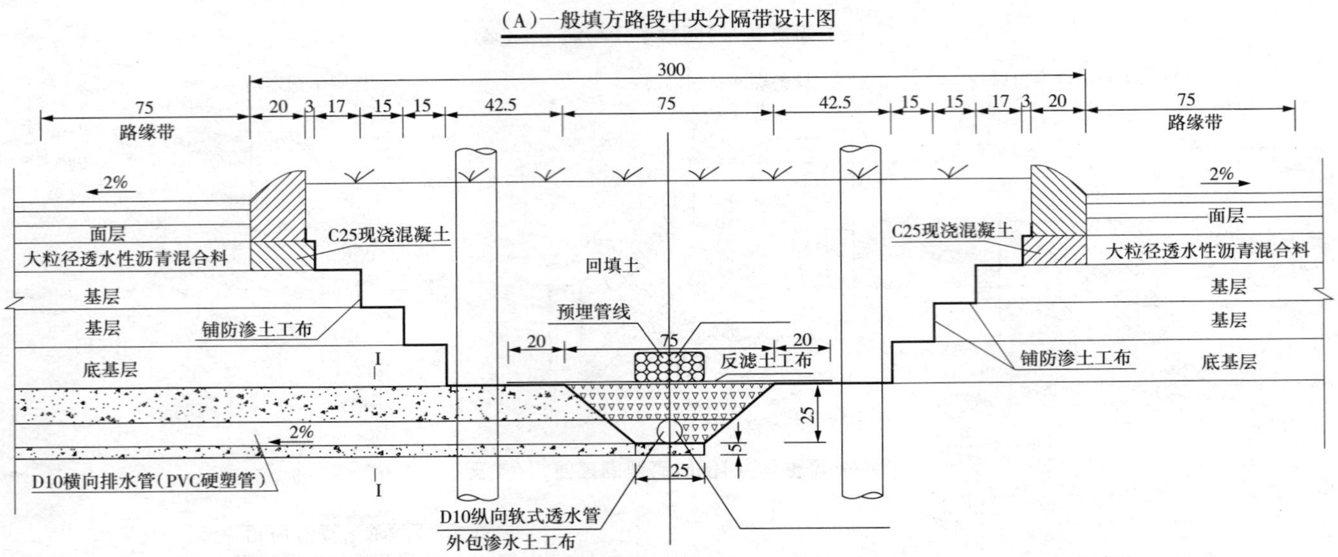

(A)一般填方路段中央分隔带设计图

图 3.3 中央分隔带路面边部结构图 (尺寸单位:cm)

B型填方分散排水土路肩边部构造图

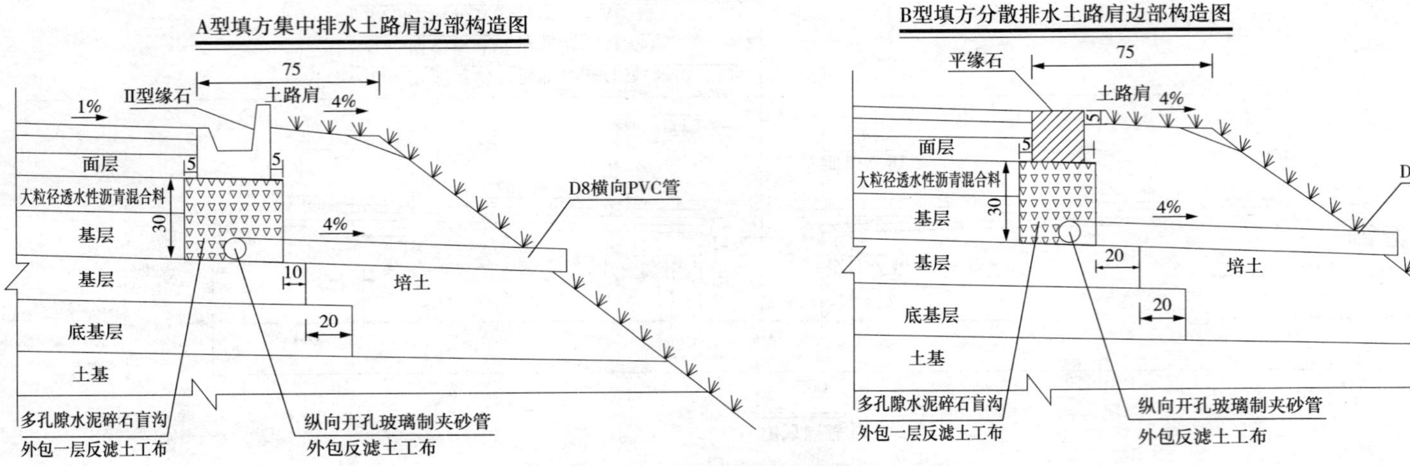

图 3.4 填方路段路面边部结构图 (尺寸单位:cm)

A型填方集中排水土路肩边部构造图

表 3.2 某高速公路路面工程工程量计算书

子目号	子目名称	计量单位	工程量计算规则	工程量计算公式	数量
302-1-a	碎石垫层厚150 mm	m²	按设计说明只有浅填段有，根据结构层厚度计算其宽度，根据其宽度计算出顶面面积	[28+0.84×1.5×2-0.75]×400=11 908	11 908
304-3-a	水泥稳定土基层厚180 mm	m²	依据图纸所示压实厚度，计算两层水泥稳定土基层的铺筑顶面面积之和	[(0.75+2×3.75+3.5+0.2+0.03+0.17+0.15+0.35+0.1)+(0.75+2×3.75+3.5+0.2+0.03+0.17-0.05)]×2×9 018=448 195	448 195
305-1-a	二灰土底基层厚180 mm	m²	按设计图纸所示，以顶面面积计算	(0.75+2×3.75+3.5+0.2+0.03+0.17+0.15+0.15+0.35+0.3)×2×9 018=236 272	236 272
307-1-a	大粒径透水性沥青混合料厚120 mm	m²	以面积计算	(0.75+2×3.75+3.5-0.05)×2×9 018=211 021	211 021
308-2	粘层	m²	按设计图纸所示，在柔性基层和下面层，下面层和中面层，中面层和上面层之间设置粘层	(0.75+2×3.75+3.5)×2×9 018×3=635 769	635 769
309-3-a	粗粒式沥青混凝土厚80 mm	m²	按设计图纸所示，按不同厚度以分别以面积计算	(0.75+2×3.75+3.5)×2×9 018=211 923	211 923
310-2-a	封层	m²	按设计图纸所示，以面积计算	(0.75+2×3.75+3.5-0.05)×2×9 018=211 021	211 021
311-2	中粒式改性沥青混合料路面				
-a	厚60 mm	m²	按设计图纸所示，以面积计算	(0.75+2×3.75+3.5)×2×9 018=211 923	211 923
311-3	SMA 路面				
-a	厚40 mm	m²	按设计图纸所示，以面积计算	(0.75+2×3.75+3.5)×2×9 018=211 923	211 923

续表

子目号	子目名称	计量单位	工程量计算规则	工程量计算公式	数量
313-1	路肩培土	m³	按设计图纸所示，以压实实体积计算	A型填方集中排水路段（7 018 m）培土路肩体积：S1=(0.75-0.3+0.75-0.3+0.84×1.5)/2×0.84-0.05×0.3-0.15×0.18-0.35×0.18=0.802 2 培土路肩体积 V1=S×2×7 018=11 260 B型填方分散排水路段（2 000 m）培土路肩体积：S2=(0.75-0.2+0.75-0.2+0.84×1.5)/2×0.84-0.05×0.3-0.25×0.18-0.45×0.18=0.850 2 培土路肩体积 V2=S×2×2 000=3 401 合计：11 260+3 401=14 661	14 661
313-2	中央分隔带回填土	m³	按设计图纸所示，以压实实体积计算	[(3-0.4)×0.94-(0.03×0.12+0.2×0.18+0.35×0.18+0.5×0.18)×2-0.4×0.28]×9 018=17 556	17 556
313-3	现浇混凝土加固土路肩	m³	按图纸所示断面尺寸和混凝土强度等级，以浇筑体积计算	0.12×0.23×9 018×2=498	498
313-5	混凝土预制块路缘石				
-a	内侧立缘石（300 mm×200 mm）	m³	按图纸所示断面尺寸和混凝土强度等级，按照预制安装体积计算	[(0.02+0.06)/2×0.02+(0.06+0.2)/2×0.08+0.2×0.2]×9 018×2=0.051 2×9 018×2=923	923
-b	外侧平缘石（200 mm×180 mm）	m³		0.2×0.18×2 000×2=144	144
-c	外侧 U 形缘石（280 mm×300 mm）	m³		[(0.05+0.075)/2×0.08+(0.05+0.075)/2×0.18+0.3×0.1]×7 018×2=0.046 25×7 018×2=649	649
314-1	中央分隔带纵向排水设施	m	按设计图纸所示的长度测量，以延米计算	9 018×1=9 018	9 018
314-2	中央分隔带横向排水管	m	按设计图纸所示的长度测量，以延米计算	9 018/40×[14+(0.84+0.25-0.1)×1.5]=3 491	3 491
314-6	路肩排水沟				
-a	多孔隙水稳碎石盲沟	m	按设计图纸所示，以延米计算	9 018×2=18 036	18 036
-b	D8 横向排水管	m	按设计图纸所示，以延米计算	9 018/25×[0.75+(0.3+0.18-0.8)×1.5]×2=974	974

表 3.3　路面工程工程量清单

合同段编号:××高速公路 05 标段　　　　　　　　　　　　　　货币单位:人民币(元)

子目号	子目名称	计量单位	数量	单价	合价
302-1	级配碎石垫层				
-a	厚 150 mm	m²	11 908		
304-3	水泥稳定土基层				
-a	厚 180 mm 水泥稳定碎石基层	m²	448 195		
305-1	石灰粉煤灰稳定土底基层				
-a	厚 180 mm 二灰土底基层	m²	236 272		
307-1	大粒径透水性沥青混合料(LSPM)				
-a	厚 120 mm	m²	211 021		
308-2	粘层	m²	635 769		
309-3	粗粒式沥青混凝土				
-a	厚 80mmAC-25	m²	211 923		
310-2	封层				
-a	封层(含透层)	m²	211 021		
311-2	中粒式改性沥青混合料路面				
-a	厚 60mmAC-20	m²	211 923		
311-3	SMA 路面				
-a	厚 40 mm	m²	211 923		
313-1	路肩培土	m³	14 661		
313-2	中央分隔带回填土	m³	17 556		
313-3	现浇混凝土加固土路肩	m³	498		
313-5	混凝土预制块路缘石				
-a	内侧立缘石(300 mm×200 mm)	m³	923		
-b	外侧平缘石(200 mm×180 mm)	m³	144		
-c	外侧 U 形路缘石(280 mm×300 mm)	m³	649		
314-1	中央分隔带纵向排水设施	m	9 018		
314-2	中央分隔带横向排水设施				
-a	D10 cm 塑料排水管	m	3 491		
314-6	路肩排水沟				
-a	多孔隙碎石盲沟	m	18 036		
-b	D8 横向塑料管	m	974		

(3)技术规范

技术规范是招标文件和合同文件非常重要的组成部分,详尽而具体地说明了承包商履行合同中应遵守的质量、安全、工艺、操作、程序等规定。招标人对工程项目技术等级、技术指标、质量要求、质量评定和竣工验收等规定均是以技术规范为依据的。技术规范是投标书编写中不可缺少的资料,是为其进行工程估价和确定报价的重要依据。承包商中标以后,就必须签订合同协议书并按合同规定,按照相应的技术规范的规定进行施工、计量等,以确保在合同规定的工程总价内保证质量、保证工期完工。技术规范是施工过程中承包人控制质量和监理工程师检查验收施工质量的主要依据。

3)对投标者进行资格审查

招标人可以根据招标项目本身的特点和需要,要求潜在投标人或者投标人提供满足其资格要求的文件,对潜在投标人或者投标人进行资格审查。资格审查的目的在于限制不符合条件的单位盲目投标。资格审查实行资格预审,投标者向招标单位递交资格预审申请书,审查合格者才准许购买招标文件。邀请招标有时也使用资格后审,即在评标时进行。资格审查应主要审查潜在投标人或者投标人是否符合下列条件:

①具有独立订立合同的权利。

②具有履行合同的能力,包括专业、技术资格和能力,资金、设备和其他物质设施状况,管理能力、经验、信誉和相应的从业人员。

③没有处于被责令停业,投标资格被取消,财产被接管、冻结,破产状态。

④在最近 3 年内没有骗取中标和严重违约及重大工程质量问题。

⑤法律、行政法规规定的其他资格条件。

4)招标问题的答疑

投标人应仔细阅读和检查招标文件的全部问题。如发现缺页或附件不全,应及时向招标人提出,以便补齐。如有疑问,应在投标人须知前附表规定的时间前以书面形式(包括信函、电报、传真等可以有形地表现所载内容的形式),要求招标人对招标文件予以澄清。

招标文件的澄清以书面形式发给所有购买招标文件的投标人,但不指明澄清问题的来源。澄清发出的时间距投标人须知前附表规定的投标截止时间不足 15 天的,并且澄清内容影响投标文件编制的,将相应延长投标截止时间。投标人在收到澄清后,应在投标人须知前附表规定的时间内以书面形式通知招标人,确认已收到该澄清。

5)开标

开标若采用双信封形式,采用以下条款:

(1)开标时间和地点

招标人在规定的投标截止时间(开标时间)和投标人须知前附表规定的地点对收到的投标文件第一个信封(商务及技术文件)公开开标,并邀请所有投标人的法定代表人或其委托代理人准时参加。

招标人在投标人须知前附表规定的时间和地点对投标文件第二个信封(报价文件)公开开标,并邀请所有投标人的法定代表人或其委托代理人准时参加。

投标人若未派法定代表人或委托代理人出席开标活动,视为该投标人默认开标结果。

(2)开标程序

①主持人按下列程序对投标文件第一个信封(商务及技术文件)进行开标:

a.宣布开标纪律;

b.公布在投标截止时间前递交投标文件的投标人数量;

c.宣布开标人、唱标人、记录人等有关人员姓名;

d.按照投标人须知前附表规定由投标人推选的代表检查投标文件的密封情况;

e.按照投标人须知前附表规定的开标顺序当众开标,公布标段名称、投标人名称、投标保证金的递交情况、工期及其他内容,并记录在案;

f.投标人代表、招标人代表、记录人等有关人员在开标记录上签字确认;

g.开标结束。

②在投标文件第一个信封(商务及技术文件)开标现场,投标文件第二个信封(报价文件)不予开封,由招标人密封保存。

③招标人将按照招标文件规定的时间和地点对投标文件第二个信封(报价文件)进行开标。主持人按下列程序进行开标:

a.宣布开标纪律;

b.当众拆开投标文件第一个信封(商务及技术文件)评审结果的密封袋,宣布通过投标文件第一个信封(商务及技术文件)评审的投标人名单;

c.宣布开标人、唱标人、记录人等有关人员姓名;

d.按照投标人须知前附表规定由投标人推选的代表检查投标文件的密封情况;

e.按照投标人须知前附表规定的开标顺序当众开标,开标人只拆封通过投标文件第一个信封(商务及技术文件)评审的投标文件第二个信封(报价文件),公布标段名称、投标人名称、投标报价及其他内容,并记录在案;

f.计算并宣布评标基准价;

g.将未通过投标文件第一个信封(商务及技术文件)评审的投标文件第二个信封(报价文件)退还给投标人;

h.投标人代表、招标人代表、记录人等有关人员在开标记录上签字确认;

i.开标结束。

④若采用合理低价法或综合评分法,在投标文件第二个信封(报价文件)开标现场,招标人将按招标文件第三章"评标办法"规定的原则计算并宣布评标基准价。若招标人发现投标文件出现以下任一情况,其投标报价将不再参加评标基准价的计算:

a.未在投标函上填写投标总价;

b.投标报价或调价函中的报价超出招标人公布的最高投标限价(如有);

c.投标报价或调价函中报价的大写金额无法确定具体数值;

d.投标函上填写的标段号与投标文件封套上标记的标段号不一致。

如果投标人认为某一标段的评标基准价计算有误,有权在开标现场提出,经招标人当场核实确认之后,可重新宣布评标基准价。开标现场宣布的评标基准价除计算有误经评标委员会修正外,在整个评标期间保持不变,不随任何因素发生变化。

⑤在投标文件第一个信封(商务及技术文件)或第二个信封(报价文件)开标过程中,若招标人宣读的内容与投标文件不符,投标人有权在开标现场提出疑问,经招标人当场核查确认之后,可重新宣读其投标文件。若投标人现场未提出疑问,则认为投标人已确认招标人宣读的内容。

若采用单信封形式,第5.1款采用以下条款:

(1)开标时间和地点

招标人在规定的投标截止时间(开标时间)和投标人须知前附表规定的地点公开开标,并邀请所有投标人的法定代表人或其委托代理人准时参加。投标人若未派法定代表人或委托代理人出席开标活动,视为该投标人默认开标结果。

(2)开标程序

①主持人按下列程序进行开标:

a.宣布开标纪律;

b.公布在投标截止时间前递交投标文件的投标人数量;

c.宣布开标人、唱标人、记录人等有关人员姓名;

d.按照投标人须知前附表规定由投标人推选的代表检查投标文件的密封情况;

e.按照投标人须知前附表规定的开标顺序当众开标,公布标段名称、投标人名称、投标保证金的递交情况、投标报价、工期及其他内容,并记录在案;

f.计算并宣布评标基准价;

g.投标人代表、招标人代表、记录人等有关人员在开标记录上签字确认;

h.开标结束。

②若采用合理低价法或综合评分法,在开标现场,招标人将按招标文件第三章"评标办法"规定的原则计算并宣布评标基准价。若招标人发现投标文件出现以下任一情况(具体同前文双信封形式④条,此处略),其投标报价将不再参加评标基准价的计算。

③若招标人宣读的内容与投标文件不符,投标人有权在开标现场提出疑问,经招标人当场核查确认之后,可重新宣读其投标文件。若投标人现场未提出疑问,则认为投标人已确认招标人宣读的内容。

(3)开标异议

投标人对开标有异议的,应在开标现场提出,招标人当场作出答复,并制作记录,有异议的投标人代表、招标人代表、记录人等有关人员在记录上签字确认。

6)评标

①评标委员会。评标由招标人依法组建的评标委员会负责。评标委员会由招标人或其委托的招标代理机构熟悉相关业务的代表,以及有关技术、经济等方面的专家组成。评标委员会成员人数以及技术、经济等方面专家的确定方式见《公路工程标准施工招标文件》投标人须知前附表。

②评标委员会成员有下列情形之一的,应当回避:

a.招标人或投标人的主要负责人的近亲属;

b.项目主管部门或者行政监督部门的人员;

c.与投标人有经济利益关系,可能影响对投标公正评审的;

d.曾因在招标、评标以及其他与招标投标有关活动中从事违法行为而受过行政处罚或刑事处罚的。

③评标原则。评标活动遵循公平、公正、科学和择优的原则。

④评标。评标委员会按照《公路工程标准施工招标文件》第三章"评标办法"规定的方法、评审因素、标准和程序对投标文件进行评审。第三章"评标办法"没有规定的方法、评审因素和标准,不作为评标依据。

7)定标

(1)确定中标人

除投标人须知前附表规定评标委员会直接确定中标人外,招标人依据评标委员会推荐的中标候选人确定中标人,评标委员会推荐中标候选人的人数见投标人须知前附表。

(2)重新招标

评标委员会经评审,认为所有投标都不符合招标文件要求的,可以否决所有投标。依法必须进行招标的项目所有投标人被否决的,招标人应当依法重新招标。有下列情形之一的,招标人将重新招标:

a.投标截止时间止,投标人少于3个的;

b.经评标委员会评审后否决所有投标的;

c.中标候选人均未与招标人签订合同的;

d.法律规定的其他情形。

(3)不再招标

重新招标后投标人仍少于3个或者所有投标被否决的,属于必须审批或核准的工程建设项目,经原审批或核准部门批准后不再进行招标。

8)签订合同

①中标人确定后,招标人应在投标有效期内,以书面形式向中标人发出中标通知书,同时将中标结果通知未中标的投标人。中标通知书对招标人和中标人具有同等的法律效力,中标通知书发出后,招标人改变中标结果的,或者中标人放弃中标结果的,应当依法承担法律责任。

②招标人和中标人应当自中标通知书发出之日起30天内,根据招标文件和中标人的投标文件订立书面合同。招标文件要求中标人提交履约担保(或保证金)的,中标人应当提交。

③中标人若拒绝在规定的时间内提交履约担保(或保证金)或签订合同的,按招标文件中的规定,招标人取消了中标人的中标资格,在此情况下,招标人可将合同授予下一个中标候选人,或者按规定重新组织招标。

④招标人与中标人签订合同后,招标人应及时通知其他投标人。招标人收取投标保证金的,招标人与中标人签订合同后5日内,向未中标的投标人和中标人退还投标保证金及银行同期存款利息。

9)纪律和监督

(1)对招标人的纪律要求

招标人不得泄露招标投标活动中应当保密的情况和资料,不得与投标人串通损害国家利益、社会公共利益或者其他人合法权益。

（2）对投标人的纪律要求

投标人不得相互串通投标或者与招标人串通投标，不得向招标人或者评标委员会成员行贿谋取中标，不得以他人名义投标或者以其他方式弄虚作假骗取中标；投标人不得以任何方式干扰、影响评标工作。

（3）对评标委员会成员的纪律要求

评标委员会成员不得收受他人的财物或者其他好处，不得向他人透露对投标文件的评审和比较、中标候选人的推荐情况以及评标有关的其他情况。在评标活动中，评标委员会成员不得擅离职守，影响评标程序正常进行，不得使用"评标办法"没有规定的评审因素和标准进行评标。

（4）对与评标活动有关的工作人员的纪律要求

与评标活动有关的工作人员不得收受他人的财物或其他好处，不得向他人透露对投标文件的评审和比较、中标候选人的推荐情况以及评标有关的其他情况。在评标活动中，与评标活动有关的工作人员不得擅离职守，影响评标程序正常进行。

（5）投诉

投标人和其他利害关系人认为本次招标活动违反法律、法规和规章规定的，有权向有关行政监督部门投诉。监督部门的联系方式见投标人须知前附表。

3.2.6 公路工程评标办法

评标委员会按照交通部《公路工程标准施工招标文件》（2018 年版）规定的方法、评审因素、标准和程序对投标文件进行评审。"评标办法"没有规定的方法、评审因素和标准，不作为评标依据。

1）合理低价法

（1）评标方法

合理低价法是评标委员会对满足招标文件实质要求的投标文件，根据下述规定的评分标准进行打分，并按得分由高到低的顺序推荐中标候选人，或根据招标人授权直接确定中标人，但投标报价低于其成本的除外。综合评分相等时，评标委员会依次按照以下优先顺序推荐中标候选人或确定中标人：①评标价低的投标人优先；②被招标项目所在地省级交通运输主管部门评为较高信用等级的投标人优先。

合理低价法是综合评估法的评分因素中评标价得分为 100 分，其他评标因素分值为 0 分的特例，因而有相当部分与综合评估法相关的内容。

如果项目招标采用由投标人按照招标人提供的工程量清单填写本合同各工程子目的单价、合价和总额价方式，则评标委员会按照下述初步评审中的相关规定对投标人的投标报价进行修正。如果是采用投标人按照招标人提供的工程量固化清单电子文件填写工程量清单的，则无须对投标报价进行修正。

招标人应根据招标项目具体特点和实际需要，详细列明全部评审因素、标准，没有列明的因素和标准不得作为评标的依据。

（2）评审标准

①形式评审与响应性

第一个信封（商务及技术文件）评审标准：

a. 投标文件按照招标文件规定的格式、内容填写，字迹清晰可辨：

• 投标函按招标文件规定填报了项目名称、标段号、补遗书编号（如有）、工期、工程质量要求及安全目标；

• 投标函附录的所有数据均符合招标文件规定；

• 投标文件组成齐全完整，内容均按规定填写。

b. 投标文件上法定代表人或其委托代理人的签字、投标人的单位章盖章齐全，符合招标文件规定。

c. 与申请资格预审时比较，投标人发生合并、分立、破产等重大变化的，仍具备资格预审文件规定的相应资格条件且其投标未影响招标公正性：

• 投标人应提供相关部门的合法批件及企业法人营业执照和资质证书等证件的副本变更记录复印件；

• 投标人仍然满足资格预审文件中规定的资格预审条件最低要求（资质、业绩、人员、信誉、财务等）；

• 与所投标段的其他投标人不存在控股、管理关系或单位负责人为同一人的情况；与招标人也不存在利害关系并可能影响招标公正性。

d. 投标人按照招标文件的规定提供了投标保证金：

• 投标保证金金额符合招标文件规定的金额，且投标保证金有效期不少于投标有效期；

• 若投标保证金采用现金或支票形式提交，投标人应在递交投标文件截止时间之前，将投标保证金由投标人的基本账户转入招标人指定账户；

• 若投标保证金采用银行保函形式提交，银行保函的格式、开具保函的银行均满足招标文件要求，且在递交投标文件截止时间之前向招标人提交了银行保函原件。

e. 投标人法定代表人授权委托代理人签署投标文件的，须提交授权委托书，且授权人和被授权人均在授权委托书上签名，未使用印章、签名章或其他电子制版签名代替。

f. 投标人法定代表人亲自签署投标文件的，提供了法定代表人身份证明，且法定代表人在法定代表人身份证明上签名，未使用印章、签名章或其他电子制版签名代替。

g. 投标人以联合体形式投标时，联合体满足招标文件的要求：

• 未进行资格预审的，投标人按照招标文件提供的格式签订了联合体协议书，明确各方承担连带责任，并明确联合体牵头人；

• 已进行资格预审的，投标人提供了资格预审申请文件中所附的联合体协议书复印件，且通过资格预审后的联合体无成员增减或更换的情况。

h. 投标人如有分包计划，符合招标文件第二章"投标人须知"第 1.11 款规定，且按招标文件第九章"投标文件格式"的要求填写了"拟分包项目情况表"。

i. 同一投标人未提交两个以上不同的投标文件，但招标文件要求提交备选投标的除外。

j. 投标文件中未出现有关投标报价的内容。

k. 投标文件载明的招标项目完成期限未超过招标文件规定的时限。

l. 投标文件对招标文件的实质性要求和条件作出响应。

m. 权利和义务符合招标文件规定:

- 投标人应接受招标文件规定的风险划分原则,未提出新的风险划分办法;
- 投标人未增加发包人的责任范围,或减少投标人义务;
- 投标人未提出不同的工程验收、计量、支付办法;
- 投标人对合同纠纷、事故处理办法未提出异议;
- 投标人在投标活动中无欺诈行为;
- 投标人未对合同条款有重要保留。

n. 投标文件正、副本份数符合招标文件第二章"投标人须知"第3.7.4项规定。

……

第二个信封(报价文件)评审标准:

a. 投标文件按照招标文件规定的格式、内容填写,字迹清晰可辨:

- 投标函按招标文件规定填报了项目名称、标段号、补遗书编号(如有)、投标价(包括大写金额和小写金额);
- 已标价工程量清单说明文字与招标文件规定一致,未进行实质性修改和删减;
- 投标文件组成齐全完整,内容均按规定填写。

b. 投标文件上法定代表人或其委托代理人的签字、投标人的单位章盖章齐全,符合招标文件规定。

c. 投标报价或调价函中的报价未超过招标文件设定的最高投标限价(如有)。

d. 投标报价或调价函中报价的大写金额能够确定具体数值。

e. 同一投标人未提交两个以上不同的投标报价,但招标文件要求提交备选投标的除外。

f. 投标人若提交调价函,调价函符合招标文件第二章"投标人须知"第3.2.6项要求。

j. 投标人若填写工程量固化清单,填写完毕的工程量固化清单未对工程量固化清单电子文件中的数据、格式和运算定义进行修改;工程量固化清单中的投标报价和投标函大写金额报价一致。

h. 投标文件正、副本份数符合招标文件第二章"投标人须知"第3.7.4项规定。

……

②资格评审标准(适用于未进行资格预审的情况):

a. 投标人具备有效的营业执照、组织机构代码证、资质证书、安全生产许可证和基本账户开户许可证。

b. 投标人的资质等级符合招标文件规定。

c. 投标人的财务状况符合招标文件规定。

d. 投标人的类似项目业绩符合招标文件规定。

e. 投标人的信誉符合招标文件规定。

f. 投标人的项目经理和项目总工资格、在岗情况符合招标文件规定。

g. 投标人的其他要求符合招标文件规定。

h. 投标人不存在第二章"投标人须知"第1.4.3项或第1.4.4项规定的任何一种情形。

i. 投标人符合第二章"投标人须知"第1.4.5项规定。

j. 以联合体形式参与投标的,联合体各方均未再以自己名义单独或参加其他联合体在同一标段中投标;独立参与投标的,投标人未同时参加联合体在同一标段中投标。

……

③分值构成(总分100分):

评标价:100分其他因素分值均为0分。

④评标基准价计算方法:在开标现场,招标人将当场计算并宣布评标基准价。

a. 评标价的确定:

方法一:评标价=投标函文字报价

方法二:评标价=投标函文字报价-暂估价-暂列金额(不含计日工总额)

b. 评标价平均值的计算:

除按"投标人须知"规定开标现场被宣布为废标的投标报价之外,所有投标人的评标价去掉一个最高值和一个最低值后的算术平均值即为评标价平均值(如果参与评标价平均值计算的有效投标人少于5家时,则计算评标价平均值时不去掉最高值和最低值)。

c. 评标基准价的确定:

方法一:将评标价平均值直接作为评标基准价。

方法二:将评标价平均值下浮_____%,作为评标基准价。

方法三:招标人设置评标基准价系数,由投标人代表或监标人现场抽取,评标价平均值乘以现场抽取的评标基准价系数作为评标基准价。

方法四:……

如果投标人认为某一标段的评标基准价计算有误,有权在开标现场提出,经监标人当场核实确认之后,可重新宣布评标基准价。确认后的评标基准价在整个评标期间保持不变,不随通过初步评审和详细评审的投标人的数量发生变化。

⑤评标价的偏差率计算公式:

$$偏差率=100\% \times(投标人评标价-评标基准价)/评标基准价$$

⑥评分标准:

施工组织设计   0分

项目管理机构   0分

投标报价   100分

其他评分因素   0分

评标价得分计算公式示例:

a. 如果投标人的评标价>评标基准价,则评标价得分=100-偏差率×100×E_1;

b. 如果投标人的评标价≤评标基准价,则评标价得分=100+偏差率×100×E_2;

其中:E_1是评标价每高于评标基准价一个百分点的扣分值;E_2是评标价每低于评标基准价一个百分点的扣分值。招标人可依据招标项目具体特点和实际需要设置E_1、E_2,但E_1应大于E_2。

(3)评标程序

①第一个信封初步评审

评标委员会可以要求投标人提交第二章"投标人须知"第3.5.1项至第3.5.6项规定的有

关证明和证件的原件,以便核验。评标委员会依据本章第2.1款规定的标准对投标文件第一个信封(商务及技术文件)进行初步评审。有一项不符合评审标准的,评标委员会应否决其投标。(适用于未进行资格预审的)

评标委员会依据形式评审与响应性的评审标准对投标文件第一个信封(商务及技术文件)进行初步评审。有一项不符合评审标准的,评标委员会应否决其投标。当投标人资格预审申请文件的内容发生重大变化时,评标委员会依据资格评审的标准对其更新资料进行评审。(适用于已进行资格预审的)

②第二个信封开标

第一个信封(商务及技术文件)评审结束后,招标人将按照第二章"投标人须知"第5.1款规定的时间和地点对通过投标文件第一个信封(商务及技术文件)评审的投标文件第二个信封(报价文件)进行开标。

③第二个信封初步评审

a.评标委员会依据本章第2.1.1项、第2.1.3项规定的评审标准对投标文件第二个信封(报价文件)进行初步评审。有一项不符合评审标准的,评标委员会应否决其投标。

b.投标报价有算术错误的,评标委员会按以下原则对投标报价进行修正,修正的价格经投标人书面确认后具有约束力。投标人不接受修正价格的,评标委员会应否决其投标。

● 投标文件中的大写金额与小写金额不一致的,以大写金额为准;

● 总价金额与依据单价计算出的结果不一致的,以单价金额为准修正总价,但单价金额小数点有明显错误的除外;

● 当单价与数量相乘不等于合价时,以单价计算为准,如果单价有明显的小数点位置差错,应以标出的合价为准,同时对单价予以修正;

● 当各子目的合价累计不等于总价时,应以各子目合价累计数为准,修正总价。

c.工程量清单中的投标报价有其他错误的,评标委员会按以下原则对投标报价进行修正,修正的价格经投标人书面确认后具有约束力。投标人不接受修正价格的,评标委员会应否决其投标。

● 在招标人给定的工程量清单中漏报了某个工程子目的单价、合价或总额价,或所报单价、合价或总额价减少了报价范围,则漏报的工程子目单价、合价和总额价或单价、合价和总额价中减少的报价内容视为已含入其他工程子目的单价、合价和总额价之中。

● 在招标人给定的工程量清单中多报了某个工程子目的单价、合价或总额价,或所报单价、合价或总额价增加了报价范围,则从投标报价中扣除多报的工程子目报价或工程子目报价中增加了报价范围的部分报价。

● 当单价与数量的乘积与合价(金额)虽然一致,但投标人修改了该子目的工程数量,则其合价按招标人给定的工程数量乘以投标人所报单价予以修正。

d.修正后的最终投标报价若超过最高投标限价(如有),评标委员会应否决其投标。

e.修正后的最终投标报价仅作为签订合同的一个依据,不参与评标价得分的计算。

④第二个信封详细评审

a.评标委员会按本章第2.2款规定的量化因素和分值进行打分,并计算出综合评估得分(即评标价得分)。

b.投标人得分分值计算保留小数点后两位,小数点后第三位"四舍五入"。

c. 评标委员会发现投标人的报价明显低于其他投标报价,使得其投标报价可能低于其个别成本的,应要求该投标人作出书面说明并提供相应的证明材料。投标人不能合理说明或不能提供相应证明材料的,评标委员会应认定该投标人以低于成本报价竞标,并否决其投标。

⑤投标文件相关信息的核查

a. 在评标过程中,评标委员会应查询交通运输主管部门"公路建设市场信用信息管理系统",对投标人的资质、业绩、主要人员资历和目前在岗情况、信用等级等信息进行核实。若投标文件载明的信息与交通运输主管部门"公路建设市场信用信息管理系统"发布的信息不符,使得投标人的资格条件不符合招标文件规定的,评标委员会应否决其投标。

b. 评标委员会应对在评标过程中发现的投标人与投标人之间、投标人与招标人之间存在的串通投标的情形进行评审和认定。投标人存在串通投标、弄虚作假、行贿等违法行为的,评标委员会应否决其投标。

有下列情形之一的,属于投标人相互串通投标:

• 投标人之间协商投标报价等投标文件的实质性内容;

• 投标人之间约定中标人;

• 投标人之间约定部分投标人放弃投标或中标;

• 属于同一集团、协会、商会等组织成员的投标人按照该组织要求协同投标;

• 投标人之间为谋取中标或排斥特定投标人而采取的其他联合行动。

有下列情形之一的,视为投标人相互串通投标:

• 不同投标人的投标文件由同一单位或个人编制;

• 不同投标人委托同一单位或个人办理投标事宜;

• 不同投标人的投标文件载明的项目管理成员为同一人;

• 不同投标人的投标文件异常一致或投标报价呈规律性差异;

• 不同投标人的投标文件相互混装;

• 不同投标人的投标保证金从同一单位或个人的账户转出。

有下列情形之一的,属于招标人与投标人串通投标:

• 招标人在开标前开启投标文件并将有关信息泄露给其他投标人;

• 招标人直接或间接向投标人泄露标底、评标委员会成员等信息;

• 招标人明示或暗示投标人压低或抬高投标报价;

• 招标人授意投标人撤换、修改投标文件;

• 招标人明示或暗示投标人为特定投标人中标提供方便;

• 招标人与投标人为谋求特定投标人中标而采取的其他串通行为。

投标人有下列情形之一的,属于弄虚作假的行为:

• 使用通过受让或租借等方式获取的资格、资质证书投标;

• 使用伪造、变造的许可证件;

• 提供虚假的财务状况或业绩;

• 提供虚假的项目负责人或主要技术人员简历、劳动关系证明;

• 提供虚假的信用状况;

• 其他弄虚作假的行为。

⑥投标文件的澄清和说明

a.在评标过程中,评标委员会可以书面形式要求投标人对投标文件中含义不明确的内容、明显文字或计算错误进行书面澄清或说明。评标委员会不接受投标人主动提出的澄清、说明。投标人不按评标委员会要求澄清或说明的,评标委员会应否决其投标。

b.澄清和说明不得超出投标文件的范围或改变投标文件的实质性内容(算术性错误的修正除外)。投标人的书面澄清、说明属于投标文件的组成部分。

c.评标委员会不得暗示或诱导投标人作出澄清、说明,对投标人提交的澄清、说明有疑问的,可以要求投标人进一步澄清或说明,直至满足评标委员会的要求。

d.凡超出招标文件规定的或给发包人带来未曾要求的利益的变化、偏差或其他因素在评标时不予考虑。

⑦不得否决投标的情形

投标文件存在第二章"投标人须知"第1.12.3项所列情形的,均视为细微偏差,评标委员会不得否决投标人的投标,应按照第二章"投标人须知"第1.12.4项规定的原则处理。

⑧评标结果

a.除第二章"投标人须知"前附表授权直接确定中标人外,评标委员会按照得分由高到低的顺序推荐中标候选人,并标明排序。

b.评标委员会完成评标后,应向招标人提交书面评标报告。

2)技术评分最低标价法

(1)评标方法

评标委员会对满足招标文件实质性要求的投标文件的施工组织设计、主要人员、技术能力等因素进行评分,按照得分由高到低排序,对排名在招标文件规定数量以内的投标人的报价文件进行评审,按照评标价由低到高的顺序推荐中标候选人,或根据招标人授权直接确定中标人,但投标报价低于其成本的除外。评标价相等时,评标委员会应按照评标办法前附表规定的优先次序推荐中标候选人或确定中标人:①投标报价低的投标人优先;②被招标项目所在地省级交通运输主管部门评为较高信用等级的投标人优先;③商务和技术得分较高的投标人优先。

(2)评审标准

①形式评审与响应性评审因素与标准(同"合理低价法")。

②资格评审标准(适用于未进行资格预审的情况)。

③分值构成:

a.第一个信封评分分值构成(总分100分)

施工组织设计: _____分

主要人员: _____分

技术能力: _____分

履约信誉: _____分

……

b.第二个信封详细评审标准

评标价计算公式:

$$评标价 = 修正后的投标报价 - 暂估价 - 暂列金额(不含计日工总额)$$

c.通过第一个信封详细评审的投标人数量

按照投标人的商务和技术得分由高到低排序,选择前_____名通过详细评审。

④评标基准价计算方法(同"合理低价法")。

⑤评标价的偏差率计算公式(同"合理低价法")。

⑥评标因素(表3.4)与权重分值。

表3.4 第一个信封评标因素

评分因素与权重分值				评分标准
评分因素	评分因素权重分值	各评分因素细分项	分值	
施工组织设计	___分	关键工程的施工方案、方法与技术措施	___分	……
		……	___分	……
主要人员	___分	项目经理任职资格与业绩	___分	……
		项目总工任职资格与业绩	___分	……
其他因素	技术能力 ___分	……	___分	……
	履约信誉 ___分	……	___分	……
	…… ___分	……	___分	……
其他内容				

(3)评标程序

①第一个信封初步评审(同"合理低价法")。

②第一个信封的详细评审:

a.评标委员会按本章第2.2款规定的量化因素和分值进行打分,并计算出各投标人的商务和技术得分。

●按本章第2.2.2项(1)目规定的评审因素和分值对施工组织设计部分计算出得分 A;

●按本章第2.2.2项(2)目规定的评审因素和分值对主要人员部分计算出得分 B;

●按本章第2.2.2项(3)目规定的评审因素和分值对其他部分计算出得分 C。

b.投标人的商务和技术得分分值计算保留小数点后两位,小数点后第三位"四舍五入"。

c.投标人的商务和技术得分 $=A+B+C$。

d.评标委员会按照投标人的商务和技术得分由高到低排序,排名在评标办法前附表规定数量以内的投标人,其投标文件第一个信封(商务及技术文件)通过详细评审。

e.通过投标文件第一个信封(商务及技术文件)初步评审的投标人不少于3个且未超过评标办法前附表第3.2.4项规定数量的,均通过投标文件第一个信封(商务及技术文件)详细评审,不再对投标人的商务和技术文件进行评分。

③第二个信封开标:第一个信封(商务及技术文件)评审结束后,招标人将按照第二章"投标人须知"第5.1款规定的时间和地点对通过投标文件第一个信封(商务及技术文件)评审的

投标文件第二个信封(报价文件)进行开标。

④第二个信封初步评审(同"合理低价法")。

⑤第二个信封详细评审:

a. 评标委员会按本章第2.2款规定的量化因素和标准进行价格折算,计算出评标价,并编制价格比较一览表。

b. 评标委员会发现投标人的报价明显低于其他投标报价,使得其投标报价可能低于其个别成本的,应要求该投标人作出书面说明并提供相应的证明材料。投标人不能合理说明或不能提供相应证明材料的,由评标委员会认定该投标人以低于成本报价竞标,并否决其投标。

⑥投标文件相关信息的核查(同"合理低价法")。

⑦投标文件的澄清和说明(同"合理低价法")。

⑧不得否决投标的情形:投标文件存在第二章"投标人须知"第1.12.3项所列情形的,均视为细微偏差,评标委员会不得否决投标人的投标,应按照第二章"投标人须知"第1.12.4项规定的原则处理。

⑨评标结果:

a. 除第二章"投标人须知"前附表授权直接确定中标人外,评标委员会按照评标价由低到高的顺序推荐中标候选人,并标明排序。

b. 评标委员会完成评标后,应向招标人提交书面评标报告。

3) 综合评估法

(1)评标方法

综合评估法是评标委员会对满足招标文件实质性要求的投标文件,按照本章下述规定的评分标准进行打分,并按得分由高到低的顺序推荐中标候选人,或根据招标人授权直接确定中标人,但投标报价低于其成本的除外。综合评分相等时,评标委员会依次按照以下优先顺序推荐中标候选人或确定中标人:①评标价低的投标人优先;②被招标项目所在地省级交通运输主管部门评为较高信用等级的投标人优先。

(2)评审标准

①形式评审与响应性评审因素与标准(同"合理低价法")。

②资格评审标准(适用于未进行资格预审的情况)。同"合理低价法"。对于技术特别复杂的特大桥梁和长大隧道工程,还应对其他主要管理人员和技术人员以及主要机械设备和试验检测设备进行资格评审。

③分值构成(总分100分)

施工组织设计: ＿＿＿＿＿分

项目管理机构: ＿＿＿＿＿分

评标价: ＿＿＿＿＿分

财务能力: ＿＿＿＿＿分

业绩: ＿＿＿＿＿分

履约信誉: ＿＿＿＿＿分

其他: ＿＿＿＿＿分

④评标基准价计算方法(同"合理低价法")。

⑤评标价的偏差率计算公式(同"合理低价法")。

⑥评标因素(表 3.5)与权重分值。在实际运作中,要注意掌握下述规定要求:

a. 招标人应根据项目具体情况确定各评分因素及其权重分值,并对各评分因素进行细分(如有)、确定各评分因素细分项的分值,各评分因素权重分值合计应为 100 分。各评分因素(评标价和履约信誉评分项除外)得分一般不得低于其权重分值的 60%,且各评分因素得分应以评标委员会各成员的打分平均值确定,评标委员会成员总数 7 人以上时,该平均值以去掉一个最高分和一个最低分后计算。评标委员会成员对某一项评分因素的评分低于权重分值 60% 的,应在评标报告中作出说明。

b. 招标人应列明各评分因素或各评分因素细分项(如有)的评分标准并作为评标委员会进行评分的依据。

c. 评标价所占权重不应低于 50%。

表 3.5　评标因素

评分因素与权重分值				评分标准
评分因素	评分因素权重分值	各评分因素细分项	分值	
施工组织设计	＿＿＿分	总体施工组织布置及规划	＿＿＿分	……
		主要工程项目的施工方案、方法与技术措施	＿＿＿分	……
		工期保证体系及保证措施	＿＿＿分	……
		工程质量管理体系及保证措施	＿＿＿分	……
		安全生产管理体系及保证措施	＿＿＿分	……
		环境保护、水土保持保证体系及保证措施	＿＿＿分	……
		文明施工、文物保护保证体系及保证措施	＿＿＿分	……
		项目风险预测与防范,事故应急预案	＿＿＿分	……
		……	＿＿＿分	……
主要人员	＿＿＿分	项目经理任职资格与业绩	＿＿＿分	……
		项目总工任职资格与业绩	＿＿＿分	……
		……	＿＿＿分	……
评标价	＿＿＿分	评标价得分计算公式示例: (1)如果投标人的评标价>评标基准价,则评标价得分 = $100 -$偏差率$\times 100 \times E_1$; (2)如果投标人的评标价≤评标基准价,则评标价得分 = $100 +$偏差率$\times 100 \times E_2$; 其中:E_1 是评标价每高于评标基准价一个百分点的扣分值;E_2 是评标价每低于评标基准价一个百分点的扣分值。招标人可依据招标项目具体特点和实际需要设置 E_1、E_2,但 E_1 应大于 E_2。		

续表

评分因素与权重分值				评分标准
评分因素	评分因素权重分值	各评分因素细分项	分值	
其他因素	技术能力 _____分			
	财务能力 _____分			
	业绩 _____分			
	履约信誉 _____分			
	…… _____分			
其他内容				

（3）评标程序

①第一个信封初步评审（同"合理低价法"）。

②第一个信封的详细评审：

a. 评标委员会按本章第2.2款规定的量化因素和分值进行打分,并计算出各投标人的商务和技术得分。

• 按本章第2.2.4项(1)目规定的评审因素和分值对施工组织设计部分计算出得分 A；

• 按本章第2.2.4项(2)目规定的评审因素和分值对主要人员部分计算出得分 B；

• 按本章第2.2.4项(4)目规定的评审因素和分值对其他部分计算出得分 D。

b. 投标人的商务和技术得分分值计算保留小数点后两位,小数点后第三位"四舍五入"。

c. 投标人的商务和技术得分 $=A+B+D$。

③第二个信封开标：第一个信封（商务及技术文件）评审结束后,招标人将按照第二章"投标人须知"第5.1款规定的时间和地点对通过投标文件第一个信封（商务及技术文件）评审的投标文件第二个信封（报价文件）进行开标。

④第二个信封初步评审（同"合理低价法"）。

⑤第二个信封详细评审：

a. 评标委员会按本章第2.2.4(3)目规定的评审因素和分值对评标价计算出得分 C。评标价得分分值计算保留小数点后两位,小数点后第三位"四舍五入"。

b. 投标人综合得分 = 投标人的商务和技术得分 $+C$。

c. 评标委员会发现投标人的报价明显低于其他投标报价,使得其投标报价可能低于其个别成本的,应要求该投标人作出书面说明并提供相应的证明材料。投标人不能合理说明或不能提供相应证明材料的,评标委员会应认定该投标人以低于成本报价竞标,并否决其投标。

⑥投标文件相关信息的核查（同"合理低价法"）。

⑦投标文件的澄清和说明（同"合理低价法"）。

⑧不得否决投标的情形：投标文件存在第二章"投标人须知"第1.12.3项所列情形的,均视为细微偏差,评标委员会不得否决投标人的投标,应按照第二章"投标人须知"第1.12.4项规定的原则处理。

⑨评标结果：

a. 除第二章"投标人须知"前附表授权直接确定中标人外，评标委员会按照得分由高到低的顺序推荐中标候选人，并标明排序。

b. 评标委员会完成评标后，应向招标人提交书面评标报告。

4) 经评审的最低投标价法

（1）评标方法

经评审的最低投标价法是评标委员会对满足招标文件实质要求的投标文件，根据规定的量化因素及量化标准进行价格折算，按照经评审的投标价由低到高的顺序推荐中标候选人，或根据招标人授权直接确定中标人，但投标报价低于其成本的除外。经评审的投标价相等时，投标报价低的优先；投标报价也相等的，招标人可采用被招标项目所在地省级交通主管部门评为较高信用等级的投标人优先，或递交投标文件时间较前的投标人优先，或其他方法确定第一中标候选人。使用世界银行、亚洲开发银行等国家金融组织贷款的项目和工程规模较小、技术含量较低的工程采用经评审的最低投标价法进行评标。

（2）评审标准

①初步评审标准：

a. 形式评审与响应性评审因素与标准（同"合理低价法"）。

b. 资格评审因素与标准（适用于未进行资格预审的情况）。

c. 施工组织设计和项目管理机构评审因素与标准。

②详细评审因素与标准：

量化因素：评标价计算

量化标准：经评审的投标价（评标价）= 修正后的投标报价−修正后的暂估价−修正后的暂列金额（不含计日工总额）

③需要补充的其他内容。

（3）评标程序

①第一个信封初步评审（同"合理低价法"）。

②第二个信封开标：第一个信封（商务及技术文件）评审结束后，招标人将按照第二章"投标人须知"第5.1款规定的时间和地点对通过投标文件第一个信封（商务及技术文件）评审的投标文件第二个信封（报价文件）进行开标。

③第二个信封初步评审（同"合理低价法"）。

④第二个信封详细评审：

a. 评标委员会按本章第2.2款规定的量化因素和标准进行价格折算，计算出经评审的投标价（即评标价），并编制价格比较一览表。

b. 评标委员会发现投标人的报价明显低于其他投标报价，使得其投标报价可能低于其个别成本的，应要求该投标人作出书面说明并提供相应的证明材料。投标人不能合理说明或不能提供相应证明材料的，评标委员会应认定该投标人以低于成本报价竞标，并否决其投标。

⑤投标文件相关信息的核查（同"合理低价法"）。

⑥投标文件的澄清和说明（同"合理低价法"）。

⑦不得否决投标的情形：投标文件存在第二章"投标人须知"第1.12.3项所列情形的，均视为细微偏差，评标委员会不得否决投标人的投标，应按照第二章"投标人须知"第1.12.4项

规定的原则处理。

⑧评标结果：

a.除第二章"投标人须知"前附表授权直接确定中标人外,评标委员会按照经评审的价格由低到高的顺序推荐中标候选人,并标明排序。

b.评标委员会完成评标后,应向招标人提交书面评标报告。

3.3 公路工程投标

3.3.1 投标文件的组成

招标公告或者投标邀请书发出后,所有对招标公告或投标邀请书感兴趣的、有可能参加投标的人,称为潜在投标人。响应招标并购买招标文件、参加投标的潜在投标人,称为投标人。这些投标人必须是法人或者组织。

投标人应认真研究、正确理解招标文件的全部内容,并按要求编制投标文件。投标文件应当对招标文件提出实质性要求和条件作出相应。实质性要求和条件,是指招标文件中有关招标项目的价格、计划、技术规范、合同的主要条款等,投标文件必须对这些条款作出响应。要求投标人必须严格按照招标文件填报,不得对招标文件进行修改,不得遗漏或者回避招标文件中的问题,更不能提出任何附带条件。投标文件通常包括以下几部分内容：

①商务文件:这类文件是用以证明投标人履行了合法手续及招标人了解投标人产业资信、合法性的文件,一般包括投标保函、投标人的授权书及证明文件、联合体投标人提供的联合协议、投标人所代表的公司的资信证明等。如有分包商,还应出具分包商的资信文件,供招标人审查。

②技术文件:如果是建设项目,则包括全部施工组织设计内容,用以评价投标人的技术实力和经验。技术复杂的项目对技术文件的编写内容及格式均有详细要求,投标人应当按照规定认真填写。

③价格文件:这是投标文件的核心,全部价格文件必须完全按照招标文件的规定格式编制,不允许有任何改动。如有漏填,则视为其已经包含在其他价格报价中。

为了保证投标人能够在中标以后完成所承担的项目,招标项目属于建设施工的,还要求投标文件的内容应当包括拟派出的项目负责人与主要技术人员的简历、业绩和拟用于完成招标项目的机械设备等。

投标人应当在招标文件要求提交的截止时间前,将投标文件送达投标地点。招标人收到投标文件后,应当签收保存,不得开启。

投标人根据招标文件要求载明的项目实际情况,拟在中标项目的部分非主体、非关键性工作进行分包的,应当在投标文件中载明。

3.3.2 公路工程施工投标

投标是响应招标、参与竞争的一种法律行为。《公路工程施工招标投标管理办法》规定:"凡持有工商行政管理部门核发的营业执照,并具有与公路工程规模相应等级资格证书的施工单位,均可参加投标。"投标单位应具备的基本条件包括以下几项：

①投标人应当具备与投标项目相适应的技术力量、机械设备、人员、资金等方面的能力,具有承担该招标项目能力。

②具有招标条件要求的资质等级,并为独立的法人单位。

③承担过类似项目的相关工作,并有良好的工作业绩与履约记录。

④企业财产状况良好,没有处于财产被接管、破产或其他关、停、并、转状态。

⑤在最近 3 年没有骗取合同及其他经济方面的严重违法行为。

⑥近几年有较好的安全记录,投标当年没有发生重大质量和特大安全事故。

《公路工程标准施工招标文件》投标人须知前附表规定,接受联合体投标的还应遵守以下规定:

①联合体各方应按招标文件提供的格式签订联合体协议书,明确联合体牵头人和各方权利和义务。

②由同一专业的单位组成的联合体,按照资质等级较低的单位确定资质等级。

③联合体各方不得再以自己名义单独或参加其他联合体在同一标段中投标。

④联合体所有成员数量不得超过投标人须知前附表规定的数量。

⑤联合体牵头人所承担的工程量必须超过总工程量的 50%。

⑥联合体各方应分别按照本招标文件的要求,填写投标文件中的相应表格,并由联合体牵头人负责对联合体各成员的资料进行统一汇总后一并提交给招标人;联合体牵头人所提交的投标文件应认为已代表了联合体各成员的真实情况。

⑦尽管委任了联合体牵头人,但联合体各成员在投标、签约与履行合同过程中,仍负有连带的和各自的法律责任。

公路工程施工投标的程序如图 3.5 所示。

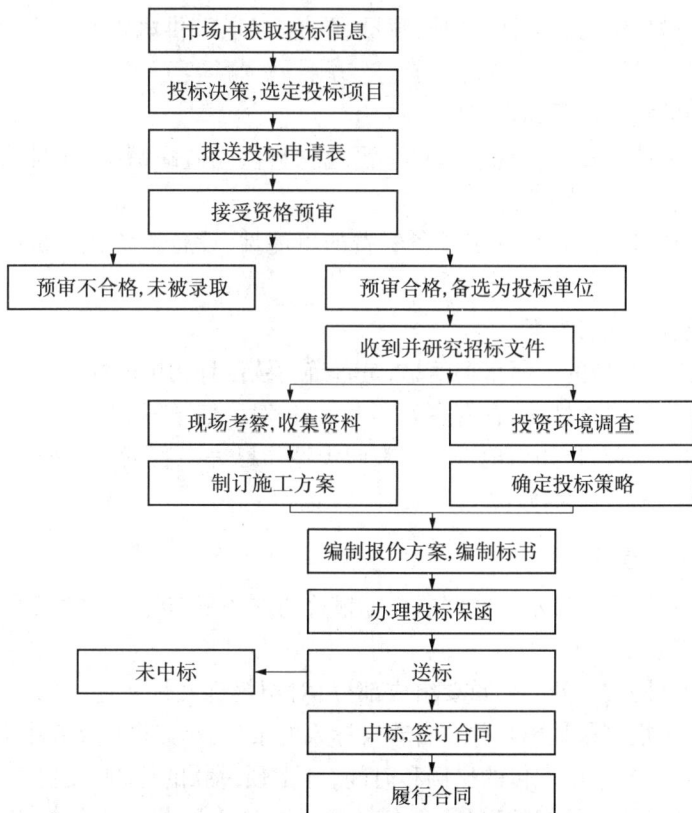

图 3.5　公路工程施工投标程序

3.3.3 公路工程施工投标报价的编制

1)投标报价编制的原则

报价的编制,一是要合理,就是要做得来,并留有余地。对于投标人而言,主要是符合企业的实际水平,符合本企业施工队伍的装备、人员和管理水平,对施工成本能起控制作用。二是要有竞争力,就是要符合市场的行情,并具有优势,能与强手相匹敌。前者取决于企业本身的实力和水平,后者则取决于市场的情势,包括竞争对手的实力、水平和市场的供求情况。二者可能有一定差距,但不能不兼顾,而且前者必须服从后者。当施工企业的实力和水平达到市场高层次时,两者的差距就缩小了。

2)投标报价编制的依据

①招标单位提供的招标文件。为保证投标的有效性,必须对招标文件给予全面的响应,因此招标文件是必不可少的编制依据。另外,业主在开标前规定的日期内颁发的有关合同、规范、图纸的书面修改书和书面变更通知具有与招标文件同等的效力,也是报价的依据。

②招标文件所规定的各种国家标准、部颁标准、技术规范等。

③国家、地方颁发的有关收费标准和定额及施工企业的工料机消耗定额。

④工程所在地的政治形势和技术经济条件,如交通运输条件等。

⑤本工程的现场情况,包括地形、地质、气象、雨量、劳动力、生活品供应、当地地方病等。

⑥当地工程机械出租的可能性、品种、数量、单价,发电厂供电正常率及提供本项目用电的功率和单价。

⑦当地劳动力的技术水平和供应数量。

⑧业主供应材料情况及交货地点、单价;当地材料供应盈缺情况,建材部门公布的材料单价,并预测当地材料市场涨落情况。

⑨本企业为本项目提供新添施工设备经费的可能性,设备投资在标价中分摊费与成本的比率。

⑩施工组织设计和施工方案。

⑪该项目中标后,当地的工程市场信息,是否有后续工程的可能性。

⑫参加投标的竞争对手情况,各有多大实力,竞争对手信誉等。

⑬有关报价的参考资料,如当地近几年来同类性质已完工程的造价分析,以及本企业历年来(至少5年)已完工程的成本分析。

3)投标报价编制的程序

报价编制程序如图3.6所示。在完成投标报价的这些工作时应注意以下问题:

(1)研究并吃透招标文件

招标文件作为合同文件的一个重要组成部分,对招投标文件责任、义务、利益、风险均作出了明确的规定。其中很多条款影响并左右着投标人的报价,比如投标须知中的评标办法;通、专用条款中的保留金比例,中期支付的比例和时间,开工预付款的比例、支付条件和时间等规定。总之,招标文件要求投标人承担的责任、义务、风险越多(大),投标人的报价就应越高。因此,

```
                    ┌─────────────────┐
                    │   研究招标文件    │
                    └────────┬────────┘
                             ↓
        ┌────────────────────────────────────────┐
        │ 草拟初步施工组织设计方案、提出考察工程现场的提纲 │
        └────────────────────┬───────────────────┘
                             ↓
        ┌────────────────────────────────────────┐
        │ 考察工程现场、进行市场调查、收集编标所需的各种资料、价格。│
        │ 按需要向业主、咨询工程师用书面提出问题,参加业主召开的  │
        │ 标前会议,澄清有关问题                      │
        └────────────────────┬───────────────────┘
                             ↓
                    ┌─────────────────┐
                    │   校核汇总工程量   │
                    └────────┬────────┘
                             ↓
              ┌─────────────────┐         ┌─────────────────┐
              │ 施工及临时工程费用计算 ├─────────┤    人工费计算     │
              └────────┬────────┘         └─────────────────┘
                       ↓                   ┌─────────────────┐
              ┌─────────────────┐         │    材料费计算     │
              │ 施工机械台班费计算  ├─────────┤                 │
              └────────┬────────┘         └─────────────────┘
                       ↓                   ┌─────────────────┐
              ┌─────────────────┐         │   施工机械费计算   │
              │    单位估价计算   ├─────────┤                 │
              └────────┬────────┘         └─────────────────┘
                       ↓                   ┌─────────────────┐
              ┌─────────────────┐         │   各种费率计算    │
              │   直接工程费用计算  ├─────────┤                 │
              └────────┬────────┘         └─────────────────┘
                       ↓
              ┌─────────────────┐
              │    措施费计算     │
              └────────┬────────┘
                       ↓
              ┌─────────────────┐
              │ 企业管理费和规费计算 │
              └────────┬────────┘
                       ↓
              ┌─────────────────┐
              │ 成本分析、利润金额  │
              └────────┬────────┘
                       ↓
              ┌─────────────────┐
              │    保本价格分析   │
              └────────┬────────┘
                       ↓
              ┌─────────────────┐
              │最终报价,形成正式投标文件│
              └────────┬────────┘
                       ↓
              ┌─────────────────┐
              │递送投标文件,参加开标会议│
              └─────────────────┘
```

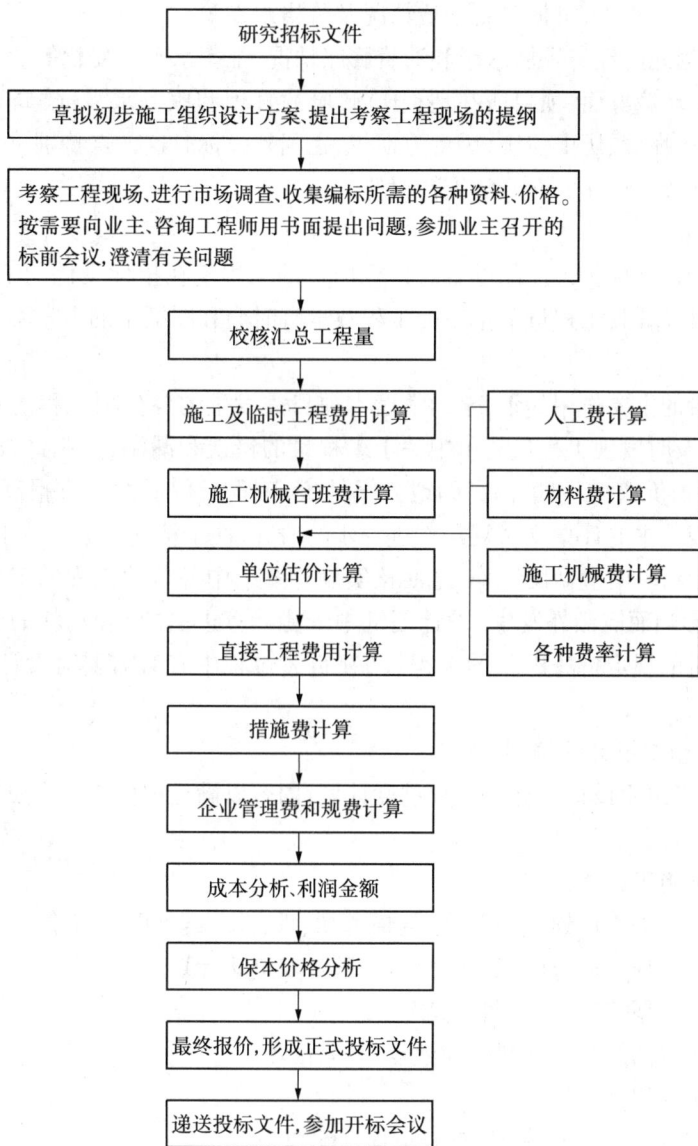

图 3.6　报价编制的程序

投标人在编制报价前,必须认真研究招标文件,全面准确理解投标人应该承担的责任、义务和风险。

（2）现场考察

现场考察是收集报价和施工组织设计第一手资料的重要途径,投标人应高度重视。在考察前仔细阅读招标文件和图纸,拟定现场考察提纲和疑点,设计好调查表格,做到有的放矢。在考察过程中应认真仔细、全面详尽收集资料。考察后再对着招标文件进行逐一核对,有疑虑的在必要时可再次进行重点补充调查。现场考察的具体内容:

①地质和气候条件:地质与设计文件是否相符;项目所在地水文情况;通常情况下的气候条件。

②工程施工条件:材料供应情况和价格水平;交通运输条件;通信与电力供应状况;劳动力

素质、供应情况及工资水平；机械设备租赁情况及价格水平等。

③经济方面：当地的经济发展水平和通货膨胀情况、汇率水平及变化等。

④政治和人文环境方面：项目所在地（国）政府的管理和服务水平；政局和社会稳定情况；当地人文背景、法律环境、历史传统、风俗习惯等，在国外投标时这一点特别重要。

⑤其他方面：医疗、环保、安全、治安情况等。

（3）复核工程量

工程量是整个计算标价工作的基础。招标项目的工程量在招标文件的工程量清单中有详细说明，但由于种种原因，工程量清单中的工程数量有时会和图纸中的数量不一致。因此，有必要进行复核。

①核实工程量的主要作用如下：全面掌握本项目需发生的各分项工程的数量，便于投标中进行准确的报价；及时发现工程量清单中关于工程量的错误和漏洞，为制订投标策略提供依据（可以使用不平衡报价法，工程量偏高的地方报低价，工程量偏低的地方报高价）；有利于促进投标单位对技术规范中的计量支付规定作进一步的研究，便于精确地编写各工程细目的单价。

②核实工程量清单时应做的工作：全面核实设计图纸中各分项工程的工程量；计算受施工方案（施工方法）影响而需额外发生（设计图纸中未能计算进去的）和消耗的工程量；根据技术规范中计量与支付的规定折算出新的工程量（在折算过程中有时需要对设计图纸中的工程量进行分解或合并）。

（4）重视施工组织设计的编制

在合同中，施工组织设计又称为工程进度计划，内容以满足招标文件中质询表的要求为准，通常应包含以下内容：

①施工方案和施工方法。

②分项工程施工进度计划（可用规定的横道图、垂直图、网络图等表示）。

③与施工进度计划相适应的工、料、机配备数量及进场计划。

④与施工进度计划相适应的用款计划。

⑤施工总体布置图及当地材料供应地点、开采山场。

⑥冬雨季施工计划及措施。

⑦工地（项目）施工组织机构图，土方工程调配图。

⑧临时工程及临时设施的（初步）设计图。

⑨质量、安全、环境保护措施和方法。

⑩其他。

高效率和低消耗是编制施工组织设计的总原则，施工组织设计的基本原则包括连续性原则、均衡性原则、协调性原则和经济性原则，其中经济性原则是施工组织设计原则的核心和落脚点。因此，在编制施工组织设计时，应注意以下事项：

①充分满足技术上的先进性和可靠性，最大限度地提高劳动生产率，降低施工成本。

②充分利用现有的施工机械设备，提高施工机械的使用率以降低机械施工成本。

③采用先进的进度管理手段，优化施工进度计划，选择最优施工排序，均衡安排施工，避免施工高峰的赶工现象和施工低谷中的窝工现象，机动安排非关键线路的剩余资源，从非关键线路上要效益。

④聘用适当数量的当地员工或临时工,降低施工队伍调遣费,减少窝工现象。

投标竞争是一场比技术、比管理的竞争,技术和管理的先进性应充分体现在施工组织设计中,先进的施工组织设计可以达到降低成本、缩短工期的目的。

(5)明确报价的构成

投标报价的费用构成主要有直接费、间接费、利润、税金以及不可预见费等。直接费是指在工程施工中直接用于工程实体上的人工、材料、设备和施工机械使用费等费用的总和;间接费是指组织和管理工程施工所需的各项费用,主要由施工管理费和其他间接费组成;利润和税金是指按照国家有关部门的规定,工程施工企业在承担施工任务时应计取的利润,以及按规定应计入工程造价内的营业税、城市建设维护税等税金;不可预见费是工程项目的风险费。

为了便于计算工程量清单中各个分项的价格,进而汇总整个工程标价,通常将工程费用分为直接费和待摊费用,如图 3.7 所示。待摊费用是工程项目实施所必需的,但在工程量清单中没有单列项的项目费用,需要将其作为待摊费用分摊到工程量清单的各个报价分项中去。

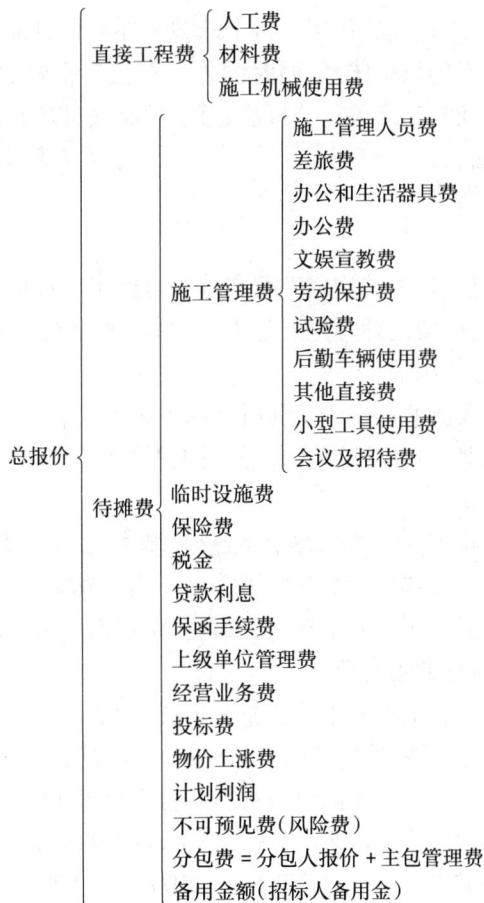

```
                        ┌─ 人工费
                直接工程费 ┤  材料费
                        └─ 施工机械使用费

                        ┌─ 施工管理人员费
                        │  差旅费
                        │  办公和生活器具费
                        │  办公费
                        │  文娱宣教费
                施工管理费 ┤  劳动保护费
                        │  试验费
                        │  后勤车辆使用费
                        │  其他直接费
                        │  小型工具使用费
                        └─ 会议及招待费
        总报价 ┤
                        ┌─ 临时设施费
                        │  保险费
                        │  税金
                        │  贷款利息
                        │  保函手续费
                        │  上级单位管理费
                待摊费 ┤  经营业务费
                        │  投标费
                        │  物价上涨费
                        │  计划利润
                        │  不可预见费(风险费)
                        │  分包费=分包人报价+主包管理费
                        └─ 备用金额(招标人备用金)
```

图 3.7 工程报价构成

(6)掌握市场情报和信息,确定投标策略

报价策略是投标单位在激烈竞争的环境下为了企业的生存与发展而可能使用的对策,报价策略运用是否得当,对投标单位能否中标和获得的利润影响很大。

(7)确定费用和费率,计算工程量清单各细目单价与合价

根据选用的工程量清单细目的计算方法,确定工程直接费和间接费率、利润率、税金和其他风险费用等。计算出来的全部工程费用按工程量清单细目进行分析、组合、分配,形成清单细目的综合单价,然后乘以清单数量得出各清单细目的合价,最后按"章"汇总形成各章的合计数。

(8)汇总计算标价

计算计日工单价表,汇总各章金额,计算总标价,即基础报价。

(9)总标价的重分配(不平衡报价)

在保持总报价不变的前提下,根据报价所确定的技巧和有关资料,对工程量清单各细目的单价进行有针对性的调整,即标价重分配或不平衡报价(不平衡报价的具体方法见后面章节),以利于中标后谋取更多利益。

4)投标报价的计算

按清单的要求计算报价是一项严肃而关键的工作,特别是对工程费用的报价,它对投标的成败和施工工程的盈亏起到决定性的作用。每个承包人在报价时都有自己的经验和习惯,有自己的一套算标方法、程序和报价结构体系,同时国外也有很多很好的方法可以借鉴。常见的报价计算方法有定额单价分析法、工序单价分析法、总价控制法、以预算为基础的报价方法。下面分别介绍其计算步骤和方法。

(1)定额单价分析法

①直接费的计算

直接费是施工过程中直接耗费的构成工程实体和有助于工程形成的工、料、机费用,是标价构成中的主要部分。通常直接费的计算是通过人工、材料和永久设备、施工机械设备的基础单价乘以各自的消耗量再汇总得出的。

a.人工费:包括对作业人员的一切津贴和所有的各种支付。

$$人工费=工日基础单价×分项工程的用工量(工日) \tag{3.1}$$

工日基础单价:

$$人工单价(元/工日)=[某工种全年各种(基本工资+各种津贴、福利+$$
$$劳保用品费+人事保险费)费用之和]/年有效施工天数(工日) \tag{3.2}$$

分项工程的用工量:根据公司企业定额,没有企业定额也可采用部颁预算定额或劳动定额,计算完成此项目工程量所需总的工时数。

b.材料费:包括材料及安装部件的采购价格及运费、杂费、保险费及其他费用。

$$材料费=材料单位基础价格×分项工程的材料消耗量 \tag{3.3}$$

材料按其来源可分为进口材料、国内供应材料和自采材料3类。

进口材料单价=到岸价+海关税和港口费+运至工地的运费+装卸费+运输损耗+仓储费

国内供应材料单价=供应价+到工地运费+运输损耗+装卸费+仓储费

自采材料单价=料场价+运至工地的运费+装卸费+运输损耗

根据技术规范和施工要求,可以确定各分项工程所需材料品种及材料消耗定额,然后根据材料消耗定额和工程数量计算材料消耗量。

c.永久设备费:是指成为工程实体一部分的设备的采购费用及其他有关费用。

$$设备价=出厂价+运杂费 \tag{3.4}$$

运杂费按出厂价的一定百分比计算或者按照调查的运距及运输包装费等计算。设备的安装费另外列项目计算。

d. 施工机械费:是指施工机械作业所发生的机械使用费以及机械安拆费和场外运费,内容包括折旧费、大修理费、经常修理费、安拆费及场外运输费、人工费、燃料动力费、养路费及车船使用税等。

$$施工机械费 = 台班单价 \times 分项工程所需机械设备台班数 \tag{3.5}$$

施工机械台班单价的计算方法有两种:一种是直接利用施工机械台班定额计算;另一种是按施工机械台班成本组成来计算。

$$台班单价 = (基本折旧费 + 安装、拆卸费 + 维修费 + 机械保养费)/总台班数 +$$
$$机上人工费 + 燃料、动力费 \tag{3.6}$$

基本折旧费:施工机械基本折旧费的计算可以根据具体情况和投标报价策略的需要确定,但仍要以不加大投标报价为原则。

安装、拆卸费:施工机械的安装、拆卸费可根据施工方案和进度的安排,分别计算各种需要安装、拆卸的设备在施工期间的拆装次数和每次拆装费用的总和。

维修、保养费:维修费包括定期维修费(相当于中修)和现场修理费(相当于小修);保养费则是指维持机械正常运转的日常费用。凡替换附件、工具附件、润滑油料等,均可按消耗定额和相应材料、人工单价进行计算。

燃料、动力费:燃料费是指机械运行时消耗的燃油费。由于柴油、汽油价格都比较高,燃料费一般达到台班费的 30% ~ 50%,因此,燃料费用的计算要十分认真,一般根据实际耗油量资料确定,也可按消耗定额和当地燃料、动力单价进行计算。

分项工程所需机械设备台班数:首先列出所需的各种施工机械,然后参照施工机械定额计算出各种机械的台班数量。

e. 其他直接工程费:指不包含在定额中,又属施工生产直接发生的费用,包括施工现场消耗的水、电等费用,冬、雨季施工增加费,夜间施工增加费,材料二次搬运费,特殊地区施工增加费,以及机械(船舶)进退场费,外海工程拖船费等。可参考规定的费率结合工程实际情况分析计算,也可根据以前施工同类型项目的经验估算。

f. 分包项目费用:按照分包项目的分包单位的报价计算。

②间接费的计算

间接费是指施工企业为组织施工和进行经营管理以及间接为施工安装生产服务的各项费用。间接费主要包括现场综合管理费用以及其他待摊费用。

③不可预见费

不可预见费即是风险费,是指工程承包过程中由于各种不可预见的风险因素发生而增加的费用。通常由投标人经过对具体工程项目的风险因素分析之后,确定一个比较合理的工程总价的百分数作为风险费。

④利润税金计算

利润是指施工企业完成所承包工程获得的盈利。税金指按国家税法规定的应计入工程造价内的营业税、城市维护建设税及教育费等。该项根据投标时情况确定。

⑤分项工程单价分析与计算

a. 每个分项工程的直接费:

$$直接费(A) = 人工费+材料费+永久设备费+施工机械费 \qquad (3.7)$$

与永久设备有关的项目,如每套水轮发电机组(包含采购、安装、调试)的单价分析,包括永久设备费。而绝大多数与永久设备无关的项目,如每立方米土方开挖单价,则不含永久设备费这一项。

b. 每个分项工程的间接费:

$$b = \sum I / \sum A \qquad (3.8)$$

间接费比率系数 b 等于全部间接费项目的总和 $\sum I$ 与所有清单项目的直接费总和 $\sum A$ 的比值。

如果企业有经验的间接费比率系数,则每个分项工程的间接费可以用直接费乘以间接费比率系数得到。

$$间接费(B) = 直接费×间接费比率系数 \qquad (3.9)$$

c. 工程总成本:

$$工程总成本(W) = A+B \qquad (3.10)$$

d. 上级企业管理费及利润:

$$上级企业管理费及利润(C) = W×c \qquad (3.11)$$

上级企业管理费、风险费及利润的费率 c 的变化很大,一般国内工程在5% ~16%;国外工程可在7% ~15%。取这个系数要根据公司本身的管理水平、承包市场、地区、对手、工程难易程度等许多因素来确定。

e. 分项工程单价:

$$分项工程单价(U) = (W+C)/该项目的工程量 \qquad (3.12)$$

$$分项工程合价 = 分项工程单价×本分项工程量 \qquad (3.13)$$

将分项工程单价及分项工程合价填入工程量清单表中。

f. 标价汇总及调整:将各分项工程合价汇总,即为计算总标价。标价汇总时,常常将整个工程的人工费、材料费、机械设备费、直接费和间接费分别进行汇总,并计算出每项占总标价的比例。将这些比例与公司的经验数据进行比较,分析标价的组成及其合理性,必要时可以调整间接费率,并使各项费用的数字更为协调。

(2)工序单价分析法

为了使分项工程单价的计算更接近施工实际情况,可采用工序单价分析法。步骤如下:

①工、料、机单价分析。人工和材料单价的分析,与定额单价分析法相同。机械台班单价应考虑机械运转和闲置,分两种情况计算:

$$机械闲置时台班单价 = 台班不变费用 \qquad (3.14)$$

$$机械运转时台班单价 = 台班不变费用+台班可变费用 \qquad (3.15)$$

②拟订施工方案和进度计划,确定主要工程的起止时间,然后把每一分项工程作为一道工序进行相应的安排。

③以每道工序的主导机械控制进度,以其产量定额和该工序流程期限反算所需机械数量,进行必要的调配,并相应配备辅助机械。

④配备符合该机组生产能力的工人,由于机械操作的费用已包括在机械费用之中,需要计算的人工费用只有技工和辅助工,可根据实际需要确定人数,也可参照定额计算所需人数。

⑤计算所需材料,可用定额所列每单位工程的材料消耗用量乘以本项目数量。

⑥计算各分项目的工程直接费和工程单价:

a.把上面③、④、⑤条所得出的完成各分项目所需的工、料、机数量乘以各种工、料、机相应的单价并求其和,可得各分项目的直接费;

b.把各分项目的直接费除以各该分项目的工程数量,即可反求该分项目的单位直接费。

(3)总价控制法

总价控制法直接费的分析步骤如下:

①根据施工组织方案划分专业队。

②按专业队工作范围配备人员和机械。

③确定各机械使用的起止时间,计算机械费(闲置费和运转费分别计算)。

④按进度计划确定人员总需求,并计算人工费。

⑤计算材料费。

⑥计算工程总直接费。

这样计算出来的直接费总额与将要发生的费用基本符合。如果施工方案是切实可行的,则所算出的总直接费加上待摊费用可以作为控制该工程的总价。

(4)以预算为基础的报价方法

①根据招标文件的要求及设计工程量编制施工预算。

②将编制工程预算各单位工程的工程细目按"工程量清单"的项目分别填入工程预算-报价过渡表,并分别汇总人工、材料、机械台班数量。

③测算人工、材料及机械台班单价,在"工程预算-报价过渡表"中计算工料机费用等直接费。

④按"工程量清单"的工程项目对"工程预算-报价过渡表"的项目合并同类项,填入分项报价过渡表。

⑤进行附加费测算、临时工程费测算、材料差价测算,并按上述程序在分项报价过渡表中将附加费、临时工程费及材料差价分摊到各工程项目内,计算各工程项目的总价及单价。

⑥填分章工程报价表及报价汇总表。

⑦根据工程费总额计列暂定金额,并汇总成报价总额。

(5)投标价编制内容

①工程量清单报价书封面;

②投标总报价;

③投标报价说明;

④工程项目投标总价表;

⑤单项工程造价汇总表;

⑥单位工程造价汇总表;

⑦分部分项工程量清单与计价表;

⑧工程量清单综合单价分析表;

⑨措施项目清单计价表(一);

⑩措施项目清单计价表(二);

⑪其他项目清单计价表;

⑫其他项目清单与计价汇总表;

⑬暂列金额明细表;

⑭材料暂估单价表;

⑮专业工程暂估价表;

⑯计日工表;

⑰总承包服务费计价表;

⑱规费、税金项目清单与计价表;

⑲主要材料、设备价格表;

⑳需评审材料表;

㉑降低投标报价的说明、证明材料。

3.3.4 投标策略及其使用

承包人在正常经营条件下要想在一项竞争性投标中获胜,最关键是要有一个恰当的报价。实践证明,报价太高会失去竞争力而落标;报价太低也未必能中标,或者会变成废标。因此,恰当的报价应是一种适度的报价,同时还应当有一定的策略,才能在竞争中获胜,中标后取得更多的经济效益。

1)基本策略

①以获得较大利润为投标策略。这种投标策略通常是企业近期任务饱和并对该工程项目拥有技术上的垄断优势、工期短、非我莫属时才予以采用。

②以保本或微利为投标策略。既在施工成本、利税及风险费3项费用中,降低利润目标,甚至不考虑利润的一种策略。这种策略通常在企业工程任务不饱满,竞争对手多,本企业对该项目又无优势可言及业主按最低标价定标时可采用。

③以最大限度降低报价为策略。进入新的市场时,可以以最大限度降低报价为策略。

④超常规低报价。超常规低报价适用于企业面临生存危机或竞争对手较强。超常规低报价中标后应采用合理的施工方法、降低消耗等措施降低成本来完成项目,力求减少或避免亏损。

2)附带策略

以上是投标报价的4种常见策略。投标报价过程中,可以在以上4种策略的基础上采用以下几种附带策略:

①优化设计策略。即发现并修改原施工图设计中存在的不合理情况或采用新技术优化设计方案。如果这种设计能大幅度降低工程造价(或缩短工期)且设计方案可靠,则这种设计方案一经采纳,承包商即可获得中标资格。

②缩短工期策略。即通过先进的施工方案、施工方法、科学施工组织或优化设计缩短合同工期。当投标工期是关键工期时,业主在评标过程中会将缩短工期后所带来的预期受益定量考

虑进去,此时对承包商获取中标资格是有利的。

③附加优惠策略。即在得知业主资金较紧张或者"三大材"供应有一定困难的情形下,附带地向业主提出相应的优惠条件来获得中标资格的一种投标策略。

④低价中标,着眼索赔。即在发现招标文件中存在许多漏洞甚至多处错误或业主不能提供必要的施工条件,开工后必然违约的情况下有意将价格报低,先争取中标,中标后通过索赔来挽回低报价损失。这种策略只有在合同条款中关于索赔的规定明显对己方有利的情形下方可采用。对于以FIDIC条款作为合同条款的项目招标,不宜采用这种方法。

3.3.5　投标决策中的报价手法

1)不平衡报价法

不平衡报价是在总价基本确定不变的前提下,调整工程各子项的单价的报价方法。不平衡报价法可以从以下两种情况考虑:

(1)从时间上处理

由于资金具有时间价值,获取收入的时间不同,对承包商来说其收益也不一样。就时间而言,不平衡报价有以下4种方法:

①早期摊入法。即将投标期间和开工初期需发生的费用全部摊入早期完工的分项工程中。这些费用有投标期间的各种开支、投标保函手续费、工程保险费、部分临时设施费、由承包商承担的监理设施费、施工队伍调遣费、临时工程及其他开支费用。采用不平衡报价法时,可以将工程量清单中的这些费用支付项目适当提高报价,由于这些费用支付时间较早(通常在开工初期支付),这样报价便于承包商尽早收回成本或减少周转资金。

②递减摊入法。即将施工前期发生较多而后逐步减少的一些费用,按随时间发生逐步减少分摊比例的方法摊到各分项工程中。这些费用有履约保函手续费、贷款利息、部分临时设施费、业务费、管理费。

③递增摊入法。其方法与递减摊入法相反,这些费用包括物价上涨费等费用。当承包人预测物价上涨率在施工后期较高甚至超过银行利率时,可以采用递增摊入法来报价。

④平均摊入法。即将费用平均分摊到各分项工程的单价中,这些费用包括意外费用、利润、税金等费用。

(2)从单价上处理

从单价上处理有以下6种方法(表3.4):

①对能早期结账收回工程款的项目(如土方、基础等)的单价可以报较高价,以利于资金周转;对后期项目单价可适当降低。

②估计今后工程量可能增加的项目,其单价可提高;而工程量可能减少的项目,其单价可降低。

③图纸内容不明确或有错误,估计修改后工程量要增加的,其单价可提高;而工程内容不明确的,其单价可降低。

④没有工程量只填报单价的项目(如疏浚工程中的开挖淤泥工作等),其单价宜高。这样,既不影响总的投标报价,又可多获利。

⑤对于暂定项目,其实施的可能性大的项目,价格可定高价;估计该工程不一定实施的,可定低价。

⑥零星用工(计日工)一般可稍高于工程单价表中的工资单价。

表 3.6　不平衡报价处理情况表

序号	信息类别	变动趋势	不平衡报价结果
1	资金收入的时间	早	单价高
		晚	单价低
2	工程量估计不准确	增加	单价高
		减少	单价低
3	报价图纸不明确	增加工程量	单价高
		减少工程量	单价低
4	暂定工程	自己承包可能性高	单价高
		自己承包可能性低	单价低
5	单价和包干混合制项目	固定包干价格项目	单价高
		单价项目	单价低
6	单价组成分析表	人工和机械费	单价高
		材料费	单价低
7	议标时业主要求压低单价	工程量大的项目	单价小,幅度降低
		工程量小的项目	单价大,幅度降低
8	报单价项目	没有工程量	单价高
		有假定工程量	单价低

2)扩大标价法

除了按正常的已知条件编制价格外,对工程中变化较大或没有把握的工程项目,采用扩大单价、增加"不可预见费"的方法来减少风险。但这种方法总价偏高,不易中标。

3)多方案报价法

多方案报价法是利用工程说明书或合同条款不够明确之处,以争取达到修改工程说明书和合同为目的的一种报价方法,即对同一个招标项目除了按招标文件的要求编制了一个投标报价以外,还编制了一个或几个建议方案。其具体做法:在标书上报两个价,一是按原工程说明书合同条款报一个价,二是加以注解,"如工程说明书或合同条款可作某些改变时",则可降低多少的费用,使报价成为最低,以吸引业主修改说明书和合同条款。

但是要注意,投标人对原招标方案一定也要报价,从而使招标人比较两种方案的优劣。增加建议方案时,新方案不必写得太具体,保留方案的关键技术,防止招标人采纳此方案后又交给其他承包商实施。值得一提的是,建议方案一定要比较成熟,或过去有这方面的实践经验。因为在投标时间不长的情况下,如果仅为中标而匆忙提出一些没有把握的建议方案,可能会在日后带来麻烦。

4) 开口升级报价法

将工程中的一些风险大、花钱多的分项工程或工作抛开作为活口,仅在报价单中注明,由双方再度商讨决定。这样大大降低了报价,用最低价吸引业主,取得与业主商谈的机会,而在议价谈判和合同谈判中逐渐提高报价。

5) 突然降价法

报价是一项保密的工作,但是对手往往通过各种渠道、手段来打探情况,因此在报价时可以采取迷惑对方的手法,即先按一般情况报价或表现出自己对该工程兴趣不大,到快投标截止时,再突然降价。如鲁布革水电站引水系统工程招标时,日本大成公司知道他的主要竞争对手是前田公司,因而在临近开标前把总报价突然降低 8.04%,取得最低标,为以后中标打下基础。

采用这种方法时,一定要在准备投标报价的过程中考虑好降价的幅度,在临近投标截止日期前,根据情报信息与分析判断,再作最后决策。如果由于采用突然降价法而中标,因为开标只降总价,在签订合同后可采用不平衡报价的思想调整工程量表内的各项单价或价格,以期取得更高的效益。

6) 风险防范

招标方式在提高公平竞争机会的同时,也大大地增加了投标人的风险。因此,投标人在做投标报价时,要做好以下防范风险的工作:

(1) 计价失误引起的风险

投标人在编制投标书时,要对各种条款研究透彻,分清楚承包者的责任和义务,以便在最终报价决策时得体恰当,即应当接受那些基本合理的限制,对其中不合理的制约条款在投标编制中争取埋下伏笔,以便今后中标后利于索赔,减少风险。

(2) 指定分包引起的风险

有些项目在中标的同时,投标人必须接受业主指定分包人,并接受对分包项目规定的计算费用的办法。投标人要争取在投标文件或合同文本中就某些重要条款提出具体措施,形成法律文件,防止双方发生摩擦。如果业主向着分包商,势必造成不必要的外部环境恶化,造成经济损失。

(3) 工程地质条件风险

一般合同文本中都会明确:遇到工程地质不良等特殊地质条件而导致费用增加时,承包商将得到合理的补偿。但是有的招标文件所附的合同文件故意删除了这一条款,甚至写明承包商不得以任何理由提出合同价格以外的补偿。投标阶段要仔细分析招标文件,在报价时增加必要的费用,并在投标书中说明清楚。但是具体问题具体对待,防止造成标书不响应。

(4) 提供图纸不及时风险

在实际施工过程中,可能由于设计工程师工作的问题,提供图纸不及时,导致施工进度延误,以致窝工,而合同条件中又没有相应的补偿规定。因此,这都是投标人在投标过程中都要综合考虑的问题。

（5）业主的资信风险

业主的资信风险是投标项目应考虑的主要风险,应予以高度重视。资信主要指资金的筹措和社会信誉两个方面。业主的资金筹措方式直接关系到完工后的支付能力。对于利用自有资金投资项目的业主来说,支付能力比较强,风险比较小;对于向银行或其他法人借贷资金进行项目投资的业主来说,支付能力比较差,往往会由于经济恶化而无力支付工程款。因业主资信比较差,致使承包商遭受重大损失的情况相当多。所以,这要求投标人深入进行调查了解,通过访问业主的有关客户,业主所在地区的有关政府部门、银行等,全面掌握业主的社会信誉以及经济实力,从而对业主的资信风险作出客观的判断。

（6）盲目压价形成的利润风险

投标人求标心切,盲目压价,造成工程严重损失。

附表1：工程量清单表

清单 第300 路面					
子目号	子目名称	单位	数量	单价	合价
302-1	碎石垫层				
-a	厚…mm	m²			
302-2	砂砾垫层				
-a	厚…mm	m²			
302-2	水泥稳定土垫层				
-a	厚…mm	m²			
302-2	石灰稳定土垫层				
-a	厚…mm	m²			
303-1	石灰稳定土底基层				
-a	厚…mm	m²			
303-2	搭板、埋板下水泥稳定土底基层	m³			
304-1	水泥稳定土底基层				
-a	厚…mm	m²			
304-2	水泥稳定土基层				
-a	厚…mm	m²			
305-1	石灰粉煤灰稳定土底基层				
-a	厚…mm	m²			
205-2	搭板、埋板下石灰粉煤灰稳定土底基层	m³			
305-2	石灰工业废渣稳定土基层				
-a	厚…mm	m²			
306-1	级配碎石底基层				
-a	厚…mm	m²			
306-2	搭板、埋板下级配碎石底基层	m³			

清单　第 300　路面

子目号	子目名称	单位	数量	单价	合价
306-3	级配碎石基层				
-a	厚…mm	m²			
306-4	级配砾石底基层				
-a	厚…mm	m²			
306-5	搭板、埋板下级配砾石底基层	m³			
306-6	级配砾石基层				
-a	厚…mm	m²			
307-1	沥青稳定碎石基层（ATB-25）				
-a	厚…mm	m²			
-b	厚…mm	m²			
308-1	透层	m²			
308-2	粘层	m²			
309-1	细粒式沥青混凝土				
-a	厚…mm	m²			
-b	厚…mm	m²			
309-2	中粒式沥青混凝土				
-a	厚…mm	m²			
-b	厚…mm	m²			
309-3	粗粒式沥青混凝土				
-a	厚…mm	m²			
-b	厚…mm	m²			
310-1	沥青表面处治				
-a	厚…mm	m²			
-b	厚…mm	m²			
310-2	封层	m²			
311-1	细粒式改性沥青混合料路面				
-a	厚…mm	m²			
-b	厚…mm	m²			
311-2	中粒式改性沥青混合料路面				
-a	厚…mm	m²			
-b	厚…mm	m²			

续表

清单 第300 路面

子目号	子目名称	单位	数量	单价	合价
311-3	SMA 路面				
-a	厚…mm	m²			
-b	厚…mm	m²			
312-1	水泥混凝土面板				
-a	厚…mm(混凝土弯拉强度 MPa)	m²			
-b	厚…mm(混凝土弯拉强度 MPa)	m²			
312-2	钢筋				
-a	HPB235	kg			
-b	HRB335	kg			
313-1	培土路肩	m³			
313-2	中央分隔带回填土	m³			
313-3	现浇混凝土加固土路肩(厚…mm)	m			
313-4	混凝土预制块加固土路肩(厚…mm)	m			
313-5	混凝土预制块路缘石	m			
314-1	排水管				
-a	PVC-U 管(φ…mm)	m			
-b	铸铁管(φ…mm)	m			
-c	混凝土管(φ…mm)	m			
314-2	纵向雨水沟(管)	m			
314-3	C…混凝土集水井	座			
314-4	中央分隔带渗沟(…mm×…mm×…mm)	m			
314-5	沥青油毡防水层	m²			
314-6	路肩排水沟				
-a	混凝土路肩排水沟	m			
-b	砂砾垫层	m³			
-c	土工布	m²			
314-7	拦水带				
-a	沥青混凝土拦水带	m			
-b	水泥混凝土拦水带	m			
清单 300 章合计 人民币_____					

附表 2：计日工表

2.1　劳务

编号	子目名称	单位	暂定数量	单价	合价
101	班长	h			
102	普通工	h			
103	焊工	h			
104	电工	h			
105	混凝土工	h			
106	木工	h			
107	钢筋工	h			
	…				

劳务小计金额：_____
（计入"计日工汇总表"）

2.2　材料

编号	子目名称	单位	暂定数量	单价	合价
201	水泥	t			
202	钢筋	t			
203	钢绞线	t			
204	沥青	t			
205	木材	m³			
206	砂	m³			
207	碎石	m³			
208	片石	m³			
	…				

材料小计金额：_____
（计入"计日工汇总表"）

2.3　施工机械

编号	子目名称	单位	暂定数量	单价	合价
301	装载机				
301-1	1.5 m³ 以下	h			
301-2	1.5～2.5 m³	h			
301-3	2.5 m³ 以上	h			
302	推土机				
302-1	90 kW 以下	h			

续表

编号	子目名称	单位	暂定数量	单价	合价
302-2	90～180 kW	h			
302-3	180 kW 以下	h			
	…				
				施工机械小计金额：_____ (计入"计日工汇总表")	

2.4　计日工汇总表

名称	金额	备注
劳务		
材料		
施工机械		
		计日工总计： (计入"投标报价汇总表")

附表3：暂估价表

3.1　材料暂估价表

序号	名称	单位	数量	单价	合价	备注

3.2　工程设备暂估价表

序号	名称	单位	数量	单价	合价	备注

3.3　专业工程暂估价表

序号	专业工程名称	工程内容	金额
小计:			

附表 4:投标报价汇总表

_____(项目名称)_____标段

序号	章次	科目名称	金额(元)
1	100	总则	
2	200	路基	
3	300	路面	
4	400	桥梁、涵洞	
5	500	隧道	
6	600	安全设施及预埋管线	
7	700	绿化及环境保护设施	
8		第 100 章~700 章清单合计	
9		已包含在清单合计中的材料、工程设备、专业工程暂估价合计	
10		清单合计减去材料、工程设备、专业工程暂估价合计(即 8-9=10)	
11		计日工合计	
12		暂列金额(不含计日工总额)	
13		投标报价(8+11+12)= 13	

注:材料、工程设备、专业工程暂估价已包括在清单合计中,不应重复计入投标报价。

附表 5：工程量清单单价分析表

序号	编码	子目名称	人工费			材料费						机械使用费	其他	管理费	税费	利润	综合单价
			工日	单价	金额	主材耗量	主材		主材费	辅材费	金额						
							单位	单价									

本章小结

　　本章主要介绍了道桥施工招标、投标的概念、目的和性质；道桥施工招标方式、程序及施工招标具备的条件；对招标文件中的工程量清单的组成和内容、常用评标方法作了详细介绍；讲述了道桥施工招标投标控制价的编制原则、编制依据及投标控制价的编制程序；对于投标介绍了投标人条件、投标的程序，讲述了投标报价的编制原则、依据及编制程序，论述了投标报价的策略和技巧。

课后习题

　　1. 简述公路工程招投标的概念。

　　2. 公路工程施工招标程序如何进行？

　　3. 哪些公路工程施工项目必须进行招标？

　　4. 请说明工程量清单的作用及组成。

　　5. 开标程序如何进行？

　　6. 简述招标文件的组成内容。

　　7. 简述以预算为基础的报价方法的步骤。

　　8. 投标策略有哪些？

　　9. 不平衡报价适用于哪几种情况？

　　10. 简述投标报价的编制步骤。

第4章
道桥工程项目成本预测与计划

本章导读

基本要求：了解道桥工程项目成本预测的种类及要求；熟悉道桥工程项目成本预测基本步骤；掌握道桥工程项目成本预测方法；了解道桥工程项目成本预测与成本计划的联系和区别；熟悉施工项目成本计划的编制原则及步骤；掌握道桥工程项目成本计划编制方法。

重点：道桥工程项目成本预测方法；道桥项目成本计划的编制步骤；道桥工程项目成本计划编制方法。

难点：道桥工程项目成本计划编制方法。

4.1 道桥工程项目成本预测概述

4.1.1 道桥工程项目成本预测的种类

施工项目成本预测，是指在掌握相关信息和历史资料的基础上，根据成本特性以及施工现场的实际情况、生产技术条件和管理水平等现状，对未来一定时期内的成本水平及变动趋势进行预计和测算的成本管理活动。

成本预测是成本管理工作的重要内容，为成本决策提供依据，同时，成本预测是编制成本计划必不可少的科学分析阶段。要有正确的成本计划，首先必须有科学的成本预测，通过反复测算，确定合理的成本水平，为编制成本计划提供依据。通过成本预测，还可以寻找降低成本的途径，对历史资料进行分析总结，对未来成本进行估计，减少盲目性，也能发现从哪些方面降低成本,有利于控制成本。

按照成本预测在项目运作中的不同阶段和成本预测贯穿项目中的不同顺序,施工项目成本预测一般可分为两大类。

1) 根据项目运作的不同阶段分类

根据项目运作的不同阶段,成本预测包括以下几种:

(1)在制订方案过程中,预测计划期项目目标成本

在工程项目中标、项目组织开展工作之后,首先要做的重要工作之一就是确定项目的目标成本。施工项目目标成本是以货币形式预先规定施工项目进行中施工生产耗费的目标总水平。预测目标成本是施工项目成本管理的一个重要环节,是制订施工项目目标成本计划的依据。

施工项目的目标成本是在项目中标后预算成本的基础上,预测目标成本降低率后制订的。为了使目标成本降低率能够落到实处,在预测目标成本降低率时要根据施工项目的生产技术组织措施、劳动工资、材料供应等情况进行。

(2)在方案(或计划)的实施过程中,进行中期成本预测

中期成本预测是计划实施阶段目标成本预测的继续和发展。在前一阶段中,通过成本预测和决策制订了成本计划,但在计划执行过程中,通过对前一阶段降低成本增加效益的检查,发现本方案还有一些缺点和问题以及新的成本变动趋势,然后针对后一阶段成本升降情况进行预测,并提出相应的改进措施,以确保降低成本目标的实现。

(3)在日常管理中,预测成本水平及其变动趋势

在日常管理中,工程量、工作量、工程结构、工程质量、劳动力组合、材料代用及市场物价等都有可能发生变动,从而影响成本的变动。因此,在日常工作中必须及时捕捉有关经济信息,通过对有关经济技术指标变动情况进行分析,预测成本变动趋势,有利于加强日常的成本控制。

2) 根据成本预测贯穿于项目中的不同顺序分类

根据成本预测贯穿于项目中的不同顺序,成本预测一般可分为以下两类。

(1)自上而下成本预测

自上而下的成本预测方法主要依据来源于中、上层项目管理人员对类似或相关项目的经验。完全相同的项目几乎不存在,但相似的项目有很多。中、上层项目管理人员根据自身丰富的实践经验,运用科学合理的预测方法,使自上而下的成本预测成为可能,也成为现实。首先由上层或中层管理人员对构成成本的子项目成本进行预测,并把这些预测的信息传递给低一层的管理人员。低一层的管理人员在上层预测的基础上对组成项目或子项目的任务和子任务的成本进行预测,然后继续向下一层传递他们的预测,直到最低一层。

这种成本预测方法优越性主要表现在以下两个方面:

①这种方法主要由中、上层项目管理人员根据以往相似或相关的项目的经验进行预测,为新项目的成本预测奠定了基础,提供了成本预测的参考资料。通过总结历史上相似或相关的项目成本预测的经验,能提高新项目成本预测的水平、可操作性,使预测结果最大限度地接近现实情况,减少因对新项目成本预测的盲目性带来的预测失真。

②自上而下成本预测方法,对整个项目来说具有宏观性。中、上层项目管理人员站在整个项目或子项目的高度上,合理、准确地对子项目或子任务进行成本预测,减少由人为原因造成的

个别子项目或子任务成本预测的过高或过低。同时这种方法还能较容易地对不同子项目或子任务的相似性、差异性进行比较,避免了由人为或技术原因造成的对相似的子项目成本预测的较大差异性,从而保证项目成本预测能控制在一个比较准确的水平上。

但是这种方法也存在自身的不足,其主要表现在:

①不易调动下层项目管理人员的积极主动性,阻碍上下级之间的顺畅对话。当上层管理人员根据他们的经验进行成本预测并分解到下层时,可能会出现下层人员认为存在不合理的情况。这时,下层人员并不一定会表达出自己的观点和上层人员展开讨论。因此,下层人员的积极主动性就会被压抑。自上而下成本预测方法,逐级对项目、子项目、任务、子任务成本预测,在现实中,由于下层人员很难提出和上层不一致的看法,上下级之间的对话机制不能健康地运行,上层管理人员不易尽早发现成本预测出现的偏差,给项目的成本管理带来难度,有时甚至会造成大的经济损失。

②容易形成思维定势,难以营造创新的工作氛围。社会的发展日新月异,尖端的高新技术、先进的管理理念不断引进到施工项目中。因此,一方面优化了传统施工项目在技术、管理上的落后之处。另一方面也为科学地组织和管理施工项目带来挑战。同时这些影响也表现在项目的成本预测工作中,如果一味地依赖历史的经验,没有充分认识到项目在新时期、新技术、新理念的环境下,那么成本预测结果的失真也在所难免。

(2)自下而上成本预测

实施自下而上成本预测的前提条件是项目的详细工作分解结构(WBS)已经确定,项目内容明确到能识别出为实现项目目标必须要做的每一项具体工作,对这些较小的工作单元能做出较准确的预测。首先,底层项目管理人员对本层次所涉及的项目工作仔细的考查,进行项目成本预测,汇总上报上一层管理人员,上一层管理人员根据低一层管理人员的成本预测报告,在此基础上加上适当的间接成本,例如加上一定的管理费、意外准备金等,形成这一层次的成本预测结果。以此类推,逐级上报预测成本,最后汇集成整个项目的预测成本。

①自下而上成本预测的优点。这种方法保证了把所涉及的所有工作任务都考虑到,预测结果更为准确。预测结果出自日后要参与实际工作的人员之手,可以避免上下层管理人员发生争执和不满,同时还能调动各层项目管理人员的工作积极性。项目各层的管理人员能及时了解项目运行过程中成本异常情况的出现,为采取应对措施赢得时间。

②自下而上成本预测的缺点。这种预测方法的缺点也是显而易见的。首先,自下而上成本预测方法对任务的档次要求更高,涉及的工作量大,预测工作本身的成本高,比自上而下预测方法更为困难。其次,项目管理人员为了日后能够获得更多的资金、技术支持,以及减轻降低项目成本工作的压力,必然会较高地估计自己的资源需求,直接导致预测成本脱离现实情况,出现偏高现象。

4.1.2 道桥工程项目成本预测要求

为了使成本预测充分发挥积极的作用,在进行成本预测时要把握以下几点要求:

(1)预测模型的科学性与所利用资料的充分性

数学模型对经济活动的定量描述,只是一种理论上的抽象和概括,通过模型预测出的结果,也只是反映了哪些主要因素对成本的影响。在项目的运行过程中,除这些主要因素外还存在更多的影响因素。因此,为了保证预测结果最大程度地接近现实情况,对预测模型的科学性、合理性应有更高的要求。我们可以根据项目自身的特点,外部资源、经济环境条件,设计、选择合适的数学模型,从理论基础上保证了成本预测的科学、合理。

预测结果的真实、可靠性除依赖数学模型的科学性外,更主要依赖于所利用资料的充分性、即时性、一般性、真实性。再精确的数学模型输入了不真实的数据也得不出理想的预测结果。因此,一方面要广泛收集资料,充分的资料加上科学的预测模型才能得出理想的结果。另一方面要剔除资料中的偶然因素,避免这些因素对成本预测的误导。

(2)充分考虑项目内部条件和外部环境对项目成本的影响

任何事物都是在内因和外因的共同作用下变化的,项目的成本预测也不例外,内因对项目成本预测来说包括项目的经济、技术、管理等内在条件。同一个项目采用不同的技术手段、管理模式,项目的成本也会存在很大差异。因此,在成本预测工作中除选用科学合理的预测模型和充分资料,还要熟识项目自身的技术、经济、管理特点。

外因也即是项目的外部条件,如国家发展规划、产业政策、宏观调控、资源条件、市场条件等。项目的运行依赖于外部条件,必然受其影响。成本预测要注意外部条件的变化,分析变化的趋势,研究外部条件变化与项目内部条件的关系以及对项目成本的影响。在充分明晰外部条件及其变化趋势的基础上,选择合适的预测模型,进行成本预测。

(3)与项目目标相联系

项目目标是业主在合同中规定的目标,一般由成果性目标和它的约束条件所组成。约束条件包括工期、成本与质量,三者之间既统一又对立。所以,在成本预测确定成本控制目标时必须同时考虑项目工期、项目质量的要求。项目工期越紧,项目进度越快,项目质量目标要求越高,项目成本就越高。因此,在编制成本预测时,要与项目的进度计划、质量要求密切联系,根据具体情况研究三者的相互关系在不同条件下的变化规律,在此基础上保持三者的平衡,防止顾此失彼,相互脱节。

(4)弹性要求

项目成本预测是在现有资料、预测模型、经验判断的基础上得出的结论。但在项目运作过程中,可能会有预料之外事情的发生,如国内国际政治经济形势的变化、自然灾害等,这些变化会造成预测成本与现实情况的不符,给成本管理带来难度。因此,在成本预测工作中要考虑意外因素对成本的影响,保持预测成本在一定意外因素下的适应能力。一般在整个项目预测中留出 10% ~15% 的不可预见费用,以应付项目运行过程中不可预见因素对项目的影响。

(5)要认识到历史上相类似项目借鉴作用的重要性

无论采用数学模型预测还是借助专家的经验判断分析,历史上相似的项目都发挥重要的借鉴作用。在一定的经济时期内,国家、产业政策、外部条件都不会发生太大变化。考察分析历史上类似项目,特别是近期类似项目,对项目进行成本预测具有可行性。一方面,借鉴历史类似项目成本,可以排除技术、人为原因造成的预测成本过高或过低现象;另一方面,减少预测工作的环节,降低预测工作的自身成本,提高项目运作效率,节约资源。

4.1.3 成本预测基本步骤

成本预测的基本步骤,一般可分为 3 个阶段 7 个步骤,如图 4.1 所示。

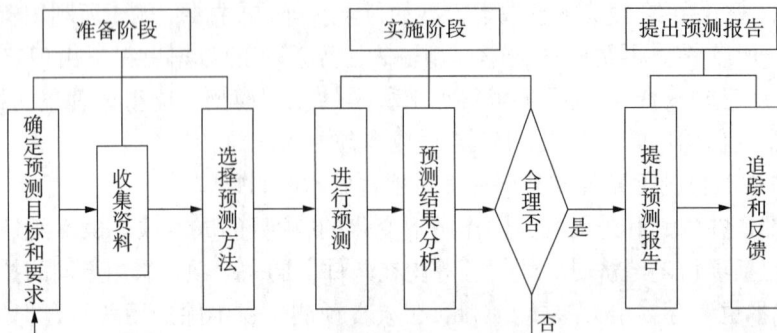

图 4.1 成本预测的基本程序

1)准备阶段

准备阶段包括确立预测目标、收集资料、选择预测方法 3 个步骤。

(1)确立预测目标

主要明确预测的目的是什么,预测范围多大,预测期限多长,以求做到有的放矢。预测目标和要求应尽可能用数量单位来描述。

(2)收集资料

在成本预测之前,应该对预测对象的生产要素进行市场调查,包括市场的目前的供求情况以及今后供求情况的预测,行业竞争的情况,同类产品或施工的成本水平等。同时,应该收集一定时期的本企业和其他企业同类产品或施工的成本资料,包括有可比性的成本资料,各项生产、财务、人事、技术和组织措施计划,内部有关的经济定额,内部价格目录及相关的内部控制制度等,并按照相关性原则对其进行分析挑选。

数据资料是预测的依据,在收集资料过程中,要特别注意数据资料的可靠性、完整性和时效。要注意研究资料的变化特点,分析数据的代表性。排除个别偶然因素影响所出现的异常数据,从而大体掌握预测对象的变化规律。

(3)选择预测方法

选择预测方法,一般应从以下几个方面考虑:

①预测期限。不同的预测方法适用于不同的预测期限。定性预测一般多用于长期预测,而定量预测则适用于中、短期预测。

②数据资料。不同的预测方法有不同的数据要求。中、长期预测一般要有 3 年以上的统计资料。如果历史数据比较丰富和完整,可以运用各种定量方法进行预测;否则,只宜采用定性分析方法。

③准确度。选用的预测方法应获得足够准确的预测结果。

④费用。在保证预测准确性的前提下,优先选用费用较少的方法。

⑤实用性。选用的预测方法应易于理解,方便使用。

2）实施阶段

实施阶段包括进行预测和预测结果分析两个步骤：

①进行预测。根据现有的资料和已制定的预测模型进行预测，得出预测结果。

②预测结果分析。主要是检查是否达到预期的预测目标，预测误差是否在允许范围之内，预测结果是否合理等。如果得出否定结论，则需重复前面的步骤，重新确定预测目标或选择预测方法，再次进行预测。

3）提交预测报告阶段

该阶段主要包括提出报告和追踪反馈两个步骤：

①提出预测报告。预测结果得到确认后，便可提出预测报告。预测报告中至少包括预测结论及建议两项内容。

②追踪和反馈。提出预测报告并不等于预测工作的最后完成，还要追踪报告的结论和建议是否被采用，采用的结果如何，实际效果如何。要反馈追踪结果，以便在下一次预测时改进预测方法。

4.2　道桥工程项目成本预测方法

成本预测的方法按是否采用数学模型，可分为定性预测法和定量预测法。其中定性预测方法包括经验判断法、调查研究法和德尔菲法；定量预测方法包括时间序列法、回归分析法、高低点法和本量利分析法等。

4.2.1　定性预测法

定性预测法是指对未来事物的发展状况无法通过历史数据进行推测，只能依靠人的主观经验和综合分析能力作出判断的一种预测方法。

1）经验判断法

经验判断预测也称主观估计预测，主要依靠熟悉业务、具有经验和综合分析能力的人来预测。

这种方法是由项目经理把与项目有关和熟悉施工管理的各职能部门负责人集合起来，请他们对施工中的各项耗费以及可能采取的成本控制措施作出判断和估计，然后把各种意见汇总起来，进行分析研究和综合处理，最后形成预测方案。它实质上是项目经理组织各职能部门联合作出的预测。

这种预测方法的优点在于它集中了各方面熟悉项目情况的有经验人员的意见，可以发挥集体的智慧，使预测比较准确可靠。另外它还有迅速、经济，不需要经过复杂的计算，也不需要太多预测费用就可以及时得到预测结果等优点。如果施工条件发生变化，还可以立即进行修改。其缺点主要是基本上凭借经验判断，受主观因素的影响大，预测结果也只能是粗略估计。

2）调查研究法

调查研究预测，就是根据预测对象，按照预测内容的要求作实际调查，从而取得必要的成本信息资料。然后,对其进行加工整理和分析研究,并结合过去的经验,来判断和推测未来一段时间内的成本发展和变化趋势。这种方法需要掌握必要的数据,进行一定的数量分析,研究可能的数量关系。由于这种关系主要通过人的主观经验作出的,所以也属于定性预测法。

3)德尔菲法

德尔菲法在初期阶段,主要用于科技方面的预测,随着社会发展,德尔菲法广泛应用于经济、社会、工程技术等各个领域。

德尔菲法主要是用函询的方式,依靠专家背靠背地集体判断,来代替面对面的会议,使专家的不同意见能够充分发表,经过客观分析和多次地征询和反馈,使不同意见逐步趋向一致,从而得出比较符合发展规律的预测结果。它的主要过程是:

(1)拟定意见征询表

根据预测的目的和要求,拟订需要调查了解的问题,列成预测意见征询表。征询的问题要简单明确,而且数目不宜太多,使专家便于回答。意见征询表中还需要提供一些已掌握的背景资料,供专家们在预测时参考。

(2)选定征询对象

选择的专家是否适宜,是德尔菲法成败的关键。一般应选择从事与工程项目有关的专业工作、精通业务、熟悉施工现场、建筑市场等情况、具有预见性和分析能力的专家。人数一般20人左右为宜。

(3)反复征询专家意见

预测单位通过通讯方式向专家发送意见征询表,请专家于限定的时间内寄回答案。接到各专家的答案后,将不同的意见进行综合整理,汇总成表,再分送给各位专家,请他们比较各种意见,修正或发表自己的意见、判断。但为了避免受心理因素的影响,反馈的综合材料中,不说明哪些意见是谁提的,一般采用匿名的方式。这样,在第二轮征询中,每个专家都能了解其他人的意见,以及其他人对自己意见的评价。第二轮答案寄回后,再加以综合整理与反馈。经过几轮的反复征询,使各位专家的预测意见逐步趋于一致。在整个过程中,各位专家只与调查单位发生联系,各专家之间不发生任何联系,以免相互干扰。

(4)作出预测结论

根据几次提供的全部资料和几轮反复修改后的各方面意见,采用统计方法对专家意见进行定量处理。处理的方法和表达方式,取决于预测问题的类型和对预测的要求。德尔菲法的突出特点是:①集思广益。在整个过程中,每一轮都将上一轮的许多意见与信息进行汇总和反馈,使各位专家能够充分了解各方面的客观情况和别人的意见,有助于提高预测的全面性和可靠性;②匿名反馈。可使征询对象不会产生迷信权威,不需要为了面子而固执己见,也不受上下级关系的影响,从而能使心理因素影响降到最低限度。因此,可以使参加预测的人员能独立思考,充分发表自己的意见,避免相互干扰。同时,还可以避开领导人倾向性意见的影响。而且,经过多次反馈,不断修正预测意见,集中了集体的智慧,使预测结果更加准确可靠。其缺点是,主要是凭主观判断,缺乏客观标准。因此,在缺乏历史资料和在未来不确定因素较多的情况下,应用此法是比较适宜的。

4.2.2　定量预测方法

定量预测也称统计预测,它是根据已掌握的比较完备的历史统计数据,运用一定的数学方法进行科学的加工整理,借以揭示有关变量之间的规律性联系,用来预计和推测未来发展变化情况的一类预测方法。

1)时间序列法

时间序列法是将某种统计指标的数值,按时间先后顺序排列起来,并对其时间序列进行加工整理和分析,利用数列所反映出来的客观变动过程、发展趋势和发展速度,进行外推和延伸,借以预测今后可能达到的水平。其主要可分为平均值法、移动平均值法、指数平滑法和季节指数法等。

(1)平均值法

平均值法是在算术平均值的基础上发展起来的一种简单的预测方法。它适用于时间序列主要表现为随机变动时的预测。根据平均值的计算方法不同可分为算术平均值、几何平均值和加权平均值法。

①算术平均值法

它是将历史数据对预测值的影响作用等同看待,采用简单算术平均值法计算预测值。其计算公式为:

$$M_{i+1} = \frac{1}{n} \sum_{1}^{n} D_i \tag{4.1}$$

式中　M_{i+1}——第 $i+1$ 期的预测值;

D_i——第 i 期的实际值;

n——资料期数。

②加权平均值法

这种方法是在算术平均值的基础上,对所用资料按远近期不同分别给予不同权数(近期数据更能反映下期趋势,故其权数较大),然后以近期数据的加权平均数作为下期的预测值。其计算公式为:

$$M_{i+1} = \sum_{i=1}^{n} W_i D_i \tag{4.2}$$

式中　W_i 为 D_i 的权数,$\sum_{i=1}^{n} W_i = 1$。

其余符号意义同前。

③几何平均值法

对于长期预测来说,为了反映时间序列的变动速度,可以采用几何平均值。

设 X_i 为已知数据,$i=1,2,\cdots,n$,则 n 个计划内总体发展速度为 V,每一年计划期的平均发展速度为 $\bar{V}$,则有:$V = \dfrac{X_n}{X_1}$

$$\bar{V} = \sqrt[n-1]{V} = \sqrt[n-1]{\frac{X_n}{X_1}}$$

$$\hat{X}_{i+1} = \bar{V} \times \hat{X}_i \tag{4.3}$$

$\hat{X}_{i+1}$ 即为第 $i+1$ 计划期的预测值。

显然,这是把 X_i 系列看成是平均的几何递增,这种方法对 $i+1$ 计划期数量预测结果远优于算术平均值法。

【例 4.1】某工程项目前 10 个月完成的预制构件数量见表 4.1,试采用平均值法预测第 11 个月的预制构件数量。

表 4.1　预制构件数量　　　　单位:件

时间序列	1	2	3	4	5	6	7	8	9	10
预制构件数量	10	15	8	20	10	16	18	20	22	24

解:(1)采用算术平均值法预测

$$M_{11} = \frac{10 + 15 + 8 + 20 + 10 + 16 + 18 + 20 + 22 + 24}{10} = 16.3 \ (件)$$

(2)采用加权平均值法预测

前 5 个月权重系数取 0.06,后 5 个月权重系数取 0.14,则:

$$M_{11} = 0.06 \times (10+15+8+20+10) + 0.14 \times (16+18+20+22+24) = 17.6(件)$$

(3)采用几何平均值法预测

$$\bar{V} = \sqrt[9]{\frac{24}{10}} = 1.1$$

$$M_{11} = 1.1 \times 24 = 26.4(件)$$

(2)移动平均值法

由于实际数据序列既受偶然因素的作用而产生随机变动,也有反映发展规律的倾向性或周期性变动。因此,如何消除或减少随机变动的影响,从数据模式中找出规律性变化的特征和趋势,是时间序列预测方法所要解决的技术问题。移动平均值法是解决这类问题的方法之一。

①一次移动平均值法

一次移动平均值法的基本思路是,每次取一定数量周期的数据平均,按时间次序逐次推进。每推进一个周期,舍去前一个周期的数据,增加一个新周期的数据,再进行平均。计算公式为:

$$M_t^{(1)} = \frac{y_t + y_{t-1} + \cdots + y_{t-N+1}}{N} \tag{4.4}$$

式中　t——周期序列号;

　　　$M_t^{(1)}$——第 t 周期的一次移动平均数;

　　　Y——第 t 周期的实际值;

　　　N——计算移动平均数所选定的数据个数。

移动平均值法通过 N 个数据移动平均值可以削弱数据随机变动的影响,起到平滑数据的作用,在一定程度上反映了时间序列的变化趋势。因此,在计算移动平均值时,N 值的选择是一个关键,N 越大,平滑作用越强,对新数据的反映越迟钝,反之则相反。同时计算出的移动平均数总是落后于实际数据,存在滞后偏差,N 越大,滞后偏差越大。

一般可用最近时间的一次移动平均数作为下一周期的预测值,即:

$$\hat{y}_{t+1} = M_t^{(1)} \tag{4.5}$$

②二次移动平均值法

二次移动平均值法适用于时间序列具有线性趋势的场合,它不是用二次移动平均数直接进行预测,而是建立线性预测模型,然后用模型预测。计算公式为:

$$M_t^{(2)} = \frac{M_t^{(1)} + M_{t-1}^{(1)} + \cdots + M_{t-N+1}^{(1)}}{N} \tag{4.6}$$

式中 t——周期序列号;

$M_t^{(1)}$——第 t 周期的一次移动平均数;

$M_t^{(2)}$——第 t 周期的二次移动平均数;

N——计算移动平均数所选定的数据个数。

利用二次移动平均值法进行预测的基本公式是:

$$\hat{Y}_{t+T} = a_t + b_t T$$

$$a_t = 2M_t^{(1)} - M_t^{(2)}$$

$$b_t = \frac{2}{n-1}(M_t^{(1)} - M_t^{(2)}) \tag{4.7}$$

式中 $\hat{Y}_{t+T}$——代表 $t+T$ 周期的预测值;

a_t, b_t——代表平滑系数。

【例4.2】数据同例4.1,试采用移动平均值法预测第11个月的预制构件数量。

解:(1)采用一次移动平均值法预测

取 $N=3$,计算一次移动平均值 $M_t^{(1)}$,结果如表4.2所列。

表4.2 一次移动平均值 单位:件

时间序列	1	2	3	4	5	6	7	8	9	10
预制构件数量	10	15	8	20	10	16	18	20	22	24
$M_t^{(1)}$			11	14.3	12.7	15.3	14.7	18	20	22

$$\hat{Y}_{11} = M_{10}^{(1)} = 22(件)$$

(2)采用二次移动平均值法预测

在一次移动平均值 $M_t^{(1)}(N=3)$ 的基础上,计算二次移动平均值 $M_t^{(2)}$,结果如表4.3所列。

表4.3 二次移动平均值

时间序列	1	2	3	4	5	6	7	8	9	10
预制构件数量	10	15	8	20	10	16	18	20	22	24
$M_t^{(1)}$			11	14.3	12.7	15.3	14.7	18	20	22
$M_t^{(2)}$					12.7	14.1	14.2	16	17.6	20

$$a_{10} = 2 M_{10}^{(1)} - M_{10}^{(2)} = 2 \times 22 - 20 = 24(件)$$

$$b_{10} = \frac{2}{N-1}(M_{10}^{(1)} - M_{10}^{(2)}) = \frac{2}{9}(22 - 20) = 0.44(件)$$

$$\hat{Y}_{11} = a_{10} + b_{10}T = 24 + 0.44 \times 1 = 24.44(件)$$

（3）指数平滑法

指数平滑法是在加权平均值法的基础是发展起来的。

①一次指数平滑法

指数平滑又称指数修匀。可以消除时间序列的偶然性变动，进而寻找预测对象的变化特征和趋势。一次指数平滑法适用于实际数据序列以随机变动为主的场合。一次指数平滑值的计算公式：

$$S_t^{(1)} = ay_t + a(1-a)y_{t-1} + a(1-a)^2 y_{t-2} + \cdots \tag{4.8}$$

式中　$S_t^{(1)}$——第 t 周期的一次指数平滑值；

　　　y_t——第 t 周期的实际值；

　　　a——平滑系数（$0<a<1$）。

实际值 y_t、y_{t-1} 的权数分别为 a、$a(1-a)$、$a(1-a)^2\cdots$距现时刻越远的数据，其权系数越小。指数平滑法就是用平滑系数来实现不同时间的数据的非等权处理。因为权系数是指数几何级数，指数平滑法也因此得名。

式（4.8）略加变换，得：

$$\begin{aligned} S_t^{(1)} &= ay_t + (1-a)\left[ay_{t-1} + a(1-a)y_{t-2} + \cdots \right] \\ &= ay_t + (1-a)S_{t-1}^{(1)} \end{aligned} \tag{4.9}$$

式中　$S_t^{(1)}$ 为第 $t-1$ 周期的一次指数平滑值。

一次指数平滑法是以最近周期的一次指数平滑值作为下一个周期的预测值的。即：

$$\hat{Y}_{t+1} = S_t^{(1)} = ay_t + (1-a)S_{t-1}^{(1)} \tag{4.10}$$

由上式可知，$a=1$ 时，$1-a=0$，预测值等于第 t 周期的实际值；当 $a=0$ 时，$1-a=1$，$S_t^{(1)} = S_{t-1}^{(1)}$，这反映了平滑系数 a 取两个极端值的特殊情况。

上式可改写成：

$$\hat{Y}_{t+1} = S_t^{(1)} = S_{t-1}^{(1)} + a(y_t - S_{t-1}^{(1)}) \tag{4.11}$$

式（4.10）、（4.11）均称为一次平滑预测模型。

计算指数平滑值必须先估计一个初始值 $S_t^{(1)}$。当实际数据较多（>50）时，取 $S_0^{(1)} = Y_1$，如果数据较少（≤20），$S_t^{(1)} = (Y_1+Y_2+Y_3)/3$。

平滑系数 a 的选择是关键，一般认为时间序列的长期趋势比较稳定，取 $a=0.05\sim0.20$；如时间序列具有迅速明显的变动倾向时，取 $a=0.3\sim0.7$，使时间序列中最近数据的作用能更多地反映在预测值中。

②二次指数平滑法

如实际数列具有较明显的线性增长倾向，则不宜用一次指数平滑法，因为滞后偏差将使预计值偏低。此时，通常可用二次指数平滑法建立线性预测模型，然后再用模型预测。计算公式为：

$$S_t^{(2)} = aS_t^{(1)} + (1-a)S_{t-1}^{(2)} \tag{4.12}$$

式中　$S_t^{(2)}$——第 t 周期的二次指数平滑值;

　　　$S_t^{(1)}$——第 t 周期的一次指数平滑值;

　　　$S_{t-1}^{(2)}$——第 $t-1$ 周期的二次指数平滑值;

　　　a——平滑系数。

二次指数平滑值并不直接用于预测,根据滞后偏差的演变规律建立线性预测模型。即:

$$y_{t+T} = a_t + b_t \cdot T \tag{4.13}$$

式中　t——目前的周期序号;

　　　T——预测超前周期数;

　　　a_t——线性模型的截距;

　　　b_t——线性模型的斜率;

　　　Y_{t+T}——第 $t+T$ 周期的预测值。

其中 a_t 和 b_t 的计算公式为:

$$a_t = 2S_t^{(1)} - S_t^{(2)} \tag{4.14}$$

$$b_t = \frac{a}{1-a}(S_t^{(1)} - S_t^{(2)}) \tag{4.15}$$

③三次指数平滑法

如果实际数据序列具有非线性增长倾向,则一次、二次指数平滑法都不适用了。此时应采用三次指数平滑法建立非线性预测模型,再用模型进行预测。计算公式为:

$$S_t^{(3)} = aS_t^{(2)} + (1-a)S_{t-1}^{(3)} \tag{4.16}$$

式中　$S_t^{(3)}$——第 t 周期的三次指数平滑值;

　　　$S_t^{(2)}$——第 t 周期的二次指数平滑值;

　　　$S_t^{(3)}$——第 $t-1$ 周期的三次指数平滑值;

　　　a——平滑系数。

三次指数平滑法建立的非线性预测模型为:

$$\hat{y}_{t+T} = a_t + b_t T + c_t T^2 \tag{4.17}$$

式中　t——目前的周期序列号;

　　　T——预测超前周期数;

　　　$\hat{y}_{t+T}$——第 $t+T$ 周期的预测值。

其中模型系数 a_t、b_t、c_t 的计算公式为:

$$a_t = 3S_t^{(1)} - 3S_t^{(2)} + S_t^{(3)} \tag{4.18}$$

$$b_t = \frac{a}{2(1-a)^2}[(6-5a)S_t^{(1)} - 2(5-4a)S_t^{(2)} + (4-3a)S_t^{(3)}] \tag{4.19}$$

$$c_t = \frac{a^2}{2(1-a)^2}[S_t^{(1)} - 2S_t^{(2)} + S_t^{(3)}] \tag{4.20}$$

【例 4.3】数据同例 4.1,试采用指数平滑法预测第 11 个月的预制构件数量。

解:(1)采用一次指数平滑法预测

取平滑系数 $a=0.5$,计算一次指数平滑值如下:

$$S_0^{(1)} = (Y_1 + Y_2 + Y_3)/3 = (10 + 15 + 8)/3 = 11(件)$$

$$S_1^{(1)} = ay_1 + (1-a)S_0^{(1)} = 0.5 \times 10 + 0.5 \times 11 = 10.5(件)$$

$$S_2^{(1)} = ay_2 + (1-a)S_1^{(1)} = 0.5 \times 15 + 0.5 \times 10.5 = 12.8(件)$$

…

依次类推,其余计算结果如表4.4所示。

表4.4　一次指数平滑法预测　　　　　　　　　　单位:件

时间序列	1	2	3	4	5	6	7	8	9	10
预制构件数量	10	15	8	20	10	16	18	20	22	24
$S_t^{(1)}$	10.5	12.8	10.4	15.2	12.6	14.3	16.2	18.1	20.1	22

$$\hat{Y}_{11} = M_{10}^{(1)} = 22(件)$$

(2)采用二次指数平滑法预测

在一次平滑指数值 $S_t^{(1)}(a=0.5)$ 的基础上计算 $S_t^{(2)}$,结果如表4.5所列。

表4.5　二次指数平滑法预测　　　　　　　　　　单位:件

时间序列	1	2	3	4	5	6	7	8	9	10
预制构件数量	10	15	8	20	10	16	18	20	22	24
$S_t^{(1)}$	10.5	12.8	10.4	15.2	12.6	14.3	16.2	18.1	20.1	22
$S_t^{(2)}$	10.9	11.9	11.2	13.2	12.9	13.6	14.9	16.5	18.3	20.2

$$a_t = 2S_t^{(1)} - S_t^{(2)} = 2 \times 22 - 20.2 = 23.8(件)$$

$$b_t = \frac{a}{(1-a)}(S_{10}^{(1)} - S_{10}^{(2)}) = \frac{0.5}{0.5}(22 - 20.2) = 1.8(件)$$

$$\hat{y}_{11} = a_{10} + b_{10} \cdot T = 23.8 + 1.8 \times 1 = 25.6(件)$$

(3)采用三次指数平滑法预测

在二次平滑指数值 $S_t^{(2)}(a=0.5)$ 的基础上计算 $S_t^{(3)}$,结果如表4.6所列。

表4.6　三次指数平滑法预测　　　　　　　　　　单位:件

时间序列	1	2	3	4	5	6	7	8	9	10
预制构件数量	10	15	8	20	10	16	18	20	22	24
$S_t^{(1)}$	10.5	12.8	10.4	15.2	12.6	14.3	16.2	18.1	20.1	22
$S_t^{(2)}$	10.9	11.9	11.2	13.2	12.9	13.6	14.9	16.5	18.3	20.2
$S_t^{(3)}$	11.1	11.5	11.4	12.3	12.6	13.1	14.0	15.3	16.8	18.5

$$a_{10} = 3S_{10}^{(1)} - 3S_{10}^{(2)} + S_{10}^{(3)} = 3 \times 22 - 3 \times 20.2 + 18.5 = 23.9(件)$$

$$b_{10} = \frac{a}{2(1-a)^2}[(6-5a)S_{10}^{(1)} - 2(5-4a)S_{10}^{(2)} + (4-3a)S_{10}^{(3)}]$$

$$= \frac{0.5}{2 \times 0.5^2}[(6-5 \times 0.5) \times 22 - 2 \times (5-4 \times 0.5) \times 20.2 + (4-3 \times 0.5) \times 18.5]$$

$$= 2.65(\text{件})$$

$$c_t = \frac{a^2}{2(1-a)^2}\left[S_t^{(1)} - 2S_t^{(2)} - 2S_t^{(2)} + S_t^{(3)}\right]$$

$$= \frac{0.5^2}{2 \times 0.5^2}(22 - 2 \times 20.2 + 18.5)$$

$$= 0.05(\text{件})$$

$$\hat{y}_{11} = a_{10} + b_{10}T + c_{10}T^2 = 23.9 + 2.65 \times 1 + 0.05 \times 1^2 = 26.6(\text{件})$$

（4）季节指数法

工程项目的施工一般都是露天作业，受自然气候条件影响大，生产成果经常会出现季节性变动的现象。为了适应生产的要求，搞好均衡生产，有必要掌握这种季节性变动的规律。

季节指数预测法的基本思路：先建立描述整个时间序列总体发展趋势的数学方程，再考虑季节变动对预测对象的影响，计算出季节指数，最后将两者综合而得到能够描述总体发展趋势与季节性变动的预测模型，并用于预测。季节指数预测模型为：

$$\hat{y}_t = y' \cdot F_k \tag{4.21}$$

式中　$\hat{y}_t$——第 t 周期的预测值；

　　　y'——反映总体发展趋势的数学方程；

　　　F_k——季节周期中第 k 周期的季节指数。

如果时间序列具有线性增长趋势，则 y' 为一直线方程，即：

$$y' = a + bt \tag{4.22}$$

【例4.4】某工程项目2015、2016和2017年各月实际完成的工作量见表4.7所列，据此来估计2018年各月预计完成的工作量。

表4.7　各月实际完成的工程量

年份	1	2	3	4	5	6	7	8	9	10	11	12	合计
2015	200	166	231	348	394	419	335	367	388	408	400	387	4 043
2016	175	222	350	419	456	426	400	420	452	408	469	395	4 592
2017	263	241	459	504	517	538	429	460	484	443	497	450	5 285
合计	638	629	1 040	1 271	1 367	1 383	1 174	1 247	1 324	1 259	1 366	1 232	13 920
月平均	212.7	209.7	346.7	423.7	455.7	461	388	415.7	441.3	419.7	455.3	410.7	386.7
季度系数（%）	55	54.2	89.7	109.6	117.8	119.2	100.3	107.5	114.1	108.5	117.8	106.2	100

解：（1）根据历史数据，分析变动性质

从表4.7中可以看出，实际完成的工作量总的来说是呈递增趋势，并且伴随着以年为周期的季节性变动。

（2）确定季节系数

为确定季节系数，应分别求出月平均值与总平均值。季节系数可由下式确定：

$$\text{季节系数} = \frac{\text{月平均值}}{\text{总平均值}} \tag{4.23}$$

季节系数计算结果见表4.7中第7行。

（3）确定长期变动趋势

本例中的长期变动趋势为线性趋势，故选择一元线性回归方程 $y=a+bt$ 作为趋势模型，模型参数 a、b 可采用最小二乘法确定。由于本例历史数据较少（$n=3$），采用算术平均值法确定 a、b，计算过程如表4.8所列。

$$a = \frac{13\,920}{3} = 4\,640$$

$$b = \frac{1\,242}{2} = 621$$

$$Y = 4\,640 + 621\,t$$

2018年相应的 t 值为2，故2018年预计完成的工作量为：

$$Y = 4\,640 + 621 \times 2 = 5\,882$$

表4.8　计算过程

年份	y_i	t_i	$y_i t_i$
2015	4 043	−1	−4 043
2016	4 592	0	0
2017	5 258	1	5 258
合计	13 920	0	1 242

（4）计算各月预测值

各月预测值可按下式确定：

$$月预测值 = \frac{年预测值}{12} \times 季节系数 \tag{4.24}$$

计算结果列于表4.9。

表4.9　计算各月预测值

月份	1	2	3	4	5	6	7	8	9	10	11	12
季节系数(%)	55	54.2	89.7	109.6	117.8	119.2	100.3	107.5	114.1	108.5	117.8	106.2
预测值	269.6	265.7	439.7	537.2	577.4	584.3	491.6	526.9	559.3	531.8	577.4	520.6

2）回归分析法

回归分析法是以相关原理为基础的预测方法。基本思路是分析研究预测对象与有关因素的相互联系，用适当的回归预测模型表达出来，然后再根据数学模型预测其未来状况。

回归分析是处理变量之间相关关系的一种数理统计方法。在回归预测中，把预测对象作为因变量，把相关因素称为自变量。一个自变量的称为一元回归，多个自变量的称为多元回归。如果因变量与自变量的统计规律呈线性关系，称为线性回归；呈曲线关系的称为非线性回归。

（1）一元线性回归

当两个变量之间存在线性关系，即一个变量的增加或减少相对于另一个变量的增、减来说

成一定比例时,根据自变量去预测因变量的方法,称为一元线性回归法。此法的基本步骤如下:

①根据历史数据绘出散点图。若图中各数据点的分布呈线性趋势,即大体沿一条直线分布,说明可以应用一元线性回归法进行预测。

②建立模型。一元线性回归方程模型是:

$$y = a + bX \tag{4.25}$$

③参数估计。根据数理统计中的最小二乘法,可按下式分别求出回归系数 a、b 值。

$$b = \frac{\sum X_i Y_i - \bar{X} \sum Y_i}{\sum X_i^2 - \bar{X} \sum X_i} \tag{4.26}$$

$$a = \bar{Y} - b\bar{X} \tag{4.27}$$

式中　X_i、Y_i——分别为自变量、因变量的历史数据;

$\bar{X}$、$\bar{Y}$——分别为自变量、因变量的平均值。

④相关性检验。任何一组数据都可求得回归直线方程,但 y 与 X 是否确实有线性相关关系,须加以检验,检验可以采用相关系数判断。相关系数是描述两个变量线性关系密切程度的数量指标,其计算公式为:

$$R = \frac{\sum (X_i - \bar{X})(Y_i - \bar{Y})}{\sqrt{\sum (X_i - \bar{X})^2 \sum (Y_i - \bar{Y})^2}} \tag{4.28}$$

当 $R_a \leq R$ 时,Y 与 X 存在显著的线性关系;当 $R_a > R$ 时,Y 与 X 不存在显著的线性关系。

R_a 可以根据显著性水平 a 查相关关系检验表得到,它表示对线性关系密切程度的最低要求临界值。

⑤应用回归模型进行预测。

(2)一元曲线回归

在实际应用中,一个自变量对因变量的影响,并不都呈线性关系,而需要采用一元曲线回归。对这类问题预测的关键是确定自变量与因变量之间的函数关系,为此,先将历史数据在图上标画出来,观察数据点的分布趋势和形状,或者通过数据分析确定出变化规律,然后再拟合成近似的曲线方程。由于非线性问题一般比较复杂,在确定函数方程后,通过变换将其转换成线性函数来求解。

常用的一元曲线回归预测有二次曲线、指数曲线和双曲线等。

①一次曲线回归预测

一元二次回归方程的基本公式是:

$$y = a + b_1 X_1 + b_2 X_1^2 \tag{4.29}$$

式中　y——因变量;

X_1——自变量;

a, b_1, b_2——非线性回归系数。

求解非线性回归系数的方法是把非线性回归转化为线性回归。

假设 $X_2 = X_1^2$,带入式(4.29),即可得:

$$y = a + b_1 X_1 + b_2 X_2 \tag{4.30}$$

这样,就把一元二次回归方程变成二元一次回归方程。我们只要把 $X_2 = X_1^2$ 当作原始数据,运用二元线性回归预测法,求出回归系数 a,b_1,b_2,从而建立一元非线性回归预测模型,就可以进行预测了。

②指数曲线回归预测

指数曲线的数学模型为幂函数形式,其公式是:

$$y = aX^b (a > 0) \tag{4.31}$$

将等式两边取对数,即可化非线性回归为线性回归。

$$\lg y = \lg aX^b = \lg a + b \lg X$$

设 $y' = \lg y$,$a' = \lg a$,$X' = \lg X$,则:

$$y = a' + bX'$$

然后,运用一元线性回归预测法求出 y',再查反对数表,即可求得未来预测值 y。

③双曲线回归预测

双曲线的数学模型为双曲线函数形式,其公式为:

$$y = a + \frac{b}{X} \tag{4.32}$$

求解双曲线方程式中的回归系数 a、b,先要假设 $X' = \dfrac{1}{X}$,则式(4.32)可转化为:

$$y = a + bX' \tag{4.33}$$

根据最小二乘法,可以导出两个标准方程式,求得回归系数 a、b。

$$\begin{cases} \sum y = Na + b \sum X' \\ \sum X'y = a \sum X' + b \sum X'^2 \end{cases}$$

$$a = \frac{\sum y - b \sum X'}{N} \tag{4.34}$$

$$b = \frac{N \sum X'y - \sum X' \sum y}{N \sum X'^2 - \left(\sum X' \right)^2} \tag{4.35}$$

然后,建立回归预测模型 $y = a + bX'$,即可进行预测。

除以上几种外,还有对数函数 $y = a + bX'$,S 曲线 $y = \dfrac{1}{a + be^X}$,立方抛物线 $y = aX^3$ 等。这些都可以经过变换成为一元线性回归方程进行预测。

(3)多元回归预测

多元线性回归分析首先是因素选择问题。对于任一预测对象 y,影响预测对象的因素可能有 N 个,关键在于选择主要的、起决定作用的因素。选择是通过检验因素间的相关性,即相关系数 r 来进行的。

下面以二元线性回归说明预测模型的建立。二元线性回归预测是分析一个因变量和两个自变量之间呈线性关系的一种预测方法。基本公式为:

$$y = a + b_1X_1 + b_2X_2 \tag{4.36}$$

式中　X_1,X_2——自变量;

　　　a,b_1,b_2——回归系数。

利用最小二乘法可以求得3个标准方程：

$$\sum y = Na + b_1 \sum X_1 + b_2 \sum X_2$$

$$\sum X_1 y = a \sum X_1 + b_1 \sum X_1^2 + b_2 \sum X_1 X_2$$

$$\sum Xy = a \sum X_2 + b_1 \sum X_1 X_2 + b_2 \sum X_2^2 \tag{4.37}$$

解此方程组，可得 a、b_1、b_2，或利用回归系数求解公式，即：

$$b_1 = \frac{\sum(y-\bar{y})\sum(X_2-\bar{X}_2)^2 - \sum(y-\bar{y})(X_2-\bar{X}_2)\sum(X_1-\bar{X}_1)(X_2-\bar{X}_2)}{\sum(X_1-\bar{X}_1)^2\sum(X_2-X_2)^2 - \left[\sum(X_1-\bar{X}_1)\sum(X_2-\bar{X}_2)\right]^2} \tag{4.38}$$

$$b_2 = \frac{\sum(y-\bar{y})(X_2-\bar{X}_2)\sum(X_1-\bar{X}_1)^2 - \sum(y-\bar{y})(X_1-\bar{X}_1)\sum(X_1-\bar{X}_1)(X_2-X_2)}{\sum(X_1-X_1)^2\sum(X_2-X_2)^2 - \left[\sum(X_1-\bar{X}_1)\sum(X_2-\bar{X}_2)\right]^2} \tag{4.39}$$

$$a = \bar{y} - b_1\bar{X}_1 - b_2\bar{X}_2 \tag{4.40}$$

式中　$\bar{y} = \dfrac{\sum y}{N}, \bar{X}_1 = \dfrac{\sum X_1}{N}$。

求得 a、b_1、b_2 后，代入 $y = a + b_1 X_1 + b_2 X_2$，即可进行预测。

【例4.5】已知某项目施工产值与成本的历史数据如表4.10所列。预计下一年度施工产值为700万元，试预测下年度总成本。

表4.10　施工产值与成本的历史数据

历史年度	1	2	3	4	5
施工产值（万元）	540	560	590	640	680
总成本（万元）	506	516	538	588	616

解：由于历史数据呈线性增长趋势，选用一元一次回归模型预测。

（1）计算模型参数

数据的计算过程如表4.11所列。

$$b = \frac{\sum X_i Y_i - \bar{X}\sum Y_i}{\sum X_i^2 - \bar{X}\sum X_i} = \frac{1\,674\,820 - 602 \times 2\,764}{1\,825\,300 - 602 \times 3\,010} = \frac{10\,892}{13\,280} = 0.820\,2$$

$$a = \bar{Y} - b\bar{X} = 552.8 - 0.820\,2 \times 602 = 59.04（万元）$$

表4.11　计算过程

历史年度	施工产值（万元）	总成本（万元）	$X_i Y_i$	X_i^2
1	540	506	273 240	291 600
2	560	516	288 960	313 600
3	590	538	317 420	348 100
4	640	588	376 320	409 600

续表

历史年度	施工产值(万元)	总成本(万元)	X_iY_i	X_i^2
5	680	616	418 880	462 400
合计	3 010	2 764	1 674 820	1 825 300
平均	602	552.8	—	—

(2)预测下一年度总成本

$$Y = a + bX = 59.04 + 0.820\ 2 \times 700 = 633.18(万元)$$

3)高低点法

在一定的生产规模下,工程项目各期成本费用中有一部分是相对固定的,即不会随着产量或工作量的变动而变动,如固定资产折旧费、管理人员工资费用、水电费等,而另一部分则随着产量或工作量的变动而变动,如直接材料、直接人工费用等。因此,固定成本、变动成本和工作量之间具有下列线性关系:

$$某工作量下的成本 = 固定成本 + 单位变动成本 \times 工作量 \tag{4.41}$$

高低点法就是依据上述关系,选取某一历史时期内的成本数据,以最高点工作量的成本与最低点工作量的成本的差数,除以最高与最低工作量的差数,以确定单位变动成本,进而预测报告期成本费用的方法。预测公式如下:

$$Y = a + bx$$
$$b = \frac{Y_1 - Y_2}{X_1 - X_2} \tag{4.42}$$

式中　a——固定成本;

　　　y_1, Y_2——分别为最高点和最低点成本;

　　　x_1, X_2——分别为最高点和最低点产值。

【例4.6】某施工项目的合同价为190 000万元。试根据企业同类项目的产值与成本(见表4.12)进行总成本预测。

表4.12　同类项目产值与成本

期数	1	2	3	4	5
产值(万元)	120 000	135 000	148 000	156 000	172 000
成本(万元)	110 000	123 000	135 000	142 000	157 000

解:(1)计算模型参数

$b = (157\ 000 - 110\ 000)(172\ 000 - 120\ 000) = 0.903\ 8$

$a = 157\ 000 - 0.903\ 8 \times 172\ 000 = 1\ 546.4$

由此得出预测模型: $Y = 1\ 546.4 + 0.903\ 8X$

(2)预测总成本

该预测项目的总成本为:

$$Y = 1\,546.4 + 0.903\,8 \times 190\,000 = 173\,268.4(万元)$$

4)本量利分析法

成本、业务量、利润三者关系的分析,简称本量利分析。本量利是在成本分析的基础上,通过对成本、业务量和利润三者之间的依存关系建立数学模型和公式,从而进行成本预测的方法。

(1)固定成本和变动成本的划分

施工项目要取得收入,必有相应的耗费,而且收入必须大于耗费才能盈利。施工项目的成本支出,按其数量与产量变动的内在联系,通常可以划分为变动成本和固定成本两类。

①固定成本,是指成本总额在一定时期和一定产量范围年内不受产量影响的成本。其特点是总额不随产量变化而变化,但单位额却随产量的增加而减少(即固定成本利润率的提高)。施工成本中的施工现场管理人员工资和办公费、临时设施费等属于固定成本。

②变动成本,是指成本总额在一定时期和一定产量范围内随着产量的变动而成正比例变动的成本。其特点是总额随产量变化而正比例变化,单位额保持不变。施工成本中的人工、材料以及机械设备中的变动费用等均属于变动成本。

除了固定成本和变动成本外,还有一种介于固定成本和变动成本之间的费用,它可以通过一定的方法分解为固定成本和变动成本两部分。因此,我们可以认为施工的全部费用最终可以分解为固定成本和变动成本两种类型。

(2)本量利分析的基本公式

将成本分解成固定成本和变动成本两部分之后,再把收入和利润加进来,成本、产量和利润的关系就可以统一于一个数字模型,即本量利公式:

$$施工利润 = 预算收入 - 变动成本 - 固定成本$$
$$= (单价 - 单位变动成本) \times 工程量 - 固定成本$$
$$= 单价 \times 工程量 - 单位变动成本 \times 工程量 - 固定成本 \tag{4.43}$$

(3)保本点的预算

保本点又称盈亏平衡点,是指施工项目在这个水平上,总收入与总成本相等,既无利润,也不亏损,刚好够本。因此,保本点这个指标能够明确指出施工项目或分项工程在什么样的收入水平上,才能维持不赔不赚,并能预知在保本点以上,每收入一万元能够降低多少成本,获得多少利润。

保本点的测算是以变动成本率与边际利润率为计算基础。

①变动成本率与边际利润率

变动成本率是指变动成本额占工程预算成本的比例。用公式表示如下:

$$变动成本率 = \frac{变动成本}{工程预算成本} \times 100\% \tag{4.44}$$

工程预算成本减去变动成本后的余额称为边际利润,它是用来补偿固定成本和为项目提供施工利润。用公式表示如下:

$$边际利润 = 预算成本 - 变动成本 \tag{4.45}$$

如果边际利润与固定成本相等,则项目不盈不亏;若大于固定成本,则为盈利;反之,则为亏损。边际利润的意义在于:它表明了能为项目提供施工利润的能力。所以边际利润又称边际贡献、贡献毛利或创利额。边际利润的多少对获取施工利润具有重要作用。

边际利润与工程预算成本的比值为边际利润率。用公式表示如下：

$$边际利润率 = \frac{边际利润}{工程预算成本} \times 100\% \qquad (4.46)$$

边际利润率与变动成本率之间有着密切的联系，属于互补性质，变动成本率越高，边际利润率越低，盈利能力越小；反之，变动成本率越低，边际利润率越高，盈利能力越强。边际利润率与变动成本率的关系用公式表示如下：

$$关系边际率 + 变动成本率 = 1 \qquad (4.47)$$

②保本点

因为：

$$边际利润 = 预算成本 - 变动成本 = 固定成本 + 利润 \qquad (4.48)$$

$$边际利润率 = \frac{工程预算成本 - 变动成本}{工程预算成本} \times 100\% \qquad (4.49)$$

所以

$$工程预算成本 = \frac{固定成本 + 利润}{边际利润率} \qquad (4.50)$$

当利润为零时的成本即为保本点，式(4.50)可变为：

$$保本点 = \frac{固定成本}{边际利润率} \times 100\% \qquad (4.51)$$

将式(4.49)代入式(4.51)，可得保本点的另一表达：

$$保本点 = \frac{固定成本}{1 - \dfrac{变动成本}{工程预算成本}} \times 100\% = \frac{固定成本}{1 - 变动成本率} \times 100\% \qquad (4.52)$$

(4)本量利分析法预测降低成本目标

工程项目的降低成本目标，也就是计划成本降低率，由下式计算：

$$计划成本降低率 = \frac{工程预算成本 - 工程目标成本}{工程预算成本} \times 100\% \qquad (4.53)$$

在工程项目已中标，签订合同后，工程预算成本是可知的。所以要确定计划成本降低率，就应预测工程目标成本。

预测工程目标成本时，应以历史或上一年度的实际成本资料作为测算的主要依据，按客观存在的成本与产量的依存关系，把成本分为固定成本和变动成本两大类，再分析研究历史或上年度固定成本和变动成本的情况，结合工程项目计划期的实际情况及要采取的技术组织措施，确定计划年度固定成本和变动成本水平，并预测计划期在一定产量下的最优目标成本。

预测的步骤和方法如下：

①将历史或上年度的实际成本划分为固定成本和变动成本。

②计算历史或上年度变动成本率、边际利润和边际利润率。

③假定计划年度固定成本与历史或上年度相同(实际中因客观和主观的某些原因可能有所升降)，预测计划年度的保本点。通过保本点的预测可以预知项目必须完成的预算工作量。

④在工程任务确定的条件下，预测计划年度目标成本和计划成本降低率。

$$目标成本 = 固定成本 + 计划年度预算成本 \times 变动成本率 \qquad (4.54)$$

$$计划成本降低率 = \frac{计划预算成本 - 目标成本}{计划预算成本} \times 100\% \qquad (4.55)$$

【例4.7】某工程项目上年度成本报表中,预算成本3 700万元,实际成本3 480万元。在实际成本中,划为固定成本的为955万元,变动成本为2 525万元。该项目计划年度己确定工程预算成本为3 800万元,固定成本基本和上年度相同,试预测本年度保本点和目标成本。

解:(1)计算上年度变动成本率、边际利润、边际利润率

$$变动成本率 = \frac{2\ 525}{3\ 700} \times 100\% = 68.24\%$$

$$边际利润 = 3\ 700 - 2\ 525 = 1\ 175(万元)$$

$$边际利润率 = \frac{1\ 175}{3\ 700} \times 100\% = 31.76\%$$

(2)预测计划年度保本点

$$保本点 = \frac{955}{0.317\ 6} = 3\ 007(万元)$$

上式表明,计划年度必须完成预算成本3 007万元才能保本,不亏损。如果超过3 007万元就能盈利,每超过100万元,盈利31.76万元。

(3)预测计划年度目标成本和计划成本降低率

$$目标成本 = 955 + 3\ 800 \times 68.24\% = 3\ 548(万元)$$

$$计划成本降低率 = \frac{3\ 800 - 3\ 548}{3\ 800} \times 100\% = 6.63\%$$

4.3　道桥工程项目成本计划概述

4.3.1　成本预测与成本计划的联系和区别

成本计划是在成本预测的基础上编制的,它们之间有一定的内在联系,但是它们之间在编制的程序、方法、系统管理和作用上则有明显的区别。

①在编制程序上,成本预测是编制成本计划的前提。通过成本的预测掌握未来成本趋势,选择最优的降低成本方案,从而为成本计划的编制和确定成本目标提供了科学、可靠的数据资料。

②在编制方法上,成本预测重视科学研究和因果分析。一般是侧重分析影响企业的各种内部和外部的成本资料,即以与成本有关的业务量、收入、利润等客观因素为基础,建立数学模型,进行因果关系(外因)的对比分析,以求成本之优化。成本计划则是注重计划成本指标的落实。在计划制订上要从加强成本管理入手,抓住有利时机,动员内部积极因素(内因)落实降低成本措施。

③在系统管理上,成本预测是成本系统管理的重要环节,而成本计划则是涵盖整个成本系统管理的一项重要内容,主要体现在:

a. 计划准备阶段,即成本预测。

b. 计划决策阶段,优选降低成本方案。

c. 计划编制阶段,落实并制订具体的降低成本计划指标。

d. 计划执行阶段,实行成本控制和核算,实现降低成本任务。

e. 计划考评阶段,检查和分析降低成本计划执行情况,进行绩效考评。

④在作用上,成本预测具有参考性,成本计划具有执行性,因为它是一个指令性指标,是规范企业及全体职工为完成降低成本任务的行动纲领。因此可以说,成本预测是软指标,成本计划则是硬指标。

4.3.2 道桥工程项目成本计划的编制原则

(1)以先进合理的技术经济定额为基础的原则

定额和技术经济指标是编制成本计划的基础,成本计划的编制要做到既先进合理又可行。首先必须制订各种先进合理的定额,如物资消耗定额、人工定额、设备利用率和费用控制预算等。其次制订先进合理的技术经济指标,如果定额和相关的技术经济指标不先进或者缺乏科学的依据,编制出来的成本计划,就可能保守或者难以保证完成,使成本计划流于形式,有效性较差。所以,编制成本计划之前,应该根据企业的设备、技术条件、人员素质等实际情况及奋斗目标,使技术经济指标和定额达到合理的先进水平;另外,还要制订具体措施,在提出措施的过程中,还能发现成本计划在落实中的不足之处并加以修订,这样才能使成本计划达到先进性和可行性的统一。

(2)必须与其他计划相结合的原则

成本计划是项目全面计划的一部分,编制成本计划,必须与其他计划相结合,如施工方案、进度计划、材料计划、财务计划等保持平衡。即成本计划一方面要根据施工项目的生产、技术组织措施、劳动工资、材料供应等计划来编制,另一方面成本计划又影响着其他各种计划指标,都应考虑适应降低成本的要求,与成本计划密切配合,而不能单纯考虑每一种计划本身的需要。

(3)严格遵守成本开支范围,注意成本计划与成本核算口径一致性的原则

企业发生的各种费用,哪些应该作为某一计算对象的成本,哪些应该作为期间费用,在成本的相关制度中有明确的规定,即成本开支范围。在编制成本计划时,应严格遵守成本开支范围。凡是与生产没有直接关系的开支,都不能计入产品或项目的计划成本,以保证成本的真实性。同时成本计划还要与成本核算的核算对象、成本项目、费用细目,以及生产费用计入和分配到产品或项目成本的方法保持一致,以便两者在同一基础上进行比较,从而可以正确考核和分析成本计划的完成情况。

(4)坚持弹性原则

在编制成本计划时应留有余地,使计划具有一定的弹性。在计划期内,项目经理部内部或外部的技术经济状况和气候条件,很可能发生一些在编制计划时所未预料的变化,尤其是材料供应、市场价格千变万化,给计划的制订带来很大困难。因而,在编制计划时应充分考虑这些情况,使计划保持一定的应变适应能力。

4.3.3　道桥工程项目成本计划的编制步骤

编制成本计划的程序,因项目的规模大小、管理要求不同而不同。大中型项目一般采用分级编制的方式,即先由各部门提出部门成本计划,再由项目经理部汇总编制全项目工程的成本计划;小型项目一般采用集中编制方式,即由项目经理部先编制各部门成本计划,再汇总编制全项目的成本计划。无论采用哪种方式,其编制的基本程序包括以下几个方面。

(1)搜集和整理资料

广泛搜集资料并进行归纳整理是编制成本计划的必要步骤。所需搜集的资料就是编制成本计划的依据。这些资料主要包括:

①国家和上级部门有关编制成本计划的规定。

②项目经理部与企业签订的承包合同及企业下达的成本降低额、降低率和其他有关技术经济指标。

③有关成本预测、决策的资料。

④施工项目的标后预算。

⑤施工组织设计资料。

⑥施工项目使用的机械设备生产能力及其利用情况。

⑦施工项目的材料消耗、物资供应、劳动工资及劳动生产率等计划资料。

⑧计划期内的物资消耗定额、劳动工时定额、费用定额等资料。

⑨以往同类项目成本计划的实际执行情况及有关技术经济指标完成情况的分析资料。

⑩同行业同类项目的成本、定额、技术经济指标资料及增产节约的经验和有效措施。

⑪本企业的历史先进水平和当时的先进经验及采取的措施。

⑫国外同类项目的先进成本水平情况等资料。

此外,还应深入分析当前情况和未来的发展趋势,了解影响成本升降的各种有利和不利因素,研究如何克服不利因素和降低成本的具体措施,为编制成本计划提供丰富具体可靠的成本资料。

(2)分析上期成本计划的执行情况

在编制成本计划前,必须正确分析上期成本计划的完成情况,确定执行结果。分析成本升降的原因,弄清存在的问题,找出经验和教训,把已经取得的经验巩固下来,对存在的问题进行分析,找出产生问题的原因,并确定已采取的各种具体措施解决问题的结果,以充分挖掘和利用降低成本的潜力,保证成本计划建立在既先进又切实可靠的基础上。

(3)确定目标成本及目标成本降低额

在掌握了丰富的资料后加以整理分析,特别是在对上期成本计划完成情况进行分析的基础上,根据有关的设计、施工等计划,按照工程项目应投入的物资、材料、劳动力、机械、能源及各种设施等,结合计划期内各种因素的变化和准备采取的各种增产节约措施,进行反复测算、修订、平衡后,估算生产费用支出的总水平,进而提出全项目的成本计划控制指标,最终确定目标成本及目标成本降低额。

（4）编制成本计划草案

对于大、中型项目，经项目经理部批准下达成本计划指标后，各职能部门应充分发动群众进行认真的讨论，在总结上期成本计划完成情况的基础上，结合本期计划指标，找出完成本期计划的有利和不利因素，提出挖掘潜力、克服不利因素的具体措施，以保证计划任务的完成。为了使指标真正落实，各部门应尽可能将指标分解落实下达到各班组及个人，使得目标成本的降低额和降低率得到充分讨论、反馈与再修订，使成本计划既能够切合实际，又成为群众共同奋斗的目标。

各职能部门亦应认真讨论项目经理部下达的费用控制指标，拟定具体实施的技术经济措施方案，编制各部门的费用预算。

（5）综合平衡，编制正式的成本计划

在各职能部门上报了部门成本计划和费用预算后，项目经理部首先应结合各项技术经济措施，检查各计划和费用预算是否合理可行，并进行综合平衡，使各部门计划和费用预算之间相互协调、衔接；其次，要从全局出发，在保证企业下达的成本降低任务或本项目目标成本实现的情况下，以生产计划为中心，分析研究成本计划与生产计划、劳动工时计划、材料成本与物资供应计划、工资成本与工资基金计划、资金计划等的相互协调平衡。经反复讨论多次综合平衡，最后确定的成本计划指标，即可作为编制成本计划的依据，项目经理部将编制的成本计划上报企业有关部门审定后即可正式下达至各职能部门执行。

4.4 道桥工程项目成本计划编制方法

4.4.1 成本计划指标的测算方法

1）直接费测算

（1）直接计算法

直接计算法即根据有关定额、价格、标准和分配率计算确定某计算对象的项目成本和单位成本计划数。其计算的基本公式为：

$$单位工程资源计划成本 = 单位工程资源消耗定额 \times 资源计划价格 \qquad (4.56)$$

$$分项工程资源计划成本 = 单位工程资源消耗定额 \times 计划工程量 \times 资源计划价格 \qquad (4.57)$$

①人工费

人工费的计划成本，由项目经理部的劳资部门测算，按下式计算：

$$人工费的计划成本 = 计划用工量 \times 实际水平的工日单价 \qquad (4.58)$$

$$计划用工量 = \sum （分项工程量 \times 工日定额） \qquad (4.59)$$

工日定额可根据实际情况，根据项目的先进性水平适当调整。

②材料费

材料费的计划成本，由项目经理部的材料部门测算。施工消耗的材料主要有构成工程实体的材料和周转性材料两类。构成工程实体的材料计划用量一般取决于定额用量和图纸的设计工程量。

周转材料费的降低是降低施工成本的重要方面。周转材料费的确定有两种方法:一是按预算定额用量乘以适当的降低系数包干使用。降低系数可根据企业多年来的历史数据,或类似工程的经验数据确定;二是根据施工方案中的模板、脚手架方案确定计划用量,再根据计划使用期和租赁单价确定。即:

$$材料费的计划成本 = \sum(工程实体材料的计划用量 \times 材料实际价格) +$$
$$\sum 周转材料的使用量 \times 使用期 \times 租赁价格 \tag{4.60}$$

或

$$材料费的计划成本 = \sum(工程实体材料的定额用量 \times 分项工程量 \times 材料实际价格) +$$
$$\sum 周转材料的使用量 \times 使用期 \times 租赁价格 \tag{4.61}$$

③机械使用费

施工现场的机械使用包括自有机械和租赁机械两种形式,机械使用费的计划成本应分别测算。即:

$$租赁机械的计划成本 = \sum(施工机械计划使用台班数 \times 机械租赁费) + 机械施工用电费 \tag{4.62}$$

$$自有机械的计划成本 = \sum(施工机械的计划使用台班数 \times 规定的台班单价) \tag{4.63}$$

自有机械的台班单价包括在一个台班中应分摊的折旧费、大修费、日常维修费、辅助费、人工费、动力燃料费、养路费及车船使用税。折旧费按企业财务部门规定的机械设备折旧办法计算;机驾人员的工资按实际发放的月平均工资计算;动力燃料费按机械铭牌额定的油耗或经验油耗计算;材料单价按实际采购单价计算;大修费按企业规定计算,日常维修费按经验值计算。

④其他工程费

其他工程费的计划成本,由项目经理部的施工生产部门和材料部门共同测算。测算的内容包括:冬、雨季施工费,夜间施工增加费,生产工具用具使用费,检验试验费,工程定位复测,工程点交费,场地清理费等。公路工程中的水、电费及因场地狭小等特殊情况而发生的材料二次搬运等已包括在工程定额中,不再另计。

其他工程费的确定,应编制计划,列项测算。若列项测算有困难,也可以按现行施工图预算费用定额中的其他工程费,划分一定比例列入成本计划中。

(2)比例计算法

比例计算法,即根据相关成本项目的计划数和拟测算成本项目与相关成本(费用)项目之间的比例关系来计算。其计算基本公式为:

$$成本项目计划数 = 相关成本项目计划数 \times 占相关成本项目计划比例 \tag{4.64}$$

例如,其他工程费计划成本等于直接工程费计划成本乘以其他工程费占直接费比例。

(3)基础调整计算法

基础调整计算法,即根据计划指标的基期实际数,考虑计划期将会发生的变动程度,确定成本项目的计划数。其计算的基本公式为:

$$成本项目计划数 = 该项目成本基期实际数 \times (1 + 计划期该项成本升降的百分比)$$
$$\tag{4.65}$$

式中,基期实际数可以采用上年的实际耗用数。

2)成本降低指标的测算

在进行项目成本降低指标的测算时,既要从实际出发,实事求是,又要考虑项目所具有的潜力,以保证计划指标是建立在综合平衡和先进水平的基础上。

测算成本降低指标的方法主要有以下几种。

(1)系数测算法

系数测算法是以上年平均单位工程成本为基础,根据计划年度各主要技术指标的变动系数,测算项目成本的降低率和降低额。测算步骤如下:

①计算上年平均单位工程成本。

②测算各项主要因素的影响程度。影响成本变动的因素主要有工程量、材料消耗定额、材料价格、劳动生产率、间接费用(现场管理费)、废品损失等方面。测算的方法主要是计算由于计划年度各项技术组织措施的实现,使完成的工程量增加、材料定额降低、劳动生产率提高、废品减少等而形成的节约。

a. 由于材料消耗定额和材料价格变动而形成的节约。材料价格不变时,材料消耗定额降低,会使单位工程成本中材料费用的比例降低。因此测算材料消耗定额降低对单位成本的影响程度包括材料消耗定额降低率和材料费用占项目成本的比重。计算公式如下:

材料消耗定额降低影响成本降低率 = 材料消耗定额降低的百分比 × 材料费用占成本的百分比   (4.66)

当材料消耗定额不变,材料价格降低时,也会使项目成本中的材料费用相应减少。材料价格降低对单位工程成本的影响程度也包括材料价格降低率和材料费用占项目成本的比重。计算公式如下:

材料价格降低影响成本降低率 = 材料价格降低百分比 × 材料费用占成本的百分比

(4.67)

当材料价格降低,材料消耗定额也发生变动,使材料价格降低而形成的成本节约,应按下式计算:

材料消耗定额降低影响成本降低率 = 材料价格降低百分比 × (1 - 材料消耗定额降低百分比) × 材料费用成本百分比   (4.68)

如果材料消耗定额和材料价格同时变动,考虑它们对成本的综合影响时,应按下式计算:

材料消耗定额和材料价格变动影响成本降低率 = [1 - (1 - 材料消耗定额降低的百分比) × (1 - 材料价格降低的百分比)] × 材料费用占成本的百分比   (4.69)

b. 由于劳动生产率超过平均工资增长程度而形成的节约

$$劳动生产率提高影响成本降低率 = \left[1 - \left(\frac{1 + 平均工资增长百分比}{1 + 劳动生产率提高百分比} \right) \right] × 生产工人工资$$

占成本百分比   (4.70)

劳动生产率的提高,既可以表现为单位时间内所完成的工程数量增加,也可以表现为单位工程平均耗用劳动量即单位工程工时耗用定额的减少。由于工时定额减少超过平均工资增长而产生的节约可按下式计算:

劳动生产率提高影响成本降低率 = [1 - (1 - 工时定额降低百分比) × (1 + 平均工资增长

百分比)〕× 生产工人工资占成本百分比　　　　　　　　　　　　　　　(4.71)

c. 工程量增加超过现场管理费用增加而形成的节约。现场管理费中大部分属于固定费用,如现场管理人员的工资、办公费、差旅费等;也有一部分属于半变动费用,如低值易耗品、现场管理使用的交通工具的油料、燃料费等。由于固定费用一般不随工程量的增加而发生变动,当工程量增加时,单位工程所分摊的固定费用就会减少。半变动费用虽然随工程量的增加而增加,但是可以通过各项节约措施进行控制。由于工程量增加超过现场管理费用增加而影响成本的降低率按下式计算:

$$固定费用节约影响成本降低率 = \left[1 - \left(\frac{1}{1 + 工程量增加的百分比}\right)\right] × 固定费用占成本百$$
分比　　　　　　　　　　　　　　　　　　　　　　　　　　　　　(4.72)

$$半变动费用节约影响成本降低率 = \left[1 - \left(\frac{1 + 半变动费用增加的百分比}{1 + 工程量增加的百分比}\right)\right] × 半变动费用$$
占成本百分比　　　　　　　　　　　　　　　　　　　　　　　　　(4.73)

d. 由于废品损失减少而形成的节约。施工中发生的废品损失,意味着人力、物力和财力的浪费。废品的损失额要计入合格品的成本中,废品损失增加,合格品成本也就提高,反之则降低。计算公式如下:

废品损失减少影响成本降低率 = 废品损失减少百分比 × 废品损失占成本百分比　(4.74)

③综合各因素影响数,确定成本降低指标。用总降低率乘以按上年平均单位工程成本计算的总成本,即可求得计划期项目成本总降低额。如果要确定各成本项目的降低额,可以用各影响因素的降低率,分别乘以按上年平均单位工程成本计算的总成本。

通过测算,若降低率还不能达到预期水平,或者经过调查研究认为仍有潜力可挖,则可对有关施工单位提出进一步的要求,组织补充措施,修订消耗定额,然后再次测算,直至达到或超过预期降低成本的要求。

(2)项目测算法

系数测算法是以上年平均单位工程成本为基础,根据计划年度各项主要技术经济指标的变动系数来进行测算,人为因素较多,主观性比较大,工程成本的降低率与降低额容易脱离实际情况,并且缺乏群众基础,降低成本的任务不容易落实。相对而言,项目测算法更为科学并切合实际。

项目测算法是以上年单位工程成本为基础,依据计划年度降低成本措施中各项目的预计节约额,测算项目成本的降低额和降低率。

①测算计划年度节约额。项目测算法的首要环节是测算计划年度节约额,编制具体的节约成本措施方案。通常先由各施工单位根据管理部门下达的降低成本任务,制订切实可行的节约措施,上报管理部门。管理部门根据这些节约措施项目计划,编制汇总表,综合反映节约措施对各成本项目的影响程度。

各项节约措施节约额的确定,通常以上年实际(或预计)达到的成本水平为基础进行计算。

在预计各项节约措施对工程成本影响时,如果这些措施只引起成本中某些项目的变动,而另一些项目不变或变动不大,这时就可以计算那些变动较大的成本项目。这样虽然准确程度差些,但简化了测算,而且对降低成本的影响比较直观和明显。

②测算成本降低额和降低率。计算公式如下:

计划年度成本降低额=计划年度节约额　　　　　　　　　　　　　　　(4.75)

$$\text{计划年度成本降低率} = \frac{\text{计划年度成本降低率}}{\sum(\text{计划工程量} \times \text{上年平均单位工程成本})} \qquad (4.76)$$

③对比分析,进一步挖潜。将测算求得的工程成本降低率和预期要求达到的降低率相比较,如果达不到预期水平,则应进一步挖掘降低成本的潜力,以保证成本指标的先进性与可行性。

由于项目测算法计算的计划节约额是采取上下结合的方式,从各方面挖掘内部潜力,逐级进行综合平衡,使成本计划建立在坚实的群众基础上,能较好地获得广大计划执行者的支持。

另外,项目测算法使项目管理者可具体检查考核成本节约措施的执行情况,查明成本计划完成情况好坏的原因,分清责任,奖优罚劣,从而调动广大职工完成计划的主动性和积极性。

系数测算法和项目测算法可用于工程项目年度(季度)成本计划的编制。

【例4.8】某工程项目预测的计划成本降低率为6.63%。经初步分析研究,确定计划年度影响工程成本变动的各项因素有:

(1)计划年度完成工作量增长:2.7%

(2)生产工人劳动生产率提高:10%

(3)生产工人平均工资增长:8%

(4)材料消耗降低:6%

(5)机械使用费降低:8%

(6)其他工程费降低:5%

(7)施工管理费降低:11%

另外,该工程项目预算成本项目的比重为:

(1)人工费:11%

(2)材料费:66%

(3)机械使用费:6%

(4)其他工程费:4%

(5)施工管理费:13%

计划年度该工程预算成本为3 800万元,试分析是否满足降低成本目标。

解:(1)由于劳动生产率提高超过平均工资增长使成本降低

$$\text{成本降低率} = 0.11 \times \left(1 - \frac{1 + 0.08}{1 + 0.10}\right) = 0.2\%$$

成本降低额 = 3 800 × 0.002 = 7.6(万元)

(2)由于材料消耗降低使成本降低

成本降低率 = 0.66 × 0.06 = 3.96%

成本降低额 = 3 800 × 0.039 6 = 150.48(万元)

(3)由于机械使用费降低使成本降低

成本降低率 = 0.06 × 0.08 = 0.48%

成本降低额 = 3 800 × 0.004 8 = 18.24(万元)

(4)由于其他工程费降低而使成本降低

成本降低率 = 0.04 × 0.05 = 0.2%

成本降低额 = 3 800 × 0.002 = 7.6(万元)

（5）由于生产增长，管理费节约使成本降低

$$成本降低率 = 0.13 \times \left[1 - \frac{1 + (-0.11)}{1 + 0.027} \right] = 1.73\%$$

成本降低额 $= 3\ 800 \times 0.017\ 3 = 65.74$（万元）

总的成本降低率为 6.57%，已基本满足降低成本目标 6.63% 的要求，这时预计工程总成本降低额为 249.66 万元。根据上述预测可着手编制成本计划。

（3）目标成本法

目标成本是项目施工前确定的要在一定时期内经过努力所要实现的成本。一般情况下，工程项目的目标成本应是参考本企业同类工程成本资料，根据项目的合同、施工组织设计、标后预算，以及企业对项目的要求，减去税金、目标利润和降低成本的目标值后确定的。即：

$$项目的目标成本 = 项目的标后预算成本 - 目标成本降低额 \tag{4.77}$$

在市场经济环境中，工程项目的价格是由招投标决定的。为了保证获得一定的利润，企业就必须在降低成本方面挖掘潜力。目标成本是在价格、利润既定的情况下倒挤出来的，它的特点是根据工程量清单价格"保证利润，挤出成本"，与传统的"成本既定，算出利润"的方法比较，更符合市场经济发展的规律。

3）施工现场费用测算

（1）临时设施费

临时设施费是指施工企业为进行建筑安装工程施工所必需的生活和生产用的临时建筑物、构筑物和其他临时设施的费用等。临时设施包括临时宿舍、文化福利及公用房屋与构筑物、仓库、办公室、加工厂，工地范围内的各种临时的工作便道、人行便道，工地用水、用电的水管支线和电线支线，以及其他小型临时设施。

临时设施费用包括临时设施的搭建、维修、拆除费或摊销费。在测算时，根据工程规模、工期等要求和经审查批准的施工组织设计提供的临时设施设计图，由合同部门按设计图计算临建设施费列入现场经费。临时设施费发生在施工准备阶段，在施工过程中不需要再制订计划。

（2）现场管理费

现场管理费是指企业在现场为组织和管理工程施工所需的费用，包括现场管理人员的基本工资及附加、办公费、差旅交通费、固定资产使用费、工具用具使用费、水电费、通信费、招待费、工地转移费等。

①管理人员工资及奖金。根据企业项目管理有关规定，按工程项目的规模及项目管理要求，由人事部门确定项目经理部定员。由劳资部门按企业当前岗薪标准，确定月度人员的薪水规定，并按合同工期和项目竣工后的部分人员的结算时间的工资，计算项目管理工资支出总额。该工资总额是指项目经理部完成项目管理责任合同应发放的薪水，不包括项目经理部超额完成项目管理责任合同施工成本降低率后，根据合同计取的奖金。为了调动项目人员控制工资总额的积极性，应采取总额包干的方法，即实行增人不增资，减人不减资，鼓励项目控制人员开支和派生出来的其他开支费用。

②办公费和物料消耗。是指项目为直接组织施工生产而发生的采购办公用具和办公用品，以及所发生的通信费、文具和其他的费用。一般按工程规模的不同基数和人均标准执行。这类费用有些可以采取半固定成本的方法计算，也可以按人头和施工时间进行计算。

③交通费。指工地与公司之间的交通费及办理与工程有关的事宜所需的交通费,一般按工程的规模、地点及项目人数确定。项目配备行政用车的,按每天规定的行驶路程标准开支相关费用,应制定相应的办法控制修理费开支。

④探亲差旅费。按项目定岗定员以及企业的有关规定计算。

⑤固定资产及工具用具使用费。按企业有关固定资产、工具用具使用管理办法的规定计算。

⑥水电、通信费。按企业和项目有关规定计算。

⑦业务招待费。按工程规模和特点按月包干使用。先测定一个基数,再按项目规模和相应的标准,计算招待费。

⑧工地转移费。按实际发生摊销。

4.4.2 成本计划的编制方法

(1)固定预算法

固定预算法,也称静态预算,它是指在目标成本控制下,根据项目计划期内可以实现的目标编制成本计划的方法。即根据项目的工期和施工组织计划,采用上述方法分别计算出成本指标和费用项目的预算数,进而汇总编制出全部成本计划。

(2)弹性预算法

弹性预算法,也称变动预算法,是与固定预算法相对而言的一种方法。它是按照可以预见的不同施工生产水平分别确定相应成本水平的成本计划编制方法。采用这一方法,成本计划可随着施工变动水平的不同作相应的调整、改变,具有伸缩弹性,因而称为弹性预算法。弹性预算法的主要步骤如下:

①选择和确定施工生产水平的计量单位和数量界限。通常成本计算对象单一时可以选用工程量,成本计算对象种类多时,则可选用生产工时。

②确定不同情况下施工生产水平的范围,这个范围是指弹性预算所适用的业务量区间,通常以正常生产能力的70%~110%为宜。

③根据成本和业务量之间的依存关系,分别确定变动成本、固定成本和混合成本及其具体费用项目在不同施工生产水平范围内的控制数额。随业务量大小成正比例变动的费用为变动费用,如机物料消耗、修理费等;不随业务量而变化的费用为固定费用,如办公费、折旧费等;还有一些费用项目部分随业务量变化、部分不变化,称为混合费用。

④将上述计算出的项目加以汇总,编成弹性预算。

(3)滚动预算法

滚动预算法,也称连续预算法,是为克服传统定期的固定成本计划的不足而产生的。其主要思路是生产活动是连续不断的,而且也不是固定不变的,因此,在编制预算后,可以随着时间及执行情况对未来预算期的预算进行调整,逐期往后滚动,向前延伸。实际工作中,可以采用按季滚动的方法,第一季度按月编制详细的成本计划,后三季度则粗略编制,等第一季度过后,根据实际执行情况随时调整第二季度的成本计划,使之具体化,依次类推。这种方法还能与会计分期假设前提下的会计核算相配合。

（4）概率预算法

在编制成本计划过程中,涉及许多因素,如材料单价、消耗定额等,这些因素由于项目内部和外部经济条件的不断变化,常常表现出若干种变化趋势,而不是完全确定的。在因素不确定的情况下,编制成计划,就需要采用概率预算法。

概率预算法是概率论原理与预算的结合运用,其实质是一种修正的弹性预算,即将每一项可能发生的概率结合应用到弹性预算的编制中,其编制步骤如下:

①估计因素的可能值及其概率。

②分别计算各种可能组合因素的分项工程成本及联合概率。

③以联合概率为权重,分别计算各种可能的期望值。

④计算分项工程的综合期望值,综合期望值等于各种可能的期望值之和。

由于概率预算法考虑到所有因素变动的各种可能组合,因此成本计划更为符合实际,但计算比较复杂,概率的测算也比较困难。

4.4.3　道桥工程项目成本计划表

施工项目成本计划表通常由项目成本计划总表、降低成本技术组织措施计划表、降低项目成本计划表及现场管理费用计划表等组成。

（1）项目成本计划总表

工程成本计划是综合反映计划期内建筑安装工程的预算成本、计划成本、计划降低额和计划降低率的计划。它是以计划期内承包的全部施工工程或单位工程为对象,在工程预算成本的基础上,计算确定计划成本及计划成本节约额进行编制的。见表 4.13 所列。

表 4.13　项目成本计划表　　　　　　单位:万元

项目	预算成本	计划成本	计划降低额	计划降低率(%)
按成本项目分				
人工费	1 480	1 428	52	3.51
材料费	8 760	8 370	390	4.45
机械费	1 250	1 125	125	10
其他工程费	350	343	7	2
直接费小计	11 840	11 266	574	4.85
间接费	1 184	1 066	118	10
工程成本合计	13 024	12 332	692	5.31
按主要工程分				
路面工程	1 220	1 159	61	5
路基工程	784	744	40	5.1
桥梁、涵洞	2 050	1 927	123	6
…	…	…	…	…
…	…	…	…	…

（2）降低成本技术组织措施计划表

降低成本措施计划是工程成本计划表的附表。它是财会部门会同技术、施工管理等有关部门按照降低成本的预期目标及提出的具体降低成本措施进行编制的,有具体的节约项目、计算方法、责任部门和执行人,便于执行和检查。本表(表4.14)包括以下两个部分:

①技术措施,是指在保证工程质量的前提下,从改进工艺技术手段,节约工料机械费等措施。一般包括行之有效的技术措施及推广应用新结构、新材料、新机具、新工艺等开拓降低成本新领域等措施。

②管理措施,是指改善现场施工、劳动力组织管理的降低成本措施。如缩短工期、节约固定成本;改善操作条件,减少操作损耗;改善平面布置,减少材料二次搬运,合理使用机械,减少停机损失;加强劳动力的组织调配,减少停窝工损失等。

表4.14　降低成本措施计划　　　　　　　单位:万元

措施项目	内容	工程量		计算方法	费用						责任单位或执行人
		单位	数量		合计	人工费	材料费	机械费	其他工程费	间接费	

（3）现场管理费用计划表

现场管理费用计划表是指项目经理部为组织和管理项目施工的费用计划表。它由管理费用会计科目中的细项组成,反映现场管理中预算收入、计划成本、计划降低数额(见表4.15)。

表4.15　间接费用计划表

工程名称:　　　　　　　　　　　　　　　　单位:
项目经理:　　　　　　　　　　　　　　　　日期:

项目	预算收入	计划成本	计划降低额
工作人员工资			
辅助工资			
工资附加费			
办公费			
差旅交通费			
固定资产使用费			
工具用具使用费			
劳动保护费			
检验实验费			
财产保险费			
取暖、水电费			

项目	预算收入	计划成本	计划降低额
排污费 其他			
合计			

本章小结

　　本章主要介绍了道桥工程项目成本预测的种类及要求;道桥工程项目成本预测基本步骤;道桥工程项目成本预测方法;道桥工程项目成本预测与成本计划的联系和区别;施工项目成本计划的编制原则及步骤;道桥工程项目成本计划编制方法。

课后习题

　　1. 根据成本预测贯穿于项目中的不同顺序分类,施工项目成本预测可分为哪几种?

　　2. 施工项目成本预测的要求是什么?

　　3. 成本预测基本步骤准备阶段的工作内容是什么?

　　4. 成本测算时人工费测算内容是什么?

　　5. 成本测算时材料费测算内容是什么?

　　6. 成本测算时机械使用费测算内容是什么?

第5章
道桥工程项目成本控制

本章导读
基本要求：了解道桥工程项目成本控制的意义；熟悉道桥工程项目成本预测基本步骤；掌握道桥工程项目成本预测方法；了解道桥工程项目成本预测与成本计划的联系和区别；熟悉施工项目成本计划的编制原则及步骤；掌握道桥工程项目成本计划编制方法。
重点：道桥工程项目成本预测方法；道桥工程项目成本计划的编制步骤；道桥工程项目成本计划编制方法。
难点：道桥工程项目成本计划编制方法。

5.1 道桥工程项目成本控制概述

施工项目成本控制是指在项目施工成本的形成过程中,按照事先制订的成本标准对工程施工中所消耗的各种资源和费用开支,进行严格的监督、调节和限制,使生产成本控制在成本计划范围之内。施工项目成本控制是一种动态的控制,在项目的实际进程中需要随着施工的进展及外部环境的变化,不断调整控制方案,在达到预期的工程功能和工期要求的同时优化成本开支,将总成本控制在计划范围内。它是项目成本管理的基础、核心和关键。

5.1.1 道桥工程项目成本控制意义

在市场经济中,施工项目成本控制不仅在整个项目管理中,而且在整个企业管理中都有着重要的地位,人们追求企业和项目的经济效益,通常通过收益的最大化和成本的最小化来实现。因此,全面加强成本控制,可以使企业提高经济效益,同时也可以节约大量的建设资金,这对于我国社会主义经济建设具有重大的意义。

（1）项目成本控制是达到降低成本目标的有力保障

项目成本控制是按照事先确定的项目成本计划以及成本降低目标，通过运用多种方法，对项目实施过程中所消耗的成本费用的使用过程情况进行管理控制。如果没有严格的成本控制工作，再完善的成本计划，再科学合理的成本降低目标，都不能很好贯彻执行和实现。

（2）项目成本控制是监督、管理项目成本变更的有力工具

项目成本控制主要目的是对造成实际成本与成本计划发生偏差的因素施加影响，对已经发生和正在发生偏差的各项成本进行管理，其实质也就是对成本变更的监督和管理。项目的成本控制主要包括监视成本执行以寻找与计划的偏差，确保所有有关变更被准确地纳入成本预算计划中，防止恶意、未核准的变更纳入成本预算计划中，以保证项目的顺利进行。

（3）项目成本控制是提高企业经济效益和社会效益的主要途径

质量、成本、进度是施工项目三大约束性目标。其中成本管理的好坏，不仅影响一个项目能否成功，而且对整个企业甚至建筑行业来说也是成败的关键。企业要在竞争激烈的市场中生存，低成本应是一个严格的要求。通过成本控制工作可以实现，以低于同行业平均成本水平生产出符合合同要求、业主满意的产品，同时也为以后的项目竞标奠定基础。对政府还贷公路项目而言，通过成本控制工作，项目以低成本完成。这样一方面可以为国家节省资金、节约能源，另一方面还贷项目比计划的早日还清贷款，减轻了道路使用者的负担，提高了道路的社会效益。

（4）项目成本控制可以增强项目管理人员的责任意识

成本控制工作就是运用各种方法，保证项目的实际运行成本按照计划成本的要求进行。实行项目管理人员的责任制，使项目各级管理人员，围绕着项目的质量、工期、成本，形成以责任为约束、以权力为保障、以利益为引导的理念，增强项目各级管理人员的责任意识。通过对比成本计划与成本降低目标实现的情况，可以定量地检验项目各级管理人员成本控制工作的优劣，无形中对项目管理人员存在督促作用。

（5）项目成本控制可以为企业积累成本管理经验，指导今后投标报价工作

成本控制工作是成本管理工作的关键与核心。通过对项目成本工作资料的整理、分析，可以了解成本控制工作在降低成本目标中发挥的作用，以及发挥了多大的作用，这样便于指导以后项目的投标报价工作。在施工项目日常运营阶段，可以借鉴历史上成本控制的经验，指导成本管理工作，减少工作的盲目性，大大提高项目运作成功的几率。

5.1.2　道桥工程项目成本控制分类

为了更好地对施工项目成本进行控制，需要从不同的方面对施工项目成本控制进行分类。一般而言，可以从成本控制过程和成本习性两个方面进行分类。

1）按成本控制过程分类

按照成本发生和形成时间的先后次序进行控制，分为前馈（事前）控制、防护性（事中）控制和反馈（事后）控制 3 个阶段。

（1）前馈控制

前馈控制又称事前控制，是根据控制对象的期望值来实施的事前控制。前馈控制要预先估

计或假设各种因素对控制对象可能施加的影响,以及受控部分的未来行为。这种估计或假设的可靠性、详细程度及其与实际情况的吻合程度,对前馈控制的有效性起着决定性的作用。

成本的前馈控制通常是指通过成本预测和决策,编制成本计划,提出降低成本措施以及形成的降低成本目标。

(2)防护性控制

防护性控制又称事中控制,是在成本形成过程中建立成本约束机制和从制度上加强管理,预防偏差和浪费的发生来实施的事中控制。其主要任务为:

①在企业内部建立以成本中心为主的责任成本制,将成本控制的指标和任务落实到有关部门和个人。

②建立和健全成本管理制度,如生产消耗定额、成本开支范围、费用开支标准和摊销办法等,对成本起到有效的约束和控制作用。

③加强管理人员职业教育和业务培训,提高管理人员从业素质,发挥遵守各项规章制度和加强成本控制的自觉性和积极性,随时纠正偏差和防止浪费的发生,起到防微杜渐,有效地控制成本的作用。

④着重抓好班组成本中心的核算,结合他们的生产任务,开展"一时一事一分析",及时对各单项成本开支进行有效控制,使成本控制建立在坚实的基础上。

(3)反馈控制

反馈控制又称事后分析,是指根据受控对象实际值与期望值进行比较,分析造成偏差的原因,确定采取何种改进措施的事后控制。反馈控制是在工程(产品)形成后的综合分析与考核,目的是对实际成本与标准(计划)成本的偏差进行分析,查明差异形成的原因,确定责任归属和业绩考评,并制订降低成本的改进措施加以反馈。对于综合性成本支出,如有关标准(计划)本身的不先进、不合理,施工(生产)操作过程中某些工料浪费等,在事前和事中两个阶段中,都是难以控制的,都有待于事后分析加以改进。因此,大量的成本控制工作必须通过事后反馈控制来完成。

由于反馈控制事后分析的特点,它还比较适用于工程(产品)在使用过程中的成本控制,如对工程返修费用、工程(产品)寿命周期成本进行反馈控制等。

成本控制三阶段有一定的先后次序,但又不是截然分开的,它们都具有前后呼应、相互提供成本控制信息的反馈作用。如前馈控制无疑对后两个阶段产生影响;而事中控制则会反馈到前馈决策部门和事后的分析;事后分析又不断反馈到前馈和事中,影响前馈的决策和事中的防护。它们彼此之间提供的成本控制信息对每一阶段成本控制所产生的积极影响,形成了交叉递进的成本控制势态,使成本控制更为有效。

2)按成本习性分类

一般情况下,在工程项目成本的实际控制中,按成本习性有以下几种分类。

(1)直接成本和间接成本控制

这是从划分成本的主要方面和次要方面进行的成本控制。

①直接成本

直接成本是指直接用于建筑安装施工,计入成本计算对象的费用,包括人工费、材料费、机械使用费和其他直接成本费等。影响直接成本的因素包括人工、材料、机械设备的消耗定额和单价两个方面,因此控制工作也需要从这两方面入手。其他直接成本费用包括冬、雨、夜等施工增加费,生产工具用具使用费,检验试验费,工程定位复测费,工程点交费和场地清理费等,这些费用对于不同的工程,其发生的实际费用不同。

②间接成本

间接成本是指不能直接列入建筑安装施工成本,一般按一定标准或比例分摊到工程项目中去的费用。间接成本主要是项目经理部为组织和管理施工生产活动所发生的费用,包括施工现场搭设的临时设施,现场管理人员的工资、奖金,职工福利费和劳动保护费等。这部分费用和其他工程费用一样,不同工程之间也会有不同。如工程规模不同,施工项目上管理人员人数也不同,其管理人员工资、奖金,以及职工福利费等也都有差别。

(2)变动成本和固定成本控制

这是从成本与工程量的变动关系上进行的成本控制。

①固定成本

固定成本是指与建筑安装施工工程量大小无关的费用支出。如管理人员的工资、固定资产折旧费及摊销费、生产工人的辅助工资、办公费等。由于与建筑安装施工工程量大小无关,因此,控制固定成本的方法必须从增产节支着手,比如增加生产,降低相对固定成本,获得因增产而增加的增量收益;采取节支措施,控制一定时期的费用总额,或制订相应的费率来降低绝对固定成本。

②变动成本

变动成本与固定成本相反,是指成本费用中随着工程数量的变化而按一定比例变动的那部分成本。如材料费、人工费、计件工资及福利费、直接生产用动力、燃料及辅助材料费、现场施工机械维修费等。可变成本显著的特点是其成本总额与产品的增加或降低成比例地变化。但对单位产品而言,这部分成本则与产量多少无关,是固定的。因此,变动成本控制必须从内因着手,采用直接成本控制的方法,从降低它的消耗定额入手,才能使变动成本得到有效控制。

此外,还有一种半变动成本,它是介于固定成本与变动成本之间的一种生产费用,可按一定比例划归固定成本与变动成本之内。如机械使用费中的燃料动力费,划归变动成本。而机械折旧费、大修理费、操作工的工资等划归固定成本。另外对机械的场外运输费、机械组装拆卸、替换配件、润滑擦拭、日常修理费等,可按一定比例分摊到固定与变动成本之中。

3)可控成本和不可控成本控制

可控成本与不可控成本是以费用的发生能否为特定管理层所控制来划分的成本。可控成本是指考核对象对成本的发生能予以控制的成本,即在一个既定时期内,某个单位(或个人)能直接加以控制的成本。由于可控成本对各责任中心来说是可控制的,因而必须对其负责。一般包括材料费、燃料费、动力费、生产人员工资等。

不可控成本是指考核对象对成本的发生不能予以控制的成本,因而也不予负责的成本。一般包括职工福利基金、固定资产折旧费等。

可控成本与不可控成本区分的意义,主要在于确定责任和衡量效率。在区分这两种成本时,时间是一个重要的因素。因为,在一个足够长的时期里,某些组织层次上的所有成本都是可控的。

一般而言,可控成本与不可控成本都是相对的,而不是绝对的。对于一个部门来说是可控的,对另一部门来说可能是不可控的。但从整个企业来考察,所发生的一切费用都是可控的,只是这种可控性需要分解落实到确切的部门,这样才能调动各责任中心的积极性。

5.1.3 道桥工程项目成本控制的原则

由于施工项目成本控制是一次性行为,它随着项目建设的完成而结束其历史使命。在施工期间,项目成本能否降低,有无经济效益,得失在此一举,别无回旋余地,存在很大的风险性。为了确保该项目不亏损,成本控制不仅必要,而且是必须要做好的。但企业对施工项目成本的控制,必须遵循一定的原则,才能充分发挥成本控制的作用,否则便会出现乱控乱卡的情况,不仅不能控制成本,获得好的收益,而且会造成工作上的混乱,影响职工的劳动积极性。

1)开源与节流相结合的原则

降低项目成本,一方面需要增加收入,另一方面需要节约支出。因此,在成本控制中,也应该坚持开源与节流相结合的原则。要求做到每发生一笔金额较大的成本费用,都要查一查有无与其相对应的预算收入,是否支大于收,在经常性的分部分项工程成本核算和月度成本核算中,也要进行实际成本与预算收入的对比分析,以便从中探索成本节超的原因,纠正项目成本的不利偏差,提高项目成本的控制水平,降低项目的成本。

2)全面性原则

项目成本控制的全面性原则按照所涉及的影响因素不同,可分为全过程成本控制、全员成本控制、全方位成本控制。

(1)全过程成本控制

项目成本控制工作贯穿于项目每一个阶段,也贯穿于每个分部、分项工程的各个阶段。全过程控制要求从项目的施工准备、工程施工到竣工验收移交的各个阶段,根据成本的习性进行成本控制。同时根据施工阶段的不同,保证成本控制工作在不同施工阶段的衔接、控制方法的转变以及控制成果的及时总结。

(2)全员成本控制

成本控制工作涉及参与项目的每一个员工,因此要做好成本控制工作,就要增强每位员工的成本意识,调动员工控制成本的积极性,营造员工积极参与成本控制工作的氛围。形成人人参加成本控制活动,个个有成本控制指标,将成本控制工作渗透到全体员工日常经营活动中。通过上下结合、专群结合的方式才能有效降低成本,促进成本降低目标的实现。

(3)全方位成本控制

项目成本是一项综合性价值体系,它既受到生产经营活动中众多复杂、相互制约技术经济因素的影响,同时也涉及项目管理工作的方方面面。因此,项目成本控制工作,要考虑影响项目成本形成的项目内部因素,如内部资源条件、企业战略、市场定位以及外部环境条件,国家行业政策、经济发展条件等。同时成本控制还要考虑国家、集体、个人利益的权衡与分配,统筹兼顾眼前利益与长远利益,这就要求成本控制工作要具有全局性、战略性。

3）及时性原则

项目的成本是在生产经营过程中形成的,这一过程受多方面因素影响,总是处于不断变化中,并且变化的规律难以把握。这也是造成项目实际消耗与计划成本之间差异的主要原因。为了保证成本控制的时效性,及时指导项目各方面的工作,必须运用一定方法及时揭示项目运行过程中的成本差异,及时采取合理措施把成本差异引起的不良后果限制在最小的范围内。

4）节约原则

节约是提高企业经济效益的核心,是建设社会主义和谐社会的基本要求,是实现我国经济增长方式由粗放型到集约型转变的有效途径。同时提倡节约也要防止企业陷入偷工减料、粗制滥造的误区。节约不能消极控制,要依据项目的内部条件与外部环境,充分认识到事前控制的重要性,积极创造条件,在技术、管理上寻找突破口,保证项目正常运转情况下实现节约目标。

5）目标管理原则

目标管理是一种贯彻执行项目成本计划的方法,首先企业制订切合实际的成本控制目标,把它作为项目各种技术经济活动的依据。然后根据统一领导和分级归口管理的原则,将目标层层落实到项目的各层次中去。目标管理的内容有目标的设立和分解、检查目标执行情况、修正和评价目标。项目的目标管理使项目的各项技术经济活动有了指导和准绳,促进项目成本降低目标的实现,提高企业经济效益。

6）例外管理原则

例外管理是西方国家现代管理的常用方法,它是相对于规范管理而言的。在项目的运行过程中的许多活动是例行的,但对不经常出现的称之为例外问题。例外问题一般会带来打破成本计划,影响项目正常运转等问题。因此,在项目成本控制工作中,首先管理好可控成本、计划成本,在此基础上集中精力处理例外问题带来的影响。同时由于例外问题的多样性、偶然性,又很少有历史资料作参考,这对管理人员发现问题、分析问题、解决问题的能力提出了考验。

7）责、权、利相结合原则

在项目的生产经营过程中,项目的各级管理人员,拥有一定范围的采取管理措施的权力。如对一定数额资金的审批权,施工机械、人员的调动等。拥有权力的同时,也要承担因管理不力而造成损失的责任。充分认识激励机制在成本控制工作中的作用,定期进行业绩考评,实现考评同个人利益的挂钩。责、权、利相结合能充分调动各层员工的生产积极性,增强工作的责任感,慎重地使用拥有的权力,有利于成本控制工作的健康运行。

5.2　道桥工程项目成本控制的组织与实施

5.2.1　道桥工程项目成本控制的流程

施工项目成本控制流程是指在施工过程中,项目经理部通过有效的管理活动,对所发生的各种要素消耗、成本信息,有组织、有系统地进行预测、计划、控制、核算和分析等一系列工作,使工程项目施工过程中的各种要素按照一定的目标运行,最终将施工项目的实际成本控制在预定的目标范围内。根据施工项目成本控制的要求和特点,其控制内容和流程如下:

(1)成本标准的制定

成本控制标准是衡量成本应该控制在事先规定的范围之内的一种尺度。生产消耗定额、限额以及预算、计划等都可以成为成本控制的标准。为了有效地控制成本,应以达到平均先进水平的各种生产消耗定额作为成本标准,如产量定额、工日定额、材料与机具耗用定额等,然后将其纳入成本计划,这样才能随成本的形成过程进行控制。

(2)成本监督

成本监督是通过成本核算和定期考核进行的,可以分别从以下两个方面进行监督:

①按部门或单位总体监督,也就是按各责任单位分别设立核算台账。定期对整个部门或单位的成本目标完成情况进行监督和考核,并予以奖惩。

②生产者个人监督。生产现场的操作者是现场成本控制者,他们在生产过程中直接使用各种资源,随时控制费用的发生。因此,每个人都要负起控制成本责任,自我监督。生产者要按规定清点完工数量、剩余数量、投入数量,填写消耗的材料、工时等记录,并与目标成本比较,发现问题,寻找原因,加以纠正。

(3)成本差异分析

将实际成本和标准成本(计划成本)进行比较,分析发生成本差异的因素及其原因,称为成本差异分析。成本差异分析有助于揭示差异中的有利因素和不利因素及其发生的原因,肯定节约成绩,确定成本超支的责任归属,及时研究成本超支的原因。可以围绕产品单位成本项目及影响因素进行以下分析:

①成本项目构成分析。成本项目构成分析是通过研究各成本项目在单位成本中的比例关系,以便抓住重大的项目或比例变化不当的项目进行分析。分析时要同原定的比例比较,研究它的变化。

②材料项目分析。主要是分析某种具体主要原材料成本受材料的消耗量和价格的影响。不同差异的责任单位是不同的,数量变化由生产单位负责,价格变化由供应部门负责。

③工资项目分析。这是指对直接工资的分析,它受单位工时消耗和小时平均工资两个因素的影响。

④间接费用项目分析。间接费用是现场组织施工生产和管理发生的费用,这需要从施工现场管理等方面分部门进行分析。

通过差异分析,进一步找出差异原因,采取措施,加以调控,同时总结行之有效的降低成本经验,开拓降低成本的新渠道。

(4)差异的控制,采取纠偏的措施

对于经过计算并分析的各项成本费用的差异,可以根据具体情况采取措施进行控制。通常来讲,要做到没有差异是不可能的,各项成本费用的发生都会产生或多或少的差异。如果仅以标准成本进行点控制往往难以奏效,而是应当采用区域控制的方法。即根据以往的历史资料和项目的具体情况,确定各类差异的正常控制范围。当实际成本在标准成本的一定范围内上下随机地波动,这类差异可视作正常的差异,一般不需要采取特别的控制措施。而当实际成本突破了这一控制范围,或虽在范围之内但却呈现出单方向的非随机变动趋势,则就表明需要查明原因,采取一定的控制措施予以纠正。

这种区域控制的实施,对变动成本来讲,应按单位产品成本进行监控;对于固定成本来讲,则应按其发生总额进行监控,并分别对不同的成本项目,甚至是明细账项目进行控制,这样才有利于及时地进行干预控制。

5.2.2　道桥工程项目标准成本的测算

根据施工项目各项投入要素的定额消耗量和相关单价,以及考虑其他因素后确定的完成本项目预计的各项开支,称为项目标准成本。项目标准成本的测算,就是施工企业在目前的管理模式、采购模式和项目管理模式基础上,确定的完成项目所预计要发生的全部开支。它是以企业成本标准定额为基准,计算消耗量,同时按一定方法,分离出报价中企业项目标准成本所预计的支出和项目毛利、税金等确定的成本标准。在进行分项计算中,要特别注意报价中的子目、收费项目的内容和系数调整,同时也要注意计算和核实投标的漏项、漏价问题,以保证项目标准成本的测算准确。

1)标准成本测算的依据

（1）企业标准成本定额

它是对每个工程项目依据各子项的定额标准进行测算和汇总,从而测算出该项目的标准成本。一般分为以下三类:

①项目施工费用性定额。它直接应用于管理项目或者为完成业主合同所发生的费用,包括现场管理费、临时设施、质量成本、安全成本以及其他费用等。一般情况下,企业根据费用的不同、定额包含的内容和方法的不同以及施工工程、地区、类型的不同,可以按照单位造价和指标来确定一个合理的定额标准。

②施工措施定额。它主要指机械设备和周转材料等投入的定额,企业首先要将施工组织设计和施工方案标准化,否则定额编制不出来。一般而言,机械设备和周转材料项目比较多,不同的设备、材料考虑的因素不同。

③直接成本定额。它主要是人工和材料部分,主要是根据单位工程用量进行分析的。

在实际过程中,企业标准定额制定的主要困难是工作量大,同时由于新材料、新技术不断出现,使企业的定额编制工作总是滞后,影响企业标准定额的权威和及时性。这里还要重点强调人工、材料单价问题,在标准成本的制定中一般以投标报价中的标准单价为宜。

（2）项目报价底稿和工程中标书

项目报价底稿是进行标准成本测算的一个重要依据,主要是单价和工程量部分。因此,工程报价部门要及时将报价相关底稿交给标准成本测算部门,提供报价中的合同工程量、合同单价、措施费、企业成本管理收入、税金和其他收入等计算过程。

（3）与业主签订的合同和分包采购合同

总价合同和分包采购合同是测算项目成本单价和工程量的重要组成部分,除此之外,还把合同条款作为标准成本测算的一个依据。

（4）标准成本测算办法

它主要包括标准成本定额内容、标准成本测算程序、方法、原则和工作分工等。一般每个企业都有自己的一套办法,它主要用来指导制订标准成本。

(5)施工组织设计和施工方案

通过施工组织的设计和施工方案,可以测算出相应的人工、材料、机械等的投入,因此可以将其作为测定标准成本的一个重要依据。

(6)项目成本管理办法

它是企业成本管理的法律文件,一般包括成本管理的分工、岗位责任制、组织体系、制度保证、业务流程和考核办法等。因此,标准成本测算时经常以它为参照。

2)标准成本测算的方法

根据工程成本的构成,施工项目标准成本的测算一般包括人工费、材料费、机械费、其他工程费和现场管理费等几部分。

①人工费的测定。目前有日工报价法和包含在某部分的单价中,前者按定额工日乘以单价,后者利用投标工作底稿将每项施工的单位用工或单位用工单价结合清单工程量进行计算,经过汇总得出人工费的标准成本支出预计。

②材料费的测定。材料费包括工程实体材料费和有助于工程实体形成的水电、焊接、周转工程费。材料费的分析主要是通过对每个项目子项进行分析,然后计算出每项单位耗材量和预算单价。

主要材料费的计算主要考虑标准消耗量和材料单价问题。对于标准消耗量,应以企业消耗定额为标准,同时根据本工程的实际施工方案来确定所需要的各种材料消耗和料具费支出,即:

$$标准用量 = 实际工程量 \times 单位材料消耗量 \tag{5.1}$$

对于材料单价问题,一般分大宗材料(如钢材、水泥、木材和砖、石、砂、灰等)、周转材料(如模板、脚手架等)和其他小型材料来考虑。对于大宗材料和周转材料,一般采用企业集中采购的供应单价进行结算,实际单价与供应单价的差额问题,一般归为本项目的非责任成本开支;对于小型材料采购中的差价,由于量小品种多,一般作为不可预见费包干给项目控制。在实际计算中,按以下公式进行计算:

$$大宗材料标准成本 = 材料单价 \times 定额消耗量 \tag{5.2}$$
$$其他及零星材料标准成本 = 市场目前单价 \times 定额消耗量 + 不可预见费用 \tag{5.3}$$
$$周转料具标准成本 = 租用量 \times 内部租用单价 \tag{5.4}$$
$$材料总标准成本 = 大宗材料标准成本 + 其他及零星材料标准成本 + 周转料具标准成本 \tag{5.5}$$

③机械费的测定

机械费包括定额机械费和大型机械费组成。定额机械费一般是指中小型机械费,如搅拌机、振动器、木工圆锯等。一般施工企业不容易测定而且数额不大,可根据实际工程量和租赁机械台班计算。

大型机械费主要包括使用费及其安装、拆除、运输、基础制作等。该项费用应根据施工组织设计或施工方案中要求配备的数量,结合工程结构特点和工期要求,综合分析后确定。大型机械设备使用费等于机械设备台班单价乘以使用台班数。

另外,在进行标准成本测定时,经常也要有一部分不可预见费,这部分费用主要根据标准成本要求测算的精度而定,精度越高,不可预见费越低。

④其他工程费的测定。对于这部分费用的测定一般是以实际发生为原则,如果测算有困难,也可按预算费用定额中的费率标准计算。

⑤现场管理费的测定。一般包括现场管理人员工资及奖金、业务招待费、办公费、交通费等。可以列出费用清单,根据项目实际情况和企业的有关规定分项测算。

⑥专业分包成本测定。一般包括两部分组成:一是业主在招标中指定并落实分包价格的部分,一般不能调整;二是企业分包的部分,按与分包商谈判的结果决定专业分包成本。

5.2.3　道桥工程项目成本差异分析

1)成本差异及构成

成本比较的结果总会显示出计划值与实际值之间存在差异,在成本控制中把这种差异称为成本偏差,在特定的情况下可简称为偏差。为了对成本偏差进行全面、客观的分析,涉及一些关于偏差的概念,需要加以明确地定义。

(1)成本参数和偏差变量

由于偏差是成本比较的结果,因而某一偏差的出现必然同时与两个成本变量有关。在成本分析中,一般涉及3个与成本有关的参数:拟完工程计划成本、已完工程计划成本、已完工程实际成本。

相应地,就有3种成本偏差变量,即:

$$成本偏差1=已完工程实际成本-拟完工程计划成本$$
$$成本偏差2=已完工程实际成本-已完工程计划成本$$
$$成本偏差3=已完工程计划成本-拟完工程计划成本$$

所谓拟完工程计划成本,是指根据计划安排在某一确定时间内所应完成的工程数量的计划成本,即拟完工程量与计划单价的乘积。故成本偏差1包含了实际完成工程数量与计划完成工程数量以及实际单价与计划单价两方面的偏差。已完工程计划成本,是指按照计划单价计算的实际完成工程数量的成本。因而成本偏差2只包含实际单价与计划单价的偏差,成本偏差3则只包含实际完成工程数量与计划完成工程数量的偏差,反映的是进度的偏差。由于实际的工程进度不可能完全按计划进度实现,因而从成本比较的要求来看,前两类成本偏差是分析的重点。

(2)局部偏差和累计偏差

所谓局部偏差,有两层含义:一是相对于总项目的工程成本偏差而言,指单位工程或分部分项工程的偏差;二是相对于项目已经实施的时间而言,指每一控制周期所发生的工程成本偏差。

与局部偏差相对应的偏差称为累计偏差,即在项目已经实施的时间内累计发生的偏差。累计偏差是一个动态的概念,其数值总是与具体的时间联系在一起的,第一个累计偏差在数值上等于局部偏差,最终的累计偏差就是整个项目成本的偏差。在大多数情况下,局部偏差和累计偏差的符号相同,但也有可能相反。

在进行成本偏差分析时,对局部偏差和累计偏差都要进行分析。在每一控制周期内,局部偏差发生所在的工程内容及其原因一般都比较明确,分析结果也就比较可靠。而累计偏差所涉及的工程内容较多、范围较大,原因也较复杂,因而累计偏差分析必须以局部偏差分析为基础。

否则,累计偏差分析的结果就会流于空泛而缺乏可靠性。从这个意义上讲,局部偏差分析比累计偏差分析更为重要。从另一方面来看,累计偏差分析并不是局部偏差分析的简单汇总,而需要对局部偏差分析的结果进行综合分析,其结果更能显示出代表性、规律性,对成本控制工作在较大范围内具有指导作用。

另外,在某种特殊情况下,有些成本可能只在累计偏差中反映而不在局部偏差中出现。例如索赔成本,一般不是每个控制周期都发生的。索赔成本一旦发生,即使能明确、合理地归入具体的分部分项工程,也往往很难合理地分解到已经过去的各个控制周期中,或者并没有必要一定要分解到各个控制周期。

(3)绝对偏差和相对偏差

绝对偏差,是指成本计划值与实际值比较所得到的差额,如成本偏差 1、成本偏差 2 和成本偏差 3 都是绝对偏差;相对偏差,则是指成本偏差的相对数或比例数,通常是用绝对偏差与成本计划值的比值来表示,即:

$$相对偏差 = \frac{绝对偏差}{成本计划值} = \frac{成本实际值 - 成本计划值}{成本计划值} \tag{5.6}$$

在进行成本偏差分析时,对绝对偏差和相对偏差都要进行计算。绝对偏差的结果比较直观,其作用主要在于了解项目成本偏差的绝对数额,指导资金使用计划的制订或调整。由于项目规模、性质、内容不同,其成本总额会有很大差异,同一数额的绝对偏差在不同的项目上就表现出不同的重要性。同样,在同一项目的不同层次和内容或不同控制周期,也都有类似的问题。因此,绝对偏差就显得有一定的局限性,而相对偏差就能较客观地反映工程成本偏差的严重程度和合理程度。从对成本控制工作的要求来看,相对偏差比绝对偏差更有意义,应当予以更高的重视。

绝对偏差和相对偏差是对工程成本偏差的两种具体表达方法,任何工程成本偏差都会同时表现出绝对偏差和相对偏差。在对局部偏差和累计偏差进行分析时,绝对偏差和相对偏差的数值不会影响分析的结果,但其数值的大小可以对分析工作起一定的指导作用,即对偏差数值较大者进行较深入细致的分析,反之则分析可以相对简单一些。

(4)偏差程度

所谓偏差程度,是指成本实际值对计划值的偏离程度,通常以成本实际值与计划值的比值来表示,即:

$$成本偏差程度 = \frac{成本实际值}{成本计划值} \tag{5.7}$$

偏差程度与相对偏差既有联系又有区别,其联系表现在两者都是反映偏差相对性的尺度,都与计划值和实际值有关。两者的区别表现在:一是相对偏差是与绝对偏差相对应的,没有绝对偏差,也就无所谓相对偏差。而偏差程度则是一个独立的概念,与绝对偏差无关;二是相对偏差的数值可正可负,而偏差程度的数值总是正值,大于 1 为正偏差,表示工程成本增加;小于 1 为负偏差,表示工程成本节约。

与局部偏差和累计偏差相对应,可分为成本局部偏差程度和成本累计偏差程度。显然,累计偏差程度在数值上不等于局部偏差程度之和,两者要分别计算:

$$局部偏差程度 = \frac{当月实际成本}{当月计划成本} \tag{5.8}$$

$$累计偏差程度 = \frac{累计实际成本值}{累计计划成本值} \qquad (5.9)$$

上述局部偏差和累计偏差、绝对偏差和相对偏差、偏差程度等概念都是偏差分析的基本内容,可以应用于项目的各个层次。偏差分析所达到的项目层次越深,分析结果就越可靠,对成本控制工作就越有指导意义。在成本控制的实践中,应当要求项目各层次成本控制人员所作的偏差分析至少达到该项目层次的下一层次。

2) 成本差异分析方法

成本差异分析可以采用不同的方法,常用的有横道图法、表格法和成本差异法。在成本控制的实际工作中,可以根据具体情况选择其中 1 或 2 种方法。必要时,也可以把这 3 种方法综合起来应用。

(1)横道图法

横道图法的基本特点是用不同的横道标识不同的工程费用参数,而各工程费用参数横道的长度与其数额成正比,但整个项目的横道与分部分项工程横道的单位长度所表示的工程费用数额不同。工程费用偏差和进度偏差数额可以用数字或横道表示(见图 5.1)。

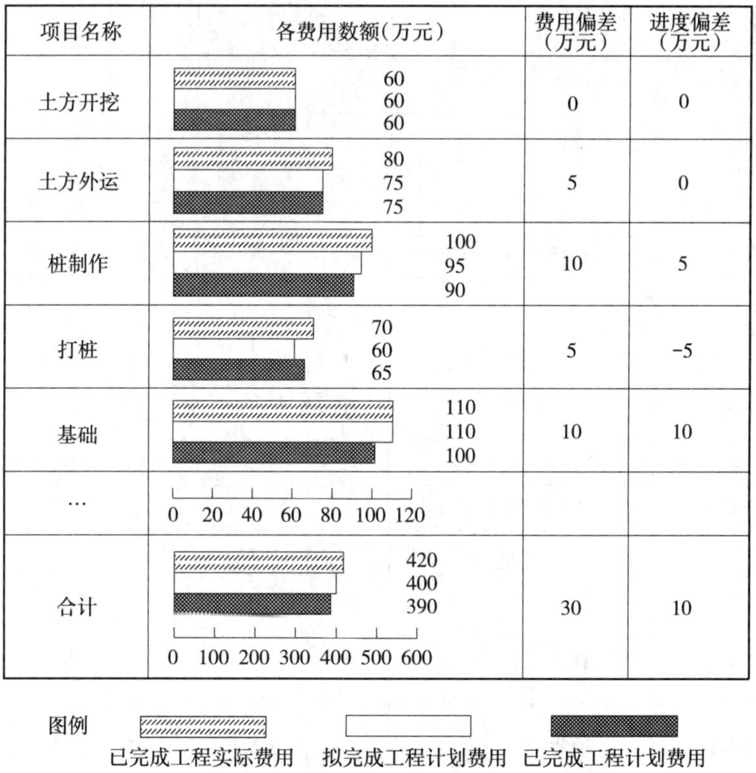

项目名称	各费用数额(万元)	费用偏差(万元)	进度偏差(万元)
土方开挖	60 / 60 / 60	0	0
土方外运	80 / 75 / 75	5	0
桩制作	100 / 95 / 90	10	5
打桩	70 / 60 / 65	5	−5
基础	110 / 110 / 100	10	10
...	0 20 40 60 80 100 120		
合计	420 / 400 / 390	30	10
	0 100 200 300 400 500 600		

图例　已完成工程实际费用　拟完成工程计划费用　已完成工程计划费用

图 5.1　项目偏差分析横道图

横道图的优点是较为形象和直观,便于了解项目工程费用的概貌。但是,由于这种方法所反映的信息量较少,主要反映累计偏差和绝对偏差,一般不反映相对偏差和偏差程度。因而其应用有一定的局限性,一般用于项目的较高层次,而且大多是为项目管理负责人服务。

（2）表格法

表格法（见表5.1）是进行偏差分析最常采用的一种方法,它具有许多突出的优点:

①灵活、适用性强,可以根据项目的具体情况、数据来源、成本控制工作的要求等条件来设计表格。但是在同一个项目中,不同项目内容和层次的表格应当保持一致。

②信息量大,可以反映各种偏差变量和指标。只要需要,工程费用偏差和进度偏差、局部偏差和累计偏差、绝对偏差和相对偏差、偏差程度和偏差原因等都可以在表格中得到反映。这对全面、深入地了解项目工程费用的实际情况和动态是非常有益的,有利于成本控制人员及时采取针对性措施,加强对项目工程费用的控制。

③便于用计算机辅助成本控制,减少成本控制人员在处理费用数据方面所消耗的时间和精力。

表5.1　项目费用偏差分析表

项目名称		(1)	土方开挖	土方外运	桩制作	打桩	基础	地下工程
单位		(2)	m^3	t·km	根	根	m^3	
计划单价		(3)						
拟完工程量		(4)						
拟完计划费用		(5)=(3)×(4)	0	35	55	45	110	245
已完工程量		(6)						
已完计划费用		(7)=(3)×(6)	0	35	50	50	100	235
实际单价		(8)						
其他款项		(9)	0	5				
已完实际费用		(10)	0	40	60	50	110	260
局部偏差	绝对偏差	(11)=(10)-(7)		5	10	0	10	25
	相对偏差	(12)=(11)÷(7)		14.3%	20%	0	10%	10.6%
	偏差程度	(13)		1.143	1.2	1	1.1	1.106
	原因	(14)						
累计偏差	绝对偏差	(15)=$\sum$(11)	0	5	10	5	10	30
	相对偏差	(16)=$\sum\dfrac{(11)}{(7)}$	0	6.7%	11.1%	7.7%	10%	7.7%
	偏差程度	(17)=$\sum\dfrac{(10)}{(7)}$	1	1.067	1.111	1.077	1.1	1.077

（3）成本差异法

成本差异分析是成本日常控制的重要工作。通过差异分析,揭示成本差异中的有利差异

(顺差,或称节约)和不利差异(逆差,或称超支),为进一步对差异产生的原因进行分析研究和改进工作提供依据。成本差异分析是在成本标准的基础上进行的,控制成本的标准一般有两个:一是数量标准;二是价格标准。因而,在实际成本与标准成本对比分析中就产生了数量差异和价格差异两个因素。数量差异方面有材料耗用量差异、人工效率差异、机械使用效率差异、费用效率差异等;价格差异方面有材料价格差异、工资率差异、机械使用费率差异以及费用分配率差异等。成本差异分析的通用模式为:

(1)标准价格×标准数量

(2)标准价格×实际数量

(3)实际数量×实际价格

$$(1)-(2)=数量差异\begin{cases}材料耗用量差异\\人工效率差异\\变动费用效率差异\end{cases}$$

$$(1)-(3)=实际成本与标准成本的差异$$

$$(2)-(3)=价格差异\begin{cases}材料价格差异\\工资率差异\\变动费用分配率差异\end{cases}$$

以上各成本项目发生差异的名称虽有不同,但可归结为数量差异和价格差异两类不同质的差异,而且其计算方法是基本相同的。

【例 5.1】某工程项目混凝土班组的材料耗用和单价如下:

①水泥,标准用量 18 t,实际用量 20 t,标准单价 350 元,实际单价 380 元。

②砂子,标准用量 50 m³,实际用量 45 m³,标准单价 44 元,实际单价 36 元。

试进行总成本差异分析。

解:(1)数量差异分析

分析结果见表 5.2。

表 5.2　材料用量差异分析　　　　　　　　　　　　　　　单位:万元

名称	单位	标准单价	标准用量	实际用量	标准用量成本	实际用量成本	用量成本差异	备用
		(1)	(2)	(3)	(4)=(1)×(2)	(5)=(1)×(3)	(6)=(4)-(5)	(7)
水泥	t	350	18	20	6 300	7 000	−700	不利差异
砂子	m³	44	50	45	2 200	1 980	220	有利差异

通过用量差异分析,如系有利差异,应及时分析原因,总结经验;如系不利差异,应由责任部门分析检查用料超耗原因,采取纠偏措施。但用量过多,有时也可能是由于材料质量低劣的原因造成的。如水泥因质量达不到要求,经技术部门鉴定可降低标号使用造成的超额损耗应由供应部门负责。

(2)价格差异分析

分析结果见表 5.3。

表5.3　材料价格差异分析　　　　　　　　　　　　　单位:万元

名称	单位	标准单价	标准用量	实际用量	标准用量成本	实际用量成本	用量成本差异	备用
		(1)	(2)	(3)	(4)=(1)×(3)	(5)=(2)×(3)	(6)=(4)-(5)	(7)
水泥	t	350	18	20	7 000	7 600	-600	不利差异
砂子	m³	44	50	45	1 980	1 620	360	有利差异

　　材料价格差异也是日常控制成本的主要因素之一,但不是生产班组的可控成本,而是作为评价与考核采购部门业务成绩的依据,一般应由材料采购部门负责。但是,影响材料价格变动的因素很多,材料价差分析的难度较大。如采购批量、交货方式、运输条件、材料质量、结算方式、价格变动、购货折扣等。价差的分析也不是等到使用或事后才进行分析,而是在事前掌握市场价格动态及影响材料价格变动的各种变数,加强计划采购和采取必要的改进措施,出现不利差异的可能性就会减少。

　　(3)总成本差异分析

　　通过对材料的用量差异及价格差异分析,总成本差异见表5.4。

表5.4　总成本差异　　　　　　　　　　　　　单位:万元

名称	单位	标准成本			实际成本			成本差异	其中	
		标准单价	标准用量	金额	实际单价	实际用量	金额		价格差异	数量差异
水泥	t	350	18	6 300	380	20	7 600	-1 300	-600	-700
砂子	m³	44	50	2 200	36	45	1 620	580	360	220

5.3　道桥工程项目成本控制方法

　　施工项目成本控制的方法很多,一般在工程实践中只要在满足质量、工期、安全的前提下,能够实现成本控制目的的方法都被认为是可行的。但是,各种控制方法的采用要根据控制的具体内容而定。因此,要根据不同的情况,选择与之相适应的控制手段和控制方法。下面介绍4种成本控制的方法。

5.3.1　以目标成本控制成本支出

　　在施工项目的成本控制中,可根据项目经理部制定的目标成本控制成本支出,这是最有效的方法之一。该控制方法主要是从以下几个具体方面加以控制。

　　(1)人工费的控制

　　在项目经理部与施工队等签订劳务合同后,应根据工程特点和施工范围确定施工队伍。人工费单价采用标后预算规定的人工费单价,辅工还可再低一些。同时,在施工过程中必须严格地按合同核定劳务分包费用控制支出,并每月底结一次,发现超支现象应及时分析原因,清退不合格队伍。施工过程中,要注意加强预控管理,防止合同外用工现象的发生。

（2）材料费的控制

由于材料成本是整个项目成本的主要环节,因此,项目经理应对材料成本予以足够的重视。对材料成本控制,要以预算价格来控制地方材料的采购成本,至于材料消耗的数量控制,在工程项目施工过程中,每月应根据施工进度计划,编制材料需用量计划,如超出限额领料,要分析原因,及时采取纠正措施;同时通过实行"限额领料"制度来控制、落实材料领用数量,并控制工序施工质量,争取一次合格,避免因返工而增加材料损耗。施工中,由于材料市场价格变动频繁,往往会发生预算价格与市场价格严重背离而使采购成本失控的情况。因此,除了项目材料管理人员有必要经常关注材料市场价格的变动,利用现代化信息手段,广泛收集材料价格信息,并积累系统详实的市场信息、优化采购之外,还应采用材料部门承包的方式控制材料总销量及总采购价,同时对材料价格的上升和下降有一定的预计和准备,以平衡成本支出,降低工程项目成本。

（3）周转工具使用费的控制

在项目施工责任成本中,周转工具使用费是根据施工组织总设计中的有关施工方案计算的。目标成本中该项费用是经过对施工组织总设计中的有关施工方案进一步细化确定的。对周转工具使用费应从以下几个方面进行控制:

①在计划阶段通过合理地安排施工进度,采用网络计划技术进行优化,采用先进的施工方案和先进的周转工具,控制周转工具使用费计划数低于目标成本的要求。

②在施工阶段控制租赁数量和进退场时间,减少租赁数量和时间,选择质优价廉的租赁单位,降低租赁费用。

③使用阶段通过建立规章制度,建立约束和激励机制,控制周转工具的损坏、修理和丢失。

（4）施工机械使用费的控制

施工机械使用费的控制与周转工具使用费的控制相似。在确定目标成本时尽量充分利用现有机械设备、内部合理调度,力求提高主要机械的利用率,在设备选型配套中,注意一机多用,减少设备维修养护人员的数量和设备零星配件的费用。对于单独列出租赁的机械,在控制时也应按使用数量、使用时间、使用单价逐项进行控制。小型机械及电动工具购置及修理费采取由劳务队包干使用的方法进行控制。

（5）现场管理费的控制

现场管理费包括项目经理部管理人员工资、奖金、交通费、业务费等。现场管理费内容多,人为因素多,不易控制,超支现象较为严重。现场管理费的控制宜实行全面预算管理,采用差旅费包干到部室、业务招待费按比例计提控制。对一些不易包干的费用项目,可通过建立严格的审批手续来控制。

5.3.2　以施工方案控制资源消耗

施工项目中资源消耗是成本费用的重要组成因素。因此,减少资源消耗,就等于节约成本费用;控制了资源消耗,也等于是控制了成本费用。

采用施工方案控制资源消耗的方法和步骤是:

①在工程项目开工以前,根据施工图纸和工程现场的实际情况制订施工方案,包括人力物资需用计划、机具配置方案等,以此作为指导和管理施工的依据。在施工过程中,如设计变更或需改变施工方法,则应及时调整施工方案,对标后预算作统一调整和补充。

②组织实施。施工方案是进行工程施工的指导性文件,对生产班组的任务安排,必须签发施工任务单和限额领料单,并向生产班组进行技术交底。施工任务单和限额领料单的内容,应与标后预算相符,不允许擅自篡改,在施工任务单和限额领料单的执行过程中,要求生产班组根据实际完成的工程量和实际消耗人工、实际消耗材料做好原始记录,作为施工任务单和限额领料单结算的依据。在任务完成后,根据回收的施工任务单和限额领料单进行结算,并按照结算内容支付报酬(包括奖金)。

针对某一个项目而言,施工方案一经确定,则应是强制性的。有步骤、有条理地按施工方案组织施工,可以避免盲目性,可以合理配置人力和机械,可以有计划地组织物资进场,从而可以做到均衡施工,避免资源闲置或积压造成浪费。

③采用价值工程,优化施工方案。对同一工程项目的施工,可以有不同的方案,选择最合理的方案是降低工程成本的有效途径。采用价值工程,可以解决施工方案优化的难题。价值工程又称价值分析,是一门技术与经济相结合的现代化管理科学。应用价值工程,既要研究技术,又要研究经济,即研究在提高功能的同时不增加成本,或在降低成本的同时不影响功能,把提高功能和降低成本统一在最佳方案中。表现在施工方面,主要是寻找实现设计要求的最佳施工方案,如分析施工方法、流水作业、机械设备等有无不切实际的过高要求。最优化的方案,也是对资源利用最合理的方案,采用这样的方案,必然会降低损耗、降低成本。

5.3.3 用挣值法进行工期成本的同步控制

长期以来,国内的施工企业编制施工进度计划是为安排施工进度和组织流水作业服务的,很少与成本控制结合。实质上,成本控制与施工计划管理、成本与进度之间必然有着同步关系。因为成本是伴随着施工的进行而发生的,施工到什么阶段应该有什么样的费用,应用成本与进度同步跟踪的方法控制部分项目工程成本。如果成本与进度不对应,则必然会出现虚盈或虚亏的不正常现象,那么就要对此进行分析,找出原因,并加以纠正。

挣值法是一种分析目标实施与目标期望之间差异的方法。挣值法是通过测量和计算已完工作量的计划成本与已完工作量的实际成本和计划工作量的计划成本,得到有关计划实施进度和成本偏差情况,从而达到分析工程项目计划成本和进度计划执行情况的目的。

挣值法是因为这种分析方法应用了一个关键数值"挣得值"而命名的。所谓挣得值就是已完成工作量的计划成本,是指项目实施某阶段实际完成工程量按计划价格计算出来的费用。

1)挣值法的3个基本参数

(1)计划工作的计划成本(BCWS)

BCWS 是指项目实施过程中某阶段计划要求完成的工作量所需的计划工时(或成本)。计算公式为:

$$BCWS = 计划工作量 \times 定额 \tag{5.10}$$

BCWS 主要是反映进度计划应当完成的工作量,而不是反映应消耗的工时或费用。

（2）已完成工作量的实际成本（$ACWP$）

$ACWP$ 是指项目实施过程中某阶段实际完成的工作量所消耗的工时（或成本），它主要反映项目执行的实际消耗指标。

（3）已完工作量的计划成本（$BCWP$）

$BCWP$ 是指项目实施过程中某阶段实际完成工作量及按定额计算出来的工时（或成本），即挣得值（Earned Value）。$BCWP$ 的计算公式为：

$$BCWP=已完成工作量×定额 \tag{5.11}$$

2）挣值法的 4 个评价指标

（1）成本偏差 CV（Cost Variance）

CV 是指检查期间 $BCWP$ 与 $ACWP$ 之间的差异，计算公式为：

$$CV=已完工作量的计划成本-已完工作量的实际成本 \tag{5.12}$$

当 CV 为负值时，表示执行效果不佳，实际消耗人工（或成本）超过计划值，即超支，如图 5.2（a）所示。

当 CV 为正值时，表示实际消耗人工（或成本）低于计划值，即有节余或效率高，如图 5.2（b）所示。

当 CV 等于零时，表示实际消耗人工（或成本）等于计划值。

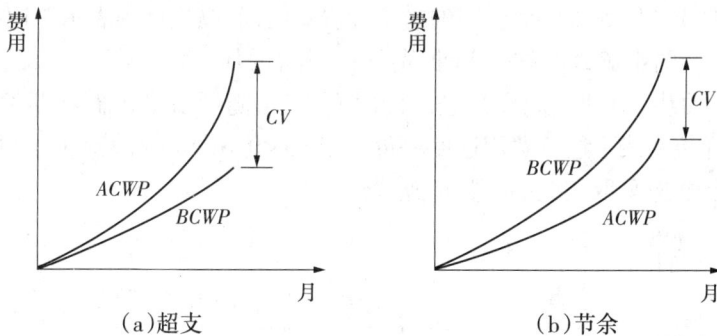

图 5.2　成本偏差示意图

（2）进度偏差 SV（Schedule Variance）

SV 是指检查日期 $BCWP$ 与 $BCWS$ 之间的差异。其计算公式为：

$$SV=已完工作量的计划成本-计划工作量的计划成本 \tag{5.13}$$

当 SV 为正值时，表示进度提前，如图 5.3（a）所示。

当 SV 为负值时，表示进度延误，如图 5.3（b）所示。

当 SV 为零时，表示实际进度与计划进度一致。

（3）费用执行指标 CPI（Cost Performed Index）

CPI 是指计划成本与实际成本值之比（或工时值之比）。计算公式为：

$$CPI=已完工作量的计划成本/已完工作量的实际成本 \tag{5.14}$$

当 $CPI>1$ 时，表示实际成本低于计划成本，即低于计划。

当 $CPI<1$ 时，表示实际成本高于计划成本，即超出计划。

当 $CPI=1$ 时，表示实际成本与计划成本吻合。

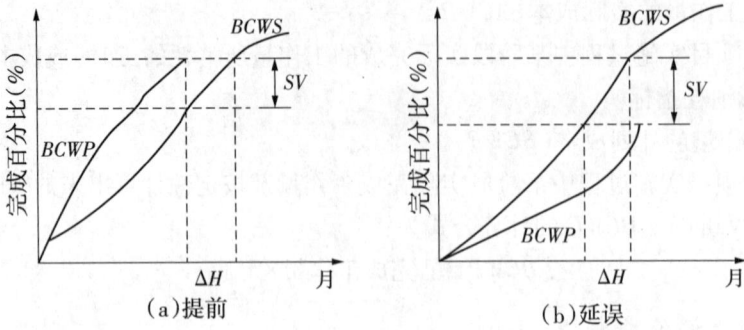

图 5.3　进度偏差示意图

（4）进度执行指标 SPI（Schedul Performed Index）

SPI 是指项目挣得值与计划之比，即：

$$SPI=\text{已完工作量的计划成本／计划工作量的计划成本} \qquad (5.15)$$

当 $SPI>1$ 时，表示实际进度比计划进度快，即进度提前。

当 $SPI<1$ 时，表示实际进度比计划进度慢，即进度延误。

当 $SPI=1$ 时，表示实际进度等于计划进度。

3）挣值法评价曲线

挣值法评价曲线如图 5.4 所示。图的横坐标表示时间，纵坐标则表示费用（以实物工程量、工时或金额表示）。图中 $BCWS$ 按 S 形曲线路径不断增加，直至项目结束达到最大值，可见 $BCWS$ 是一种 S 形曲线。$ACWP$ 同样是进度的时间参数，随项目推进而不断增加，也是 S 形曲线。利用挣值法评价曲线可进行费用进度评价。当 $CV<0$，$SV<0$ 时，表示项目执行效果不佳，即费用超支，进度延误，应采取相应的补救措施。

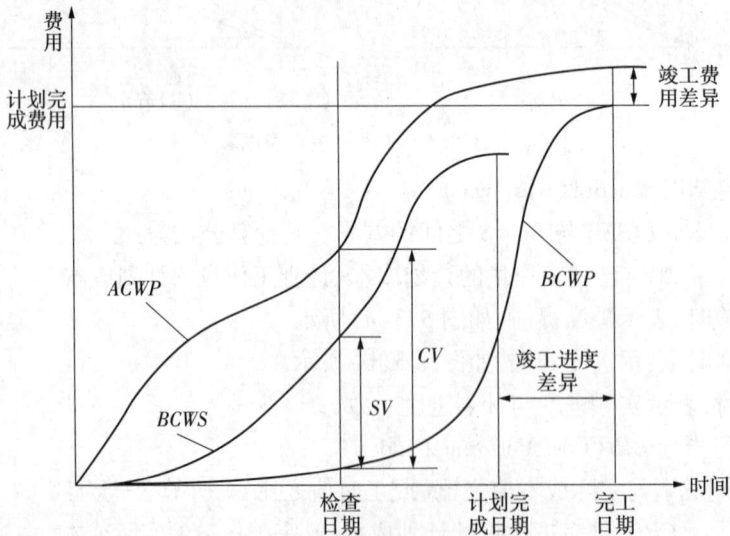

图 5.4　挣值法评价曲线

在实际执行过程中，最理想的状态是 $ACWP$、$BCWS$、$BCWP$ 3 条曲线靠得很近，平稳上升，表示项目按预定计划目标前进。如果 3 条曲线离散度不断增加，则预示可能发生关系项目成败的重大问题。如果经过对比分析,发现某一方面已经出现成本超支,或预计最终将会出现成本超支,则应将它提出,作进一步的原因分析。原因分析是成本责任分析和提出成本控制措施的基础。

5.3.4　运用目标管理控制工程成本

运用目标管理控制工程成本,是通过标后预算确定目标成本,在确定每个单位工程的最低利润额后将项目进行公开招标,用合同方式代替行政命令。

在纵向上实行 4 级承包,项目经理部按核定利润(中标利润)与公司施工部门签订包工期、质量、安全、效益的项目承包合同;项目经理对各工长签订以考核工期、质量、安全、成本为主要指标的分项工程承包合同;各工长将承包指标,以施工任务书形式落实到施工队(班)组;各施工队(班)组以定额工日为依据,对施工小组(人员)逐日下达施工任务。

在横向上,项目经理以公司法人委托代理人的身份与公司内、外部生产、施工、经营单位签订构件预件、配件加工、材料采购、外包工程等经济合同,用经济和法律手段规范项目经理部与相关单位的责任,紧紧围绕实现项目成本目标开展管理工作。

为了确保成本目标的实现需要加强基础管理,应从组织、技术、经济、合同等多方面采取措施。要有明确的组织结构,有专人负责和明确管理职能分工;技术上要对多种施工方案进行选择;经济上要对成本进行动态管理,严格审核各项费用支出,采取对节约成本的奖励措施等;合同措施主要是收集、整理设计变更、工程签证、费用索赔、决算书发文等。具体做法有:

①施工前认真组织图纸会审和设计交底,组织学习操作规程和技术标准,编制质量保证措施、安全保证措施等。

②根据设计、施工图等有关技术资料,对拟订的施工方法、顺序、作业形式、机械设备选型、技术组织措施等进行认真的研究分析,制订出具体明确的施工方案。

③台账管理。材料台账应对预算数与实耗数差异进行分析,为成本分析提供尽可能详尽的资料;对内促进管理,对外如有正式设计变更或口头变更应及时签证补充预算,按时收取进度款和价差;劳动定额台账侧重于定额的全面执行和结算的准确性、外来单位和用工的合理性。单位工程进行月度的一般分析,季度全面详细分析。

④设立工程建设项目的合同管理机构或者配备合同管理专职人员。建立合同台账统计、检查和报告制度。为企业法人和项目经理部作出管理决策、费用索赔、决算书发文等提供依据。

在选用控制方法时,应该充分考虑与各项施工管理工作相结合。例如,在计划管理、施工任务单管理、限额领料单管理、合同预算管理等工作中,跟踪原有的业务管理程序,利用业务管理所取得的资料进行成本控制,不仅省时省力,还能帮助各业务管理部门落实责任成本,从而得到它们有力的配合和支持。

因此,综合各种有效的成本控制方法是实现施工项目成本控制的要求,是降低额外消耗实现目标成本,实现项目盈利的关键。

5.4　降低施工项目成本的途径和措施

降低施工项目成本是施工企业关心的重要问题之一,也是施工企业增加收益、提高市场占有率的主要途径。降低施工项目成本的途径,应该是既开源又节流,或者说既增收又节支。只开源不节流,或者只节流不开源,都不可能达到降低成本的目的,至少是不会有理想的降低成本效果。控制项目成本的措施从强化现场施工管理归纳起来有事前计划、事中控制与事后分析三大方面。

5.4.1 事前计划准备

在项目开工前,项目经理部应做好前期准备工作,认真会审图纸,研究合同细节,选定先进的施工方案,选好合理的材料商和供应商,制订每期的项目成本计划,做到心中有数。

1)认真会审图纸,积极提出修改意见

在项目施工过程中,施工单位必须按图施工。但是,图纸是由设计单位按照业主要求和项目所在地的自然地理条件设计的,其中起决定作用的是设计人员的主观意图,很少考虑为施工单位提供方便,有时还可能给施工单位出些难题。因此,施工单位在接到图纸后,首要的、基本的工作就是认真审查图纸。根据图纸要求,在满足业主要求和保证工程质量的前提下,结合企业自身条件,项目所处的自然、经济、技术环境,综合分析、评价项目实施的难度,并提出积极的修改意见,在取得业主和设计单位的同意后,修改设计图纸,同时办理增减账。在会审图纸的时候,对于结构复杂、施工难度高的项目,更要加倍认真,并且要从方便施工,有利于加快工程进度和保证工程质量,又能降低资源消耗、增加工程收入等方面综合考虑,对设计中的不合理之处,提出有科学根据的合理化建议,争取业主和设计单位的认同。

2)加强合同管理,控制工程成本和增创工程预算收入

合同管理是施工项目管理的重要内容,也是降低工程成本,提高经济效益的有效途径。项目施工合同管理的时间范围应从合同谈判开始,至保修日结束止。施工过程中的合同管理应特别注意以下方面:

(1)根据工程变更资料,及时办理增减账

由于设计、施工和业主要求等种种原因,工程变更是项目施工过程中经常发生的事情,是不以人们的意志为转移的。随着工程的变更,必然会带来工程内容的增减和施工工序的改变,从而也必然会影响成本费用的支出。因此,施工单位应就工程变更对既定施工方法、机械设备使用、材料供应、劳动力调配和工期目标等的影响程度,以及为实施变更内容所需要的各种资源进行合理估价,及时办理增减账手续,并通过工程款结算取得补偿。

(2)认真研究合同条款,强化索赔观念,加强索赔管理

在竞争日趋激烈的市场中,施工企业面临着施工风险,特别是承包国际工程时,更离不开索赔。通过索赔,以弥补承包商不应承受的风险损失,使承包工程的合同风险分担程度趋于合理。因此,寻找一切有力证据进行合理索赔,变不利为有利,争取最佳收益,这就需要加强索赔意识、合同意识、时间和成本观念,培养索赔的管理能力,提高合同管理水平。

(3)用好调价文件,正确计算价差,及时办理结算

随着市场经济的不断完善,各种价格要素由市场调节,在工程建设活动中,价格变化对成本的影响,在工程结算时必须及时、客观、全面地予以考虑。目前国内工程主要采用调价系数和实

际价格差价方法,这种方法相对简单一些;国际工程大都采用调值公式法进行调价。实践证明,承包商通过价格调整是获取额外收入的重要途径之一。

3)制订先进可行的施工方案,拟订技术组织措施

(1)施工方案的选择

项目施工是形成最终建筑产品全过程的主要环节。每一个施工企业必须对施工过程进行科学的计划、组织、控制,充分利用人力和物力,以保证全面、均衡、优质、低消耗地完成施工任务。施工方案不同,工期就会不同,所需机具也不同,因而发生的费用也会不同。因此,正确选择施工方案是降低成本的关键所在。

制订施工方案要以合同工期和施工图设计为依据,结合项目的规模、性质、复杂程度、现场条件、装备情况、人员素质等因素综合考虑。可以同时制订几个施工方案,倾听现场施工人员的意见,以便从中优选最合理、最经济的一个。同时,施工项目的施工方案应该同时具有先进性和可行性。如果只先进不可行,不能在施工中发挥有效的指导作用,那就不是最佳施工方案。

(2)拟订技术组织措施

为了全面完成施工任务,在施工之前首先要做好施工准备阶段的管理工作,诸如编制施工组织设计、编制工程预算、落实施工任务和组织材料采购工作等。从降低工程成本角度来说,不仅在施工过程中要大力节约施工费用,在施工准备阶段也要十分注意经济效益。具体地说,项目应在开工以前根据工程情况制订技术组织措施计划,作为降低成本计划的内容之一列入施工组织设计。在编制月度施工作业计划的同时,也可按照作业计划的内容编制月度技术组织措施计划。

为了保证技术组织措施计划的落实,并取得预期的效果,应在项目经理的领导下明确分工:由工程技术人员订措施,材料人员供材料,现场管理人员和生产班组负责执行,财务成本员结算节约效果,最后由项目经理根据措施执行情况和节约效果对有关人员进行奖励,形成落实技术组织措施的一条龙。必须强调,在结算技术组织措施执行效果时,除要按定额等进行理论计算外,还要做好节约实物的验收,防止"理论上节约,实际上超用"的情况发生。

4)做好项目成本计划

成本计划是项目实施之前所做的成本管理准备活动,是项目管理系统运行的基础和先决条件,是根据内部承包合同确定的目标成本。公司应根据施工组织设计和生产要素的配置等情况,按施工进度计划,确定每个项目月、季成本计划和项目总成本计划,计算出保本点和目标利润,作为控制施工过程生产成本的依据,使项目经理部人员及施工人员无论在工程进行到何种进度,都能事前清楚知道自己的目标成本,以便采取相应手段控制成本。

5.4.2　事中实施控制

在项目施工过程中,按照所选的技术方案,组织均衡施工,加快施工进度,同时加强质量管理,控制质量成本,减少返工损失。在施工过程中时刻按照成本计划进行检查和控制,包括对生产资料费的控制,在管理上坚持现场管理标准化,堵塞浪费漏洞;定期开展"三同步"检查,防止项目成本盈亏异常。

(1)节约材料消耗

材料成本在公路施工项目中占有很大比重,一般占60%~70%,而且有较大的节约潜力。因此,加强材料的采购、运输、储存保管、领发使用等各个环节,可以减少材料损耗,从而降低工程成本。对公路施工项目而言,节约材料消耗应从以下几个方面入手:

①建立健全项目材料管理责任制,项目经理全面负责,包干到人,定期组织检查和考核。

②加强现场平面管理。根据不同施工阶段供应材料品种和数量的变化,调整存料场地,减少搬运,降低堆放仓储损耗。同时还要考虑资金时间价值,减少资金占用,合理确定进货批量和批次,尽可能降低材料储备。

③认真执行现场材料收、发、领、退、回收管理标准,建立健全原始记录及台账,定期组织盘点,抓好业务核算。

④严格进行使用中的材料管理,采取承包和限额领料等形式,监督和控制班组合理用料,加强检查,定期考核,努力降低材料消耗。

(2)组织材料合理进出场

一个项目往往有上百种材料,因此合理安排材料进出场的时间特别重要。首先,应当根据定额和施工进度编制材料计划,确定好材料的进出场时间。因为如果进场太早,就会早付款给材料商,增加贷款利息,还可能增加二次搬运费,有些易受潮的材料还可能堆放太久导致不能使用,需重新订货,增加成本;若材料进场太晚,不但影响进度,还可能造成误期罚款或增加赶工费。其次,应把好材料领用关和投料关,降低材料损耗率。材料的损耗由于品种、数量、使用的位置不同,其损耗也不一样。为了降低损耗,项目经理应组织工程师和造价工程师,根据现场实际情况与分包商确定一个合理损耗率,由其包干使用,节约双方分成,超额扣工程款,这样让每一个分包商或施工人员在材料用量上都与其经济利益挂钩,降低整个工程的材料成本。

(3)节约间接费用

公路施工项目的间接费为现场管理费。对现场管理费的管理,应抓好以下工作:一是精简项目机构,合理配置项目部成员,减少管理层次,提高设备器具的使用效率,提高工作质量和效率,实行费用定额管理;二是工程程序及工程质量的管理,一项工程在具体实施中往往受时间、条件的限制而不能按期顺利进行,这就要求合理调度,循序渐进;三是建立质量控制小组,促进管理水平不断提高,减少管理费用支出。

(4)组织均衡施工,加快施工进度

凡是按时间计算的成本费用,如项目管理人员的工资和办公费,现场临时设施费和水电费,以及施工机械和周转设备的租赁费等,在加快施工进度、缩短施工周期的情况下,都会有明显的节约。除此之外,还可能从业主那里得到一笔提前竣工奖。因此,加快施工进度也是降低项目成本的有效途径之一。

为了加快施工进度,将会增加一定的成本支出。例如,在组织两班制施工的时候,需要增加夜间施工的照明费、夜点费和工效损失费;同时,还将增加模板的使用量和租赁费。因此,在签订合同时,应根据合同和赶工要求,将赶工费列入工程预算。如果事先并未明确,而在施工中临时提出赶工要求,则应请监理签证,费用按实结算。

(5)加强质量管理,控制质量成本,减少返工损失

建筑产品因为使用时间长,造价高,又是国民经济中固定资产的重要组成部分,因而其质量

的好坏,对社会经济的发展和人民生活的改善,有着重大的影响。在施工过程中,如果能够高度重视工程质量,控制质量成本,不仅能减少返工损失,降低工程成本,而且工程竣工交付使用后能够延长使用寿命,保障人民的安全。如果在施工过程中经常发生工程质量事故,就会造成人力、物力、财力的浪费,就会加大工程成本,甚至还可能给国家和人民生命财产造成重大的损失。因此,应十分重视提高工程质量水平,降低质量成本,避免返工。

(6)坚持现场管理标准化,堵塞浪费漏洞

现场管理标准化的范围很广,比较突出而又需要特别关注的是现场平面布置管理和现场安全生产管理,稍有不慎,就会造成浪费和损失。

①现场平面布置管理。施工现场的平面布置,是根据工程特点和场地条件,以配合施工为前提合理安排的,有一定的科学根据。但是,在施工过程中,往往会出现不执行现场平面布置,造成人力、物力浪费的情况。

②现场安全生产管理。现场安全生产管理的目的,在于保护施工现场的人身安全和设备安全,减少和避免不必要的损失。要达到这个目的,就必须强调按规定的标准去管理,不允许有任何细小的疏忽。否则,将会造成难以估量的损失。

(7)定期开展"三同步"检查,防止项目成本盈亏异常

项目经济核算的"三同步",就是统计核算、业务核算、会计核算的"三同步"。统计核算即产值统计,业务核算即人力资源和物质资源的消耗统计,会计核算即成本会计核算。根据项目经济活动的规律,这三者之间有着必然的同步关系。这种规律性的同步关系,具体表现为:完成多少产值,消耗多少资源,发生多少成本,三者应该同步。否则,项目成本就会出现盈亏异常情况。

开展"三同步"检查的目的,在于查明不同步的原因,纠正项目成本盈亏异常的偏差。"三同步"的检查方法,可从以下3方面入手:

①时间上的同步。即产值统计、资源消耗统计和成本核算的时间应该统一。如果在时间上不统一,就不可能实现核算口径的同步。

②分部分项工程直接工程费的同步。即产值统计是否与施工任务单的实际工程量和形象进度相符;资源消耗统计是否与施工任务单的实耗人工和限额领料单的实耗材料相符;机械和周转材料的租费是否与施工任务单的施工时间相符。如果不符,应查明原因,予以纠正,直到同步为止。

③其他费用是否同步。这要通过统计报表与财务付款逐项核对才能查明原因。

5.4.3　事后分析总结

事后分析是下一个循环周期事前科学预测的开始,是成本控制工作的继续。在坚持每月每季度综合分析的基础上,采取回头看的方法,及时检查、分析、修正、补充,以达到控制成本和提高效益的目标。

①根据项目部制定的考核制度,对成本管理责任部室、相关部室、责任人员、相关人员及施工作业队进行考核,考核的重点是完成工作量、材料、人工费及机械使用费4大指标,根据考核结果决定奖罚和任免,体现奖优罚劣的原则。

②及时进行竣工总成本结算。工程完工后,项目经理部将转向新的项目,应组织有关人员及时清理现场的剩余材料和机械,辞退不需要的人员,支付应付的费用,以防止工程竣工后继续发生包括管理费在内的各种费用。同时,由于参加施工人员的调离,各种成本资料容易丢失,因此应根据施工过程中的成本核算情况,做好竣工总成本的结算,并根据其结果,评价项目的成本管理工作,总结其得与失,及时对项目经理及有关人员进行奖罚。

通过对工程施工过程的三阶段的成本控制措施的实施,可以最大限度地降低工程的成本费用,提高项目的盈利能力。

本章小结

本章主要介绍了道桥工程项目成本控制的意义;熟悉道桥工程项目成本控制的分类、原则、流程;掌握道桥工程项目成本的测算、成本差异分析;熟悉道桥工程项目成本预测与成本控制方法、途径和措施。

课后习题

1. 道桥工程项目成本控制的意义是什么?
2. 道桥工程项目成本控制的原则是什么?
3. 道桥工程项目成本控制的流程是什么?
4. 道桥工程成本测算时材料费是如何确定的?
5. 采用施工方案控制资源消耗的方法和步骤是什么?

第6章
运用计算机编制道路桥梁工程概预算和投标报价

本章导读

基本要求：了解概预算和报价程序功能及流程说明；熟悉运用程序完成道桥预算编制的过程；掌握运用程序完成道桥报价编制的过程。

重点：运用程序完成道桥预算编制的过程和运用程序完成道桥报价编制的过程。

难点：程序使用过程中定额的套用及调整，报价编制过程中单价的调整。

6.1 道桥工程概预算编制

6.1.1 程序功能及流程说明

目前用于公路和桥梁工程造价软件很多，如：纵横公路工程造价管理系统、同望公路工程造价预算管理软件等。本章以纵横公路工程造价管理系统为例介绍运用计算机编制道路桥梁工程概预算和投标报价。

1）纵横公路工程造价管理系统概述

纵横公路工程造价管理系统，以下简称纵横公路造价软件。主要用于编制公路工程建设项目的建议估算、可行估算、概算、修正概算、施工图预算、标底控制价、投标报价、合同中间结算、设计变更结算、竣工结算。

2）纵横公路造价软件的下载安装与注册

①登录纵横公司官方网站：www. smartcost. com. cn，进入"产品下载"，在弹出窗口中单击"立即下载纵横 Z+"按钮下载安装"纵横 Z+工作平台"。安装完成后，在 Z+平台中左下角，单击"下载中心"下载对应版本软件进行使用（图 6.1）。

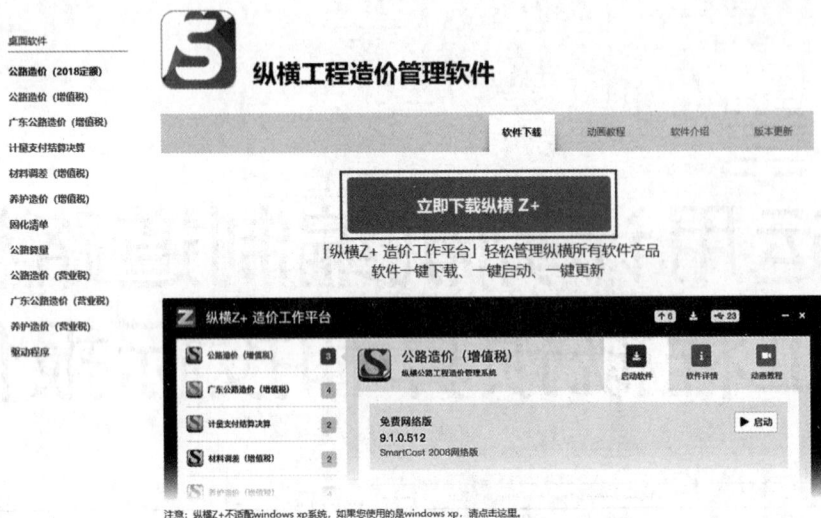

图 6.1　Z+平台下载界面

3）工程造价软件版本介绍

①工程造价专业版/导则版：投资估算（建议估算、可行估算）、初步设计概算、修正概算、施工图预算、工程量清单、工程量清单预算、招标控制价、投标报价、合同价结算、工程变更费用、单价变更结算、工程结算、工程竣工结算。

导则版符合《公路工程建设项目造价文件管理导则》。

②业主专业版/导则版：业主专业版＝工程造价专业版+固化清单。

③项目专业版/导则版：项目专业版＝工程造价专业版+材料调差（场内调差和场外调差）。

④工程造价全能版/导则版：工程造价全能版＝工程造价专业版+固化清单+材料调差。

⑤网络版：只要能上网，就拥有免费的正版纵横公路造价软件（功能同专业版）。

⑥学习版：学习版除了不能直接打印和导出报表，其他功能均与专业版相同。

4）编制概预算文件的操作流程

第一步：建文件、建项目、完善项目属性→第二步：确定费率文件→第三步：建立项目表→第四步：定额选择、输入定额工程量→第五步：定额调整→第六步：补充定额的建立→第七步：计算第二、三、四部分费用→第八步：工料机分析与单价计算→第九步：报表输出→第十步：数据交换。

5）新建建设项目及造价文件

①建文件、建项目、完善项目属性。打开纵横公路造价软件专业版，会出现如下界面（图6.2）。

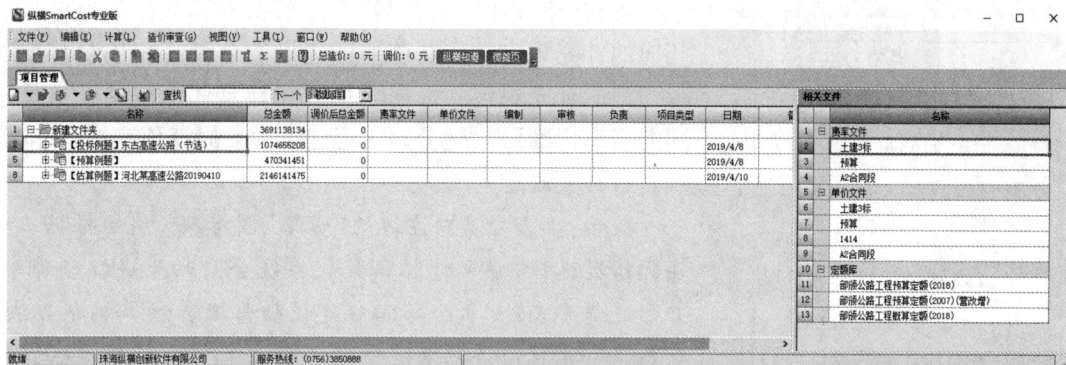

图 6.2

②单击"文件"菜单栏下的"新建",或者快捷菜单栏下的新建建设项目图标 ,系统会自动弹出新建项目对话框(图 6.3)。

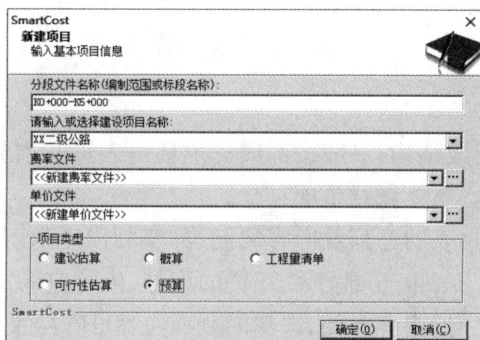

图 6.3

③在空白栏输入建设项目名称:如:××二级公路,选择项目类型:预算,单击"确定"完成新建建设项目工作。

④确定项目属性。"项目属性"是指利润、税金等费用的取值。单击菜单栏"文件"→"项目属性"或单击"项目属性"图标 ,在弹出的项目文件属性对话框中,按实际工程情况填写基本信息、属性参数、计算参数、小数位数。基本信息在报表页眉页脚中出现,不参与造价计算。

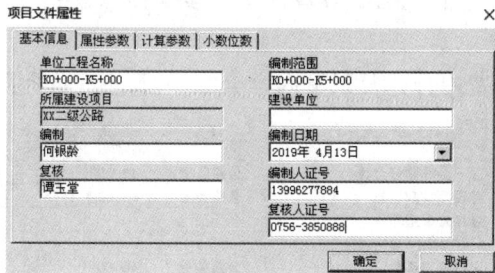

图 6.4

6)确定费率文件

费率文件主要是指公路工程的措施费、企业管理费、规费等费用的费率,措施费根据相应基数,乘以"费率"计算,根据工程实际情况取用不同的值。

各省(市、区)结合当地实际情况,对部颁编制办法作了相应的补充规定。凡在该地区建设的公路工程项目均要执行当地的补充规定。根据项目所在地具体工程情况选择不同的费率标准(详见《公路工程建设项目概算预算编制办法》及各省补充规定)。

提示:单击主窗口左边的"费率"图标🐭,然后根据工程实际情况选择"费率计算参数",系统会自动生成综合费率,并形成费率文件。《公路工程建设项目概算预算编制办法》及各省补充规定详见纵横公路造价软件"帮助"菜单栏2018编制办法及定额章节说明。

如图6.5所示,选择工程所在地:重庆。费率标准:部颁概预算费率标准(2018)。将鼠标悬停于冬季、雨季施工上面,根据工程所在地,按软件自动提示选择即可;其他参数根据工程实际情况选择。

名称	参数值
工程所在地	重庆
费率标准	部颁概预算费率标准(2018)
冬季施工	不计
雨季施工	II区4个月
夜间施工	不计
高原施工	不计
风沙施工	不计
沿海地区	不计
行车干扰	不计
施工辅助	计
工地转移(km)	60
基本费用	计
⊞ 综合里程(km)	4
职工探亲	计
职工取暖	不计
财务费用	计
养老保险(%)	0
失业保险(%)	0
医疗保险(%)	0
工伤保险(%)	0
计划利润(%)	7.42
增值税税率(%)	10

图6.5

7)建立项目表

建立造价文件的项目组成结构,一般按部颁标准项目表进行划分,根据工程项目的规模不同,项目表的划分可粗可细。具体注意事项:

①概、预算项目应按项目表的序列及内容编制,如实际出现的工程和费用项目与项目表的内容不完全相符时,一、二、三、四、五部分和"项"的序号、内容应保留不变,项目表中的"项"以下的分项在引用时应保持序号、内容不变,缺少的分项内容可随需要就近增加,并按项目表的顺序以实际出现的级别依次排列,不保留缺少的"项"以下的项目序号。

②项目划分要恰当,比如路面集中拌和站场地安拆建议录入路面工程,桥梁集中拌和站场地及安拆、预制场建设建议列入桥梁涵洞工程。

③细目划分要适度,细目下尽量不要再划分层次,概预算项目表尽量与编制办法项目节细目划分一致。

④路线建设项目中的互通式立体交叉、辅道、支线,如工程规模较大时,也可按概、预算项目表单独编制建筑安装工程,然后将其概、预算建筑安装工程总金额列入路线的总概、预算表中相应的项目内。

⑤第一、二、三、四部分费用合计及以下内容全部保留,不允许删除,可增加内容(图6.6)。

编号	名称	单位	设计数量 数量1	设计数量 数量2	经济指标	金额(F)
5	第一至四部分合计	公路公里	48.002		5174142.22	248,369,175
6	建设期贷款利息	公路公里	48.002		170600.04	8,189,143
⊟	新增加费用项目	元				0
	*请在此输入费用项目					0
7	公路基本造价	公路公里	48.002		5344742.26	256,558,318

图6.6

纵横公路造价软件按以下步骤建立概预算项目表:

①单击"造价书",单击右上角的" 项目表 "图标,展开"项目表",直接双击该分项名称,然后填写"数量"即可。

②对于标准项目表中没有的分项,即非标准项,可以通过鼠标右键或工具栏上的"插入"按钮插入非标准项,输入非标准项"编号""名称""单位""数量"即可,如外购土方(图6.7)。

	编号	名称	单位	设计数量1
1	□-1	第一部分　建筑安装工程费	公路公里	
2	⊞ 101	临时工程	公路公里	48.002
11	□-102	路基工程	km	
12	□ LJ01	场地清理	km	
13	□ LJ0101	清理与挖除	km	
14	└─LJ010101	清理现场	m3	1007471.000
15	□ LJ02	路基挖方	m3	
16	└─LJ0201	挖土方	m3	1816929.900
17	└─LJ0202	挖石方	m3	1546370.000
18	└─LJ0203	挖淤泥	m3	9623.300
19	└─LJ0204	外购土方(非标准项)	m3	12580.000
20	□ LJ03	路基填方	m3	

图6.7

提示:

①若建立的项目表需调整层次时,可通过工具栏快捷键 ← → ↑ ↓ 进行调整,各方向键表示如下:→(降级)、←(升级)、↑(上移)、↓(下移)。

②若要删除某分项,可选择该"项目"单击按钮"🗙",或右键"删除"即可。

8)选定额,输入工程量

选中需套定额的分项→单击屏幕左上角的"定额选择"→在相应的定额章节中找到需要选择的定额后,双击定额即可(图6.8)。

▼ ▣定额库	定额选择	清单范本	模板库	查找定位

定额选择	定额搜索

	名称
1	□-1.路基工程
2	□-1.路基土、石方工程
3	──1.伐树、挖根、除草、清除表土
4	──2.挖淤泥、湿土、流沙
5	──3.人工挖及开炸多年冻土
6	──4.挖土质台阶
7	──5.填前夯(压)实及填前挖松
8	──6.人工挖运土方、装运石方

🗐添加定额	插入定额	替换定额

编号	名称	单位	基价
1-1-1-1	人工伐树及挖根(直径10cm以	10棵	390
1-1-1-2	人工伐树挖掘机挖树根(1.0m3)	10棵	229
1-1-1-3	人工伐树挖掘机挖树根(2.0m3)	10棵	220
1-1-1-4	砍挖灌木林(直径10cm以下)稀	1000m2	659
1-1-1-5	砍挖灌木林(直径10cm以下)密	1000m2	1445

图6.8

9)定额调整

当定额的工作内容和计算分项的工作内容不完全一致时,要对定额进行必要的调整。纵横公路造价软件的定额调整分为:工料机/砼、附注条件、辅助定额、稳定土。选中要调整的定额细目,单击定额调整按钮,软件弹出"定额调整"窗口(图6.9)。

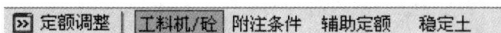

▣ 定额调整	工料机/砼	附注条件	辅助定额	稳定土

图6.9

(1)工料机/砼

在工料机/砼界面,可进行工料机抽换(如替换砂浆强度等级、混凝土强度等级)、新增工料机、调整定额消耗量等。单击鼠标右键或单击图标🔳进行操作。

例：替换砂浆强度等级：将 M25 水泥砂浆换成 M30 水泥砂浆。

选中需要调整的定额(如 1-4-9-72)，单击"定额调整"→"工料机/砼"，右键选中需要替换的砂浆，选择"替换混凝土"，在弹出的"工料机库"中选择 M30 水泥砂浆，勾选确定即可(图 6.10、图 6.11)。替换混凝土强度等级和替换砂浆强度等级的操作是一样的。

图 6.10

图 6.11

(2)附注条件(定额乘系数)

定额中常常出现章、节、定额附注说明，这些附注影响定额乘系数、工料机抽换等方面，对造价结果有较大影响，而这些附注分散在章、节、定额中，即使熟悉定额也必须细心耐心，才能避免错计漏计。

纵横公路造价软件已经把定额书中的附注说明做成了选项的形式，做预算时，直接根据实际情况勾选即可。

例如：挖掘机挖装土方定额的系数调整。

挖掘机挖装土方定额中，包含开挖、装车等工作内容，若实际施工中机械无法到达，需人工完成挖方。可根据实际情况调整。

选中需要调整的定额(如 1-1-9-2)，单击"定额调整"→"附注条件"，根据实际情况勾选即可。

	调整	条件	内容
1	☑	机械无法到达，需人工完成挖方	定额×1.15
2	☐	土方不装车	定额×0.87
3	☐	洞内用洞外项目	人、机械、小型机具使
4	☐	自定义系数	人工×1;材料×1;机械

图 6.12

（3）辅助定额

辅助定额调整主要调整定额的运距、厚度、钢绞线的束数、强夯夯击遍数等内容。定额中描述定额单位值的定额我们称之为"主定额"。定额中同时给出了可对主定额进行增量调整的定额，其定额名称中一般含有"增、减"字样，我们称之为"辅助定额"。

例如：调整运距："12 t 车运输 10.2 km 或者 10.3 km"。

选中需要调整的定额（如2-1-8-5），点击"定额调整"→"辅助定额"，在"实际值"处输入实际运距：10.2 即可，定额名称随即自动变化，单价随即自动计算（图 6.13、图 6.14）。

工料机/砼	附注条件	辅助定额	稳定土
	参数	定额值	值
1	运距km	1	10.2
2			
3			

排序	填清单量	定额编号	定额名称	定额单位	工程量	取费类别	调整状态
1	☐	2-1-8-5	12t以内自卸车运10.2km	1000m3	9.623	3)运输	+6×18
2	☐	2-1-8-5	12t以内自卸车运10.3km	1000m3	9.623	3)运输	+6×19

图 6.13   图 6.14

提示：定额项目"1-1-11 自卸汽车运土、石方"及"1-1-22 洒水汽车洒水"中，均按不同的运输距离综合考虑了施工便道的影响，定额规定仅适用于平均运距在 15 km 以内的工程；当运距超过 15 km 时，应按工程所在地社会运输的有关规定计算运费。

当运距超过第一个定额运距单位，其运距尾数不足一个增运定额单位的半数时不计，超过半数时按一个增运定额运距单位计算。

例如：平均运距为 10.2 km 时，套用第一个 1 km 和运距 15 km 以内的增运定额 18 个单位后，尾数为 0.2 km，不足一个增运定额单位（0.5 km）的半数（0.25 km），因此不计；平均运距为 10.3 km 时，0.3 km 已经超过一个增运定额单位（0.5 km）的半数（0.25 km），因此计，增运单位则合计为 19 个。

使用增运定额时要注意两点：平均运距不扣减第一个 1 km；平均运距为整个距离内直接套用，不是分段套用。

例如：15 t 以内自卸汽车运输路基土方，平均运距为 10.2 km 时，定额台班数量为：5.57+0.61×18＝16.55（台班）；平均运距为 10.3 km 时，定额台班数量为：5.57+0.61×19＝17.16（台班）。

（4）稳定土

一般调整稳定土配合比，系数自动保持为 100%。

例如：调整水泥稳定碎石配合比为 4：96。

选中需要调整的定额（如2-1-7-5），单击"定额调整"、"稳定土"，在"调整配合比"中输入实际配合比即可（图 6.15）。切换到"工料机/砼"，可以看到，水泥、碎石消耗量自动换算，无须其他任何操作（图 6.16）。

工料机/砼	附注条件	辅助定额	稳定土
	材料编号	材料名称	定额配合比	调整配合比
1	5505016	碎石	95	96
2	5509001	32.5级水泥	5	4
3				

图 6.15

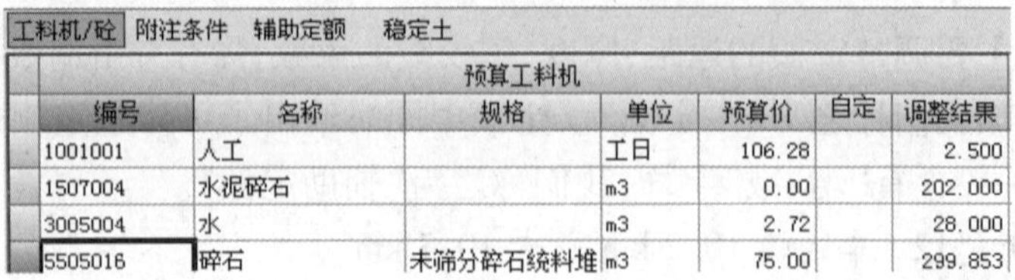

工料机/砼 附注条件 辅助定额 稳定土

预算工料机						
编号	名称	规格	单位	预算价	自定	调整结果
1001001	人工		工日	106.28		2.500
1507004	水泥碎石		m3	0.00		202.000
3005004	水		m3	2.72		28.000
5505016	碎石	未筛分碎石统料堆	m3	75.00		299.853

图 6.16

10）补充定额的调用与编制

补充定额是指《公路工程预算定额》（或概算定额、估算指标）内没有包含的定额，如为新工艺、新材料做的补充定额，系统已内置各省近年公路工程的大量补充定额，内容涵盖路基、路面、隧道、桥涵、防护、绿化、交通工程及沿线设施，可直接调用。下面，介绍如何调用其他省份的补充定额以及如何新建补充定额。

例如：新建“防抛网”补充定额。防抛网的补充定额数据如表 6.1 所示。

表 6.1

50 m

序号	工料机名称	单位	代号	工料机单价	防抛网（一）	防抛网（二）
					1	2
1	人工	工日	1	49.2	5.3	4
2	钢丝	kg	131	4.97	33.9	33.9
3	钢管	t	191	5 610	0.124	0.155
4	螺栓	kg	240	10.65	42.931	1.131
5	膨胀螺栓	套	242	3.3	120	
6	铁丝编制网	m^2	693	18.84	99	82.5
7	其他材料费	元	996	1	28	25
8	4 t 以内载货汽车	台班	1372	293.84	0.15	0.15
9	小型机具使用费	元	1998	1	23	23
10	基价	元	1999	1	3 938	2 893

操作要点：

第一步：建立补充定额。在“工具”菜单中选择“定额库编辑器”，在“SmartCost 定额库编辑器”窗口中单击“新建”；

进入下一界面，根据实际情况选择对应定额库类型（图 6.17）。

此新建定额属于“其他工程及沿线设施”，在“其他工程及沿线设施”上右键单击“增加子项”，输入补充定额名称，在右侧定额窗口输入编号、名称及定额单位等基本信息（图 6.18）。

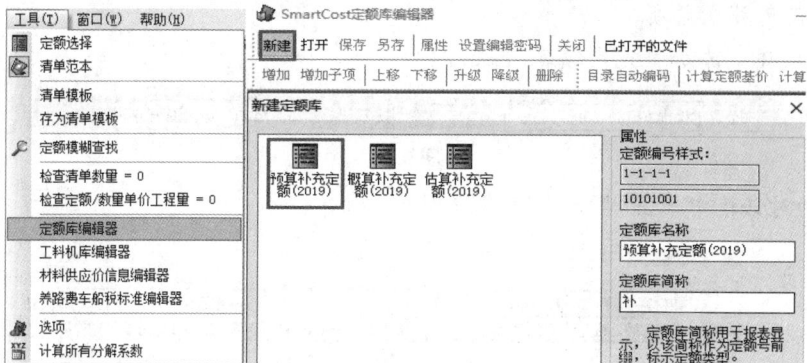

图 6.17

图 6.18

建立好补充定额项后,在工料机窗口右键添加工料机,输入定额消耗(图 6.19)。软件自动计算该补充定额的基价,单击保存或另存即可(图 6.20)。

	编码	名称	型号规格	单位	定额单价	定额消耗	主材	新材料	类型
1	1001001	人工		工日	106.28	5.300	□	□	人工
2	2001011	钢丝	Φ5mm以内	kg	4.11	33.900	□	□	材料
3	2001026	铁丝编织网	镀锌铁丝(包括加强	m2	20.43	0.124	□	□	材料
4	2003008	钢管	无缝钢管	t	4179.49	42.931	□	□	材料
5	2009013	螺栓	混合规格	kg	7.35	120.000	□	□	材料
6	2009015	膨胀螺栓	混合规格	套	4.79	99.000	□	□	材料
7	7801001	其他材料费		元	1	28.000	□	□	材料
8	8007003	4t以内载货汽车	CA10B	台班	470.1	0.150	□	□	机械
9	8099001	小型机具使用费		元	1	23.000	□	□	机械
10	9999001	基价		元	1	3938.000	□	□	定额基价
11									

图 6.19

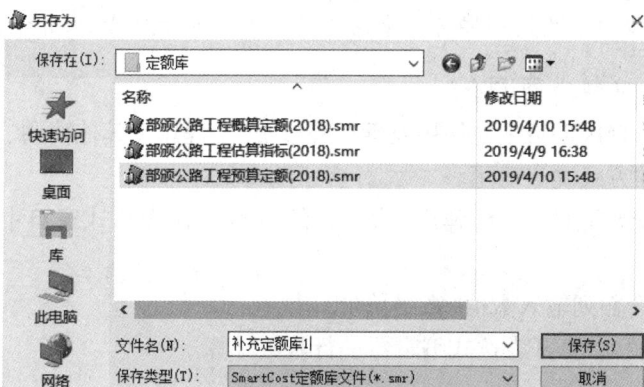

图 6.20

195

第二步:调用补充定额。

单击"定额库",添加补充定额库(图 6.21)。

图 6.21

在弹出的对话框中单击"增加定额库"(图 6.22)。

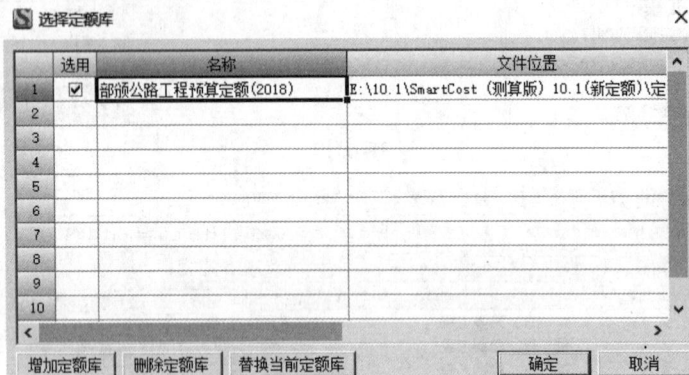

图 6.22

弹出定额库选择界面,选择需要的定额库,打开即可(图 6.23)。

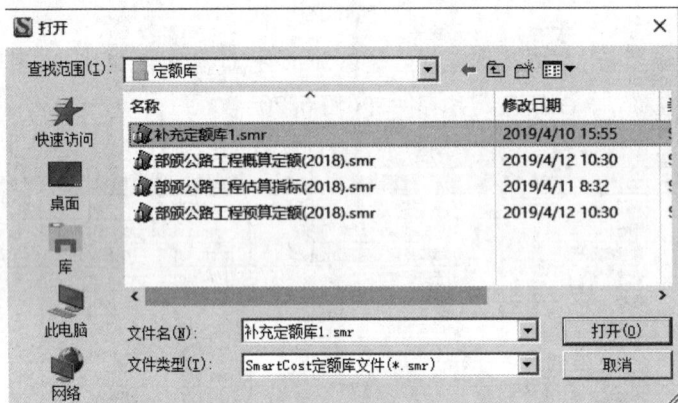

图 6.23

单击定额库旁边的▼,即可调用此补充定额库。

单击定额选择,双击套用定额即可。套用完毕可点击定额库旁边的▼,切换回部颁定额库。

11)计算第二、三、四部分费用

第二、三、四部分费用系指土地使用及拆迁补偿费、工程建设其他费用、预备费,主要通过基数计算和数量单价的方式确定费用。

单击项目表"金额"列图标…,弹出"表达式编辑器",在表达式窗口中输入计算公式即可(图 6.24)。

方法 1:直接在金额列输入数值(数量单价)。

方法 2:单击金额列,打开表达式编辑器进行基数计算。

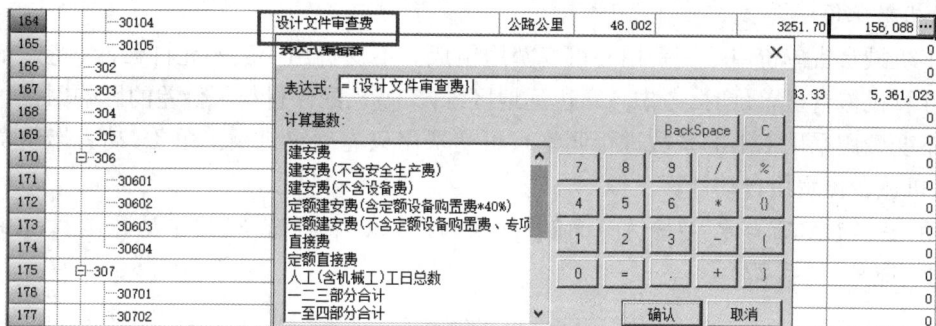

图 6.24

例如:计算"建设期贷款利息"。

操作要点:

选中建设期贷款利息分项,右键选择"建设期贷款利息设置",弹出对话框。输入计息年后回车,依次输入贷款额及利率,单击确定即可(图 6.25)。

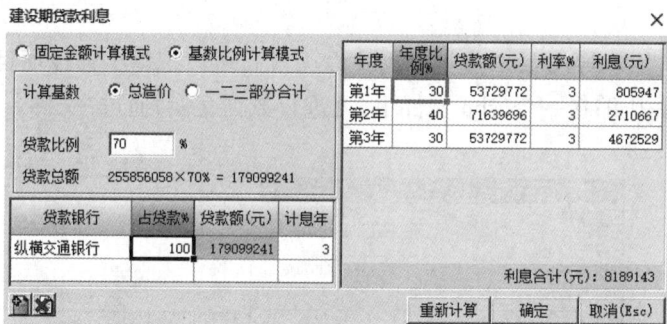

图 6.25

12) 工料机预算单价

工料机预算单价包括人工单价、材料单价、机械单价。"工料机"窗口汇总显示本造价文件所有定额内包含的工料机,可直接在此窗口修改或计算工料机的预算单价。

(1)人工单价

在工料机窗口预算单价列输入人工单价即可(图 6.26)。可通过软件"帮助"中的"2018 编制办法及定额章节说明",查看各省补充编办中规定的人工单价。

图 6.26

提示:人工费单价仅作为编制概预算的依据,不作为施工企业实发工资的依据。

(2)材料单价

材料的预算价,是指材料运达工地仓库的价格,不是材料的出厂价格,也不是市场价格。直接在预算单价列输入即可。

（3）机械单价

施工机械台班单价由不变费用和可变费用组成。不变费用一般不允许修改（特殊情况：如青海省计算机械台班单价时，考虑高寒边远地区维修工资、配件材料等价差的影响因素，第一类费用即不变费用采用 1.1 的系数进行调整），可变费用只需确定机械工单价、动力燃料费、车船使用税，机械台班费用自动计算。

提示：在工料机窗口中，单击左下角 ⚙，切换到"机械单价"窗口，单击选择工程所在地"车船税标准"即可（图 6.27）。

图 6.27

13）报表输出

单击"报表"图标可直接预览、打印、输出报表、导出 PDF，EXCEL 格式，A3、A4 自由切换，同时还可对报表进行设置。

14）交换数据

在"文件"菜单栏→"导出"→"成批导出建设项目"，可以把整个建设项目的项目文件、单价文件和费率文件统一压缩在一个 .sbp 文件里，可进行数据交换，通过"文件"→"导入"操作即可接收项目文件（图 6.28）。

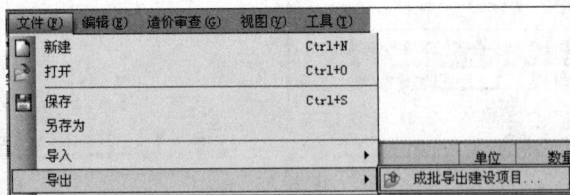

图 6.28

6.1.2　预算编制示例

1）编制信息

（1）新建项目基本信息

打开"纵横公路造价软件"→"文件"→"新建项目文件"→输入项目基本信息（表 6.2）。

表 6.2　项目基本信息

编制范围或标段名称	K0+000 ~ K5+000
建设项目名称	四川××二级公路改建工程
费率文件	默认
单价文件	默认
项目类型	预算（施工图预算）

（2）项目属性

"基本信息"

单位工程名称	K0+000～K5+000	编制范围	K0+000～K5+000
所属建设项目	四川××二级公路改建工程	建设单位	四川××公路建设有限公司
工程地点	四川省成都市	编制日期	系统自动生成
编制	张工	编制人证号	甲001
复核	李工	复核人证号	甲002

注：涉及人名及证书号均为非真实信息。

"技术参数"

数据文件号	CQ2019001	公路等级	二级公路
起点桩号	K0+000	终点桩号	K5+000
路线或桥梁长度（km）	5	路基或桥梁宽度	18

"计算参数"

利润率（%）	7.42	增值税税率（%）	9
年造价上涨率	0	上涨计费年限	0
机械不变费用系数	1	辅助生产间接费率（%）	3
计算高原地区施工增加费	计	3 000 m以上工料机计价乘1.3	计

（3）取费信息（费率文件属性）

工程所在地	四川省	费率标准	部颁概预算标准（2018）
冬季施工	不计	雨季施工	Ⅱ区4个月
夜间施工	计	高原施工	不计
风沙施工	不计	沿海地区	不计
行车干扰	次数2 001～3 000	施工辅助	计
工地转移（km）	60	基本费用	计
综合里程	5	职工探亲	计
职工取暖	不计	财务费用	计
养老保险（%）	20	失业保险（%）	2
医疗保险（%）	7	工伤保险（%）	1
住房公积金（%）	9		

注：粮食、燃料、蔬菜、水的全线平均运距均为5 km。

2）造价书内容

（1）工程项目表

工程项目：标准项目从标准项目表中选择，非标准项插入添加。

项目分型表

项	目	节	细目			工程或费用名称	单位	数量
1						第一部分　建筑安装工程费	公路公里	5.000
	101					临时工程	公路公里	5.000
		10101				临时道路	km	5.000
			1010101			临时便道（修建、拆除与维护）	km	5.000
			10104			临时供电设施	总额	1.000
	102					路基工程	km	4.950
		LJ02				路基挖方	m³	50 000.000
			LJ0201			挖土方	m³	50 000.000
			LJ0203			外购土方	m³	58 000.000
		LJ07				路基防护与加固工程	km	5.000
			LJ0701			一般边坡防护与加固	km	5.000
				LJ070101		坡面坞工防护	m³	15 000.000
					LJ07010101	浆砌片石护坡	m³	15 000.000
	103					路面工程	km	5.000
		LM02				水泥混凝土路面	m²	5.000
			LM0203			路面基层	m²	76 000.000
				LM020302		水泥稳定类基层	m²	76 000.000
					LM02030201	厚 220 mm 4% 水泥稳定碎石基层	m²	76 000.000
				LM0205		水泥混凝土面层	m²	70 000.000
					LM020501	水泥混凝土	m²	70 000.000
					LM02050101	厚 240 mm	m²	70 000.000
					LM020503	水泥混凝土路面刻纹（特殊纹路）	m²	70 000.000
	104					桥梁涵洞工程	km	0.050
		10402				小桥工程	m/座	50.000/1.000
			1040203			空心板桥	m²/m	50.000
				QL03		上部构造		

项目	目	节	细目			工程或费用名称	单位	数量
			QL0303			预应力混凝土空心板	m³	120.000
	110					专项费用	元	
		11001				施工场地建设费	元	
		11002				安全生产费	元	
2						第二部分　土地使用及拆迁补偿费	公路公里	5.000
	201					土地使用费	亩	
		20101				永久征用土地	亩	
		20102				临时用地	亩	
	202					拆迁补偿费	公路公里	5.000
	203					其他补偿费	公路公里	5.000
3						第三部分　工程建设其他费用	公路公里	5.000
	301					建设项目管理费	公路公里	5.000
		30101				建设单位（业主）管理费	公路公里	5.000
		30102				建设项目信息化费	公路公里	5.000
		30103				工程监理费	公路公里	5.000
		30104				设计文件审查费	公路公里	5.000
		30105				竣（交）工验收试验检测费	公路公里	5.000
	302					研究试验费	公路公里	5.000
	303					建设项目前期工作费	公路公里	5.000
	304					专项评价（估）费	公路公里	5.000
	305					联合试运转费	公路公里	5.000
	306					生产准备费	公路公里	5.000
		30601				工器具购置费	公路公里	5.000
		30602				办公和生活用家具购置费	公路公里	5.000
		30603				生产人员培训费	公路公里	5.000
		30604				应急保通设备购置费	公路公里	5.000
	307					工程保通管理费	公路公里	5.000
		30701				保通便道管理费	km	

续表

项	目	节	细目			工程或费用名称	单位	数量
		30702				施工期通航安全保障费	处	
		30703				营运铁路保通管理费	处	
	308					工程保险费	公路公里	5.000
	309					其他相关费用	公路公里	5.000
4						第四部分 预备费	公路公里	5.000
	401					基本预备费	公路公里	5.000
	402					价差预备费	公路公里	5.000
5						第一至四部分合计	公路公里	5.000
6						建设期贷款利息	公路公里	5.000
						纵横交通银行	元	
		1				第1年	元	
		2				第2年	元	
		3				第3年	元	
						新增加费用项目	元	
						交通管制经费	公路公里	5.000
7						公路基本造价	公路公里	5.000

定额细目表

工程项目	定额名称	单位	工程量（直接输入）	取费	定额号及定额调整提示
临时便道（修建、拆除与维护）	汽车便道路基宽7 m（平原微丘区）	1 km	5.000	6	7-1-1-1
	汽车便道养护路基宽7 m	1 km·月	60.000	6	7-1-1-7
临时供电设施	架设输电线路	100 m	1 000	6	7-1-5-1,7901001 量2 920.6（备注：工料机/混凝土中自定义消耗）
挖土方	2.0 m³ 以内挖掘机挖装普通土	1 000 m³ 天然密实方	50 000	1	1-1-9-8
	10 t 内自卸车运土5.2 km	1 000 m³ 天然密实方	50 000	3	1-1-11-5,+6×8（备注：调整运距）
	二级公路零填及挖方路基10 t 以内振动压路机碾压	1 000 m²	50 000	1	1-1-18-26

工程项目	定额名称	单位	工程量（直接输入）	取费	定额号及定额调整提示
外购土方（非标准项）	（单价×数量）	m³	58 000	0	58 000×3 = 174 000（备注:不计利润、计税金）
浆砌片石护坡	浆砌片石护坡（坡高 10 m 以内）	10 m³ 实体	15 000	6	1-4-11-2
厚 220 mm 4% 水泥稳定碎石基层	厂拌厚 22 cm 碎石水泥（4:96）	1 000 m²	76 000	4	2-1-7-5,+6×2,4:96,8003011 换 8003010（备注:调整配合比、调整厚度、换厂拌设备型号）
	120 kW 以内平地机铺筑基层	1 000 m²	76 000	4	2-1-9-3,拖平压机×2,人工+1.5（备注:附注条件下选择）
	10 t 以内自卸车运 4 km	1 000 m³	16 720	3	2-1-8-13,+4×6（备注:调整运距）
	200 t/h 以内的稳定土厂拌设备生产能力	座	1	6	2-1-10-3
水泥混凝土面层	轨道摊铺机铺筑混凝土路面厚度 24 cm	1 000 m² 路面	70 000	10	2-2-17-3,+4×4,普 C30-32.5-4,−244.8,1503034 量 0,添 1511009 量 204,1511009 价 420.00（备注:替换商品混凝土,取费取构造物Ⅲ）
	水泥混凝土路面钢筋	t	1	12	2-2-17-15
水泥混凝土路面刻纹（非标准项）	水泥混凝土路面刻纹	1 000 m²	70 000	4	补 2-3-1-1（备注:使用补充定额）
预应力混凝土空心板	预制预应力空心板混凝土泵送	10 m³ 实体	120	8	4-7-13-1,普 C40-42.5-2,−10.3,普 C45-42.5-2,+10.3（备注:换混凝土号）
	现场加工预制预应力空心板钢筋	1 t	11	12	4-7-13-3,光圆=1.025,带肋=0（备注:替换钢筋）
	预应力锚索 60 m 以内 4 孔 4.36 束/t	1 t 钢绞线	5	12	1-4-9-60
	起重机装车 4 km（构件重 15 t 以内）	100 m³ 实体	120	3	4-8-4-8,+12×6（备注:调整运距）

续表

工程项目	定额名称	单位	工程量（直接输入）	取费	定额号及定额调整提示
预应力混凝土空心板	起重机安装空心板	10 m³	120	8	4-7-10-4
	250 L 以内混凝土搅拌机	10 m³	自动统计	8	4-11-11-1
	3 m³ 搅拌运输车运混凝土 4 km	100 m³	自动统计	3	4-11-11-22、+23×6（备注：调整运距）
施工场地建设费	基数计算	元			金额 = 567 514（备注：选择计算基数｛施工场地建设费｝）

（2）混凝土需计拌和量

造价书界面选择"预应力混凝土空心板"，单击右键，选择"混凝土需计拌和量"，即可弹出"混凝土合计"窗口，在窗口中可查看混凝土的相关统计信息。弹出的混凝土合计窗口统计的是该分项的混凝土量。单击"4-11-11-1 250 L 以内混凝土搅拌机"，单击"填写工程量"，系统将需计拌和量（计损耗）自动填写到当前定额的工程量上；单击"4-11-11-22 3 m³内混凝土搅运车运 4 km"，单击"填写工程量"，系统将需计拌和量（计损耗）自动填写到当前定额的工程量上。

（3）补充预算定额

①操作步骤：进入"工具菜单"→"定额库编辑器"，打开编辑器窗口。进入"新建"，选择新建定额的类型：预算补充定额（2019），系统自动建立基本的章结构。

②补充定额资料：

定额编号：2-3-1-1

定额名称：水泥混凝土路面刻纹

工程内容：准备、刻纹、洒水、清理

定额单位：1 000 m²

返回造价书界面，在定额库中增加补充定额所在的定额库，在选择补充定额库的状态下进行定额细目编制。

③补充定额数据表：

顺序号	工料机名称	单位	工料机代号	定额消耗
1	人工	工日	1001001	7.6
2	水	m³	3005004	15
3	混凝土电动刻纹机	台班	8003083	8.29
4	2 t 以内载货汽车	台班	8007001	1.16

续表

顺序号	工料机名称	单位	工料机代号	定额消耗
5	6 000 L 以内洒水汽车	台班	8007041	1.22
6	基价	元	9999001	4 292.000

3）第三部分　工程建设其他费用

建设单位(业主)管理费	{建设单位(业主)管理费}
建设项目信息化费	{建设项目信息化费}
工程监理费	{工程监理费}
设计文件审查费	{设计文件审查费}
建设项目前期工作费	{建设项目前期工作费}
联合试运转费	{定额建安费(含定额设备购置费×40%)}×0.04%
工器具购置费	5 800×5×0.8
工程保险费	{建安费(不含设备费)}×0.4%
建设期贷款利息(备注:选中贷款利息行,单击右键,选择建设期贷款利息,弹出建设期贷款利息编辑器;选中固定金额计算模式,输入银行名称,接着输入计息年后回车,输入相关数值,点击"生成项目表"即可完成)	纵横交通银行贷款占总金额的60%,纵横交通银行贷款3年: 第1年40% 第2年30% 第3年30% 利率均为:7%

4）第四部分　基本预备费

计算方法:以第一、二、三部分费用之和为基础;施工图预算按3%计列。

单击基本预备费的金额列,单击三个小点,弹出表达式编辑器;输入"=(一二三部分合计)*3%"。

新增加费用:新增交通管制经费。

单位:公路公里;数量:5;单价:100 000 元/公路公里。

5）工料机预算价信息

人工、机械工根据渝交路[2019]29 号文规定:点工料机窗口→直接输入数值:人工 101 元;机械工 101 元。

6）报表

①直接单击报表,然后可以查看各种报表,纵横公司提供特殊报表定制服务。

②报表可以进行设置。点击设置,可对报表进行设置。

③可以导出 EXCEL 格式和 PDF 格式,A3、A4 格式自由切换。

6.2 道桥工程报价编制

6.2.1 程序功能及流程说明

1)编制清单预算文件的操作流程

第一步:建文件、建项目、完善项目属性→第二步:确定费率文件→第三步:建立工程量清单→第四步:定额选择、输入定额工程量→第五步:定额调整→第六步:清单100章费用计算→第七步:补充定额编制→第八步:工料机分析与单价计算→第九步:分摊→第十步:调价→第十一步:报表输出→第十二步:数据交换。

2)新建建设项目及造价文件(同6.1),项目类型选择"**工程量清单**"

3)清单范本

建立工程量清单方法:一是从清单范本(2018)选择清单;二是从Excel复制再粘贴到纵横软件中或直接导入Excel清单。

清单第100章费用计算实例(图6.29):

根据招标文件,工程一切险=各章清单合计-第三方责任险的0.4%(不含工程一切险本身)。

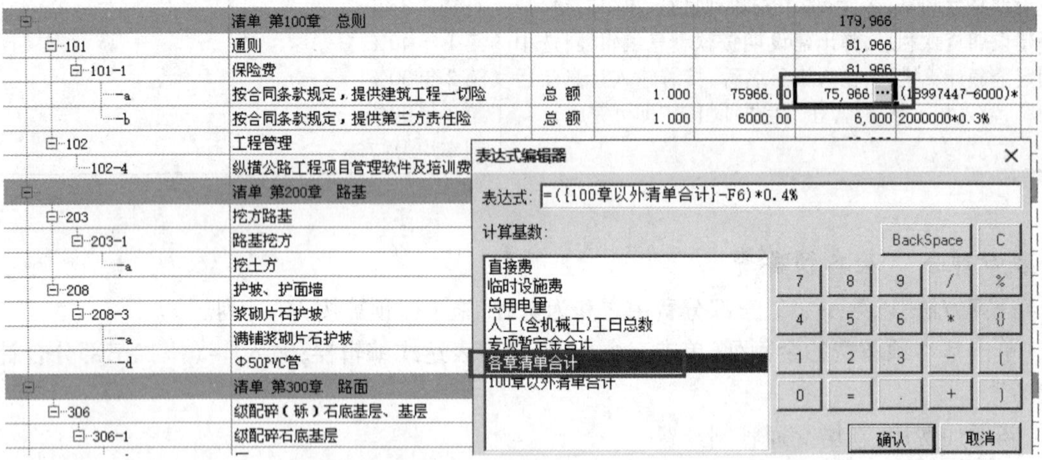

图6.29

①点击一切险的金额列,点击[...],弹出表达式编辑器。

②双击|各章清单合计|取得基数,完成"=(|各章清单合计|-F6)*0.4%"的计算式,系统自动计算金额。

对某些已知单价的清单项目,可以在数量单价列直接输入单价,系统自动计算结果。

对于专项暂定金额项目,在软件造价书主窗口的"专项暂定"列勾选,选择"材料""工程设备""专项工程"即可。

4）分摊

分摊的目的,在于将工程量清单中没有单独开列、而在实际施工过程中必须发生的合理费用,分摊到"多个"相关清单项目内。常见的分摊项目有"拌和站建设费""弃土场建设费"等。

例如:将混凝土拌和站一座(金额 150 000 元)分摊到路面的 306-1 和 312-1 清单中。

操作要点:

①建立分摊项目:点击左侧工具栏上的分摊图标切换到分摊窗口;输入分摊项名称:混凝土拌和站(图 6.30)。

	名称	单位	数量	单价	金额
1	混凝土拌和站	总额	1	150000	150000
2					

执行分摊　　取消分摊　　取消所有分摊

图 6.30

确定分摊项金额:采用"数量单价"进行分摊,输入如下(图 6.31):

定额计算　数量单价
✓ ✕ 混凝土拌合站

	名称	单位	数量	单价	取费类别	类型	利润	税金
1	混凝土拌合站	座	1.000	150000		材料	☐ 0	☐ 0

图 6.31

②执行分摊:点击窗口左上角的"执行分摊",勾选参与费用分摊的清单,选择分摊方式即可(图 6.32)。

执行分摊

混凝土拌合站
分摊到

选择	清单编号	名称	单位	工程量	综合单价	金额	锁定
☐	-c	水中钻孔灌注桩 Φ150cm	m	202	4033.23	814712	☐
☐	410-1	混凝土基础(包括支撑梁、桩基)				74196	☐
☑	-a	C30混凝土	m³	206.9	358.61	74196	☐
☐	410-2	混凝土下部结构(包括柱墩、台				1027774	☐
☑	-a	C30混凝土	m³	1510.5	680.42	1027774	☐
☐	410-3	现浇混凝土上部结构				578252	☐
☑	-a	C50混凝土(铰缝)	m³	260	779.73	202730	☐
☑	-b	C50混凝土(行车道混凝土)	m³	813.4	461.67	375522	☐
☐	410-6	现浇混凝土附属结构				364420	☐
☐	-a	C25混凝土	m³	26.8	419.81	11251	☐
☐	-b	C30混凝土	m³	638.7	552.95	353169	☐
☐	411-5	后张法预应力钢绞线	kg	103927	13.87	1441467	☐

	清单编号	名称	分摊比例
1	410-1-a	C30混凝土	7.414
2	410-2-a	C30混凝土	54.124
3	410-3-a	C50混凝土(铰缝)	9.316
4	410-3-b	C50混凝土(行车道混凝土)	29.146
5			
6			

分摊方式
○ 按清单金额分摊　　　　　　○ 自定义分摊比例
◉ 按混凝土用量分摊

确定　　取消

图 6.32

③查看分摊结果:执行分摊后,在对应的已分摊清单下的数量窗口下可查看。分摊项在清单或者报表里,是作为一项独立的费用出现的。

④取消分摊:在纵横软件里,点击菜单栏的"计算(L)"选择"取消所有分摊"即可。

5)调价

在激烈的投标竞争中,"速度"就是制胜武器。纵横公路造价软件特别强化了清单调价功能,可成批调清单的"工料机消耗量、单价、费率";乘系数后,所有单价分析表数据自动调整。

(1)操作要点

①点击调价按钮进入到调价窗口。

②点"成批调整工料机消耗",在人工、材料、机械方框内分别输入系数,确定。

提示:如有需要,也可选择"费率/单价"调整系数,操作亦然。

③点击"正向调价",即可得到调价前和调价后单价、金额。

④也可以直接输入反向目标,点"反向调价"软件会自动调整到目标值。

(2)调价方案的比对

纵横公路造价软件中保存"调价前"与"调价后"两套报表(全部报表),用户可按招标文件的要求选择任意一套报表打印。

在招标过程中,常需对几个报价方案进行对比分析,这时就可以利用纵横公路造价软件与EXCEL无缝衔接的特点,将清单项目及各个调价方案的报价复制到EXCEL中进行分析比对。

6.2.2 报价编制示例

1)编制信息

(1)基本信息

①文件名称:A2合同段(编制范围或标段名称)

②建设项目名称:重庆××大桥

③项目类型:2018清单范本(清单投标报价)

④编制软件:纵横公路工程造价管理系统

(2)项目属性

"文件菜单"→"项目属性"。

合同段:A2合同段	编制范围:A2合同段
所属建设项目:重庆××大桥	建设单位:重庆××公路发展有限公司
工程地点:合川	编制时间:系统自动生成
编制:李工	编制人证号:甲001
复核:王工	复核人证号:甲002
编制单位:纵横集团××路桥公司	

数据文件号:CQ2019001(可不填)	公路等级:高速公路
桥梁长度(km):2.6	桥梁宽度(m):24.5
起点桩号:不填	终点桩号:不填

利润率:7.42%	增值税税率:9%
机械不变费用系数:1	辅助生产间接费率:3%
计算高原地区施工增加费:计	3 000 m 以上工料机计价乘1.3:计

(3)取费信息(费率文件属性)

工程所在地	重庆	费率标准	部颁概预算标准(2018)
冬季施工	不计	雨季施工	Ⅱ区4个月
夜间施工	计	高原施工	不计
风沙施工	不计	沿海地区	不计
行车干扰	不计	施工辅助	计
临时设施	计	施工辅助	计
工地转移(km)	60	基本费用	计
综合里程	4	职工探亲	计
职工取暖	不计	财务费用	计
养老保险(%)	20	失业保险(km)	2
医疗保险(%)	9.7	工伤保险(%)	1.5
住房公积金(%)	7		

2)报价造价计算

(1)工程量清单

清单编号	名称	单位	数量
	第100章至700章清单		
	清单　第100章　总则		
101	通则		
101-1	保险费		
-a	按合同条款规定,提供建筑工程一切险	总　额	1
-b	按合同条款规定,提供第三方责任险	总　额	1
102	工程管理		
102-4	纵横公路工程项目管理软件及培训费	总　额	1

续表

清单编号	名称	单位	数量
	清单 第200章 路基		
203	挖方路基		
203-1	路基挖方		
-a	挖土方	m³	21 187
208	护坡、护面墙		
208-3	浆砌片石护坡		
-a	满铺浆砌片石护坡	m³	3 730
-d	Φ50PVC 管	m	5
	清单 第300章 路面		
306	级配碎(砾)石底基层、基层		
306-1	级配碎石底基层		
-b	厚 220 mm	m²	2 267
	清单 第400章 桥梁、涵洞		
401	通则		
401-1	桥梁荷载试验(暂估价)	总　额	1
403	钢筋		
403-1	基础钢筋 (包括灌注桩、承台、桩系梁、沉桩、沉井等)		
-a	光圆钢筋(HPB235、HPB300)	kg	51 295
-b	带肋钢筋(HRB335、HRB400)	kg	932 271
405	钻孔灌注桩		
405-1	钻孔灌注桩		
-a	陆上钻孔灌注桩(Φ2.2 m)	m	1 454
410	结构物混凝土		
410-1	混凝土基础(包括支撑梁、桩基承台、桩系梁,但不包括桩基)		
-e	C30 混凝土承台	m³	3 220
	已包含在清单合计中的材料、工程设备、专业工程暂估价合计		
	清单合计减去材料、工程设备、专业工程暂估价合计		
	计日工合计		
	劳务		

续表

清单编号	名称	单位	数量
-102	技工	工日	500
	材料		
-202	钢筋	t	30
-206	中(粗)砂	m^3	120
	机械		
-301	135 kW 以内履带式推土机	台班	150
-305	15 t 以内振动压路机	台班	150
-309	25 t 以内汽车式起重机	台班	50
	暂列金额(不含计日工总额)		
	投标报价		

(2)选套定额细目表(先做完 200—700 章数据,最后处理 100 章总则)

编号	清单名称及相应定额	单位	数量	定额调整情况
	第 100 章至 700 章清单			
	清单　第 100 章　总则			
101	通则			
101-1	保险费			
-a	按合同条款规定,提供建筑工程一切险	总额	1	100 章以外清单合计(不含第三方责任险)×0.3%(备注:点金额鼠标右键,输入公式)
-b	按合同条款规定,提供第三方责任险	总额	1	2 000 000×0.3%(备注:点金额鼠标右键,输入计算式"=2 000 000＊0.3%")
102	工程管理			
102-4	纵横公路工程项目管理软件及培训费	总额	1	1×98 000(暂定)(专业工程)(备注:在综合单价处直接输入 98 000)
	清单　第 200 章　路基			
203	挖方路基			
203-1	路基挖方			
-a	挖土方	m^3	21 187	
1-1-9-8	2.0 m^3 以内挖掘机挖装普通土	1 000 m^3 天然密实方	3 277	
1-1-9-9	2.0 m^3 以内挖掘机挖装硬土	1 000 m^3 天然密实方	17 910	

续表

编号	清单名称及相应定额	单位	数量	定额调整情况
1-1-11-5	10 t 内自卸车运土 5.3 km	1 000 m³ 天然密实方	21 187	+6×9（备注：定额调整，辅助定额，调整运距输入实际值 5.3）
208	护坡、护面墙			
208-3	浆砌片石护坡			
-a	满铺浆砌片石护坡	m³	3 730	
1-4-11-2	浆砌片石护坡（坡高 10 m 以内）	10 m³ 实体	3 730	
1-1-6-3	人工挖运硬土 20 m	1 000 m³ 天然密实方	4 198	
1-4-26-2	加筋挡土墙砂砾泄水层	100 m³	576	
-d	φ50PVC 管	m	5	5×15（数量×单价）（备注：点击数量单价按钮，键入相应数量和单价不计利润，不计税金）
	清单　第 300 章　路面			
306	级配碎（砾）石底基层、基层			
306-1	级配碎石底基层			
-b	厚 220 mm	m²	2 267	
2-2-2-15	平地机拌机铺底基层厚度 22 cm	1 000 m²	2 267	+18×14（备注：辅助定额，调整厚度输入实际值 22）

3）工料机预算价信息

人工、机械工根据渝交路〔2019〕29 号文规定：人工 101 元；机械工 101 元。

4）报表

①直接点击报表，然后可以查看各种报表。

②报表可以进行设置，点击设置，可对报表进行设置。

③可以导出 EXCEL 格式和 PDF 格式，A3、A4 格式自由切换。

本章小结

本章主要介绍了编制道桥概预算及投标报价的程序功能及流程说明，并通过示例说明了造价软件的使用。

附　录

附录 A　概预算项目表

分项编号	工程或费用名称	单位	主要工作内容	备注
1	**第一部分　建筑安装工程费**	公路公里		建设项目路线总长度（主线长度）
101	临时工程	公路公里		
10101	临时道路	km		新建施工便道与利用原有道路的总长
1010101	临时便道（修建、拆除与维护）	km		新建施工便道长度
1010102	原有道路的维护与恢复	km		利用原有道路长度
1010103	保通便道	km		
101010301	保通便道（修建、拆除与维护）	km		修建、拆除与维护
101010302	保通临时安全设施	km		临时安全设施修建、拆除与维护
10102	临时便桥、便涵	m/座		
1010201	临时便桥	m/座	修建、拆除与维护	临时施工汽车便桥
1010202	临时涵洞	m/座		
10103	临时码头	座		按不同的形式分级
10104	临时供电设施	总额		包括临时电力线路、变压器摊销等，不包括场外高压供电线路
10105	临时电信设施	总额		不包括广播线
	……			

续表

分项编号	工程或费用名称	单位	主要工作内容	备注
102	路基工程	km		扣除主线桥梁、隧道和互通立交的主线长度,独立桥梁或隧道为引道或接线长度。下挂路基工程项目分表
	……			
103	路面工程	km		扣除主线桥梁、隧道和互通立交的主线长度,独立桥梁或隧道为引道或接线长度,下挂路面工程项目分表
	……			
104	桥梁涵洞工程	km		指桥梁长度
10401	涵洞工程	m/道		下挂涵洞工程项目分表
	……			
10402	小桥工程	m/座		
1040201	拱桥	m^2/m		下挂桥梁工程项目分表
1040202	矩形板桥	m^2/m		下挂桥梁工程项目分表
1040203	空心板桥	m^2/m		下挂桥梁工程项目分表
1040204	小箱梁桥	m^2/m		下挂桥梁工程项目分表
1040205	T 梁桥	m^2/m		下挂桥梁工程项目分表
	……			
10403	中桥工程	m/座		
1040301	拱桥	m^2/m		下挂桥梁工程项目分表,不分基础、上(下)部
1040302	预制矩形板桥	m^2/m		下挂桥梁工程项目分表,不分基础、上(下)部
1040303	预制空心板桥	m^2/m		下挂桥梁工程项目分表,不分基础、上(下)部
1040304	预制小箱梁桥	m^2/m		
1040305	预制 T 梁桥	m^2/m		
1040306	现浇箱梁桥	m^2/m		
	……			
10404	大桥工程	m/座		
1040401	×××桥(桥型、跨径)	m^2/m		下挂桥梁工程项目分表
	……			

分项编号	工程或费用名称	单位	主要工作内容	备注
10405	特大桥工程	m/座		
1040501	××特大桥工程	m²/m		按桥名分级;技术复杂大桥先按主桥和引桥分级再按工程部位分级
104050101	引桥工程(桥型、跨径)	m²/m	不含桥面铺装及附属工程内容	标注跨径、桥型,下挂桥梁工程项目分表
104050102	主桥工程(桥型、跨径)	m²/m	不含桥面铺装及附属工程内容	标注跨径、桥型,下挂桥梁工程项目分表
104050103	桥面铺装	m³		下挂桥梁工程项目分表 相应部分
104050104	附属工程	m		下挂桥梁工程项目分表 相应部分
10406	桥梁维修加固工程	m²/m		下挂桥梁工程项目分表 相应部分
	……			
105	隧道工程	km/座		按隧道名称分级,并注明其形式
10501	连拱隧道	km/座		
1050101	××隧道	m		下挂隧道工程项目分表
	……			
10502	小净距隧道	km/座		
1050201	××隧道	m		下挂隧道工程项目分表
	……			
10503	分离式隧道	km/座		
1050301	××隧道	m		下挂隧道工程项目分表
	……			
10504	下沉式隧道	km/座		
1050401	××隧道	m		下挂隧道工程项目分表
	……			
10505	沉管隧道	km/座		
1050501	××隧道	m		下挂隧道工程项目分表
	……			
10506	盾构隧道	km/座		
1050601	××隧道	m		下挂隧道工程项目分表
	……			
10507	其他形式隧道	km/座		
1050701	××隧道	m		下挂隧道工程项目分表

续表

分项编号	工程或费用名称	单位	主要工作内容	备注
	……			
106	交叉工程	处		按不同的交叉形式分目
10601	平面交叉	处		按不同的类型分级
1060101	公路与等级公路平面交叉	处		下挂路基和路面等 工程项目分表
1060102	公路与等外公路平面交叉	处		下挂路基和路面等 工程项目分表
	……			
10602	通道	m/处		按结构类型分级
1060201	箱式通道	m/处		
1060202	板式通道	m/处		
1060203	拱形通道	m/处		
	……			
10603	天桥	m/座		按不同的结构类型分级,若有连接线,下挂路基和路面等工程项目分表
1060301	钢结构桥	m/处		
1060302	钢筋混凝土拱桥	m/处		
1060303	钢筋混凝土梁桥	m/处		
1060304	钢筋混凝土板桥	m/处		
	……			
10604	渡槽	m/处		按不同的结构类型分级
10605	分离式立体交叉	km/处		主线下穿时,上跨主线的才计入分离立交,按交叉名称分级
1060501	××分离式立体交叉	处		
106050101	××分离立交桥梁	m		下挂桥梁模块
106050102	××分离立交连接线	km		下挂路基、路面、涵洞工程项目分表
	……			
10606	互通式立体交叉	km/处		按互通名称分级
1060601	××互通式立体交叉	km		注明类型,如单喇叭,再按主线和匝道分级
106060101	主线工程	km		下挂路基、路面、涵洞、桥梁等工程项目分表
106060102	匝道工程	km		下挂路基、路面、涵洞、桥梁等工程项目分表

分项编号	工程或费用名称	单位	主要工作内容	备注
	……			
107	交通工程及沿线设施	公路公里		
10701	交通安全设施	公路公里		下挂交通安全设施　工程项目分表
	……			
10702	收费系统	车道/处		收费车道数/收费站数
1070201	收费中心设备安装与土建	收费车道		按不同的设备分级
1070202	收费中心设备费	收费车道		按不同的设备分级
1070203	收费站设备安装与土建	收费车道		按不同的设备分级
1070204	收费站设备费	收费车道		按不同的设备分级
1070205	收费车道设备安装与土建	收费车道		按不同的设备分级
1070206	收费车道设备费	收费车道		按不同的设备分级
1070207	收费系统配电工程	收费车道		按不同的设备分级
	……			
1070208	收费岛工程	收费车道	收费岛土建、收费亭	按不同的工程及设备分级
	……			
10703	监控系统	公路公里		
1070301	监控中心、分中心	公路公里		
107030101	监控中心、分中心设备安装	公路公里	含中心、分中心和隧道管理站等	按不同的设备分级
107030102	监控中心、分中心设备费	公路公里	含中心、分中心和隧道管理站等	按不同的设备分级
1070302	外场监控	公路公里		
107030201	外场监控设备安装	公路公里		按不同的设备分级
107030202	外场监控设备费	公路公里		按不同的设备分级
1070303	监控系统配电工程	公路公里		按不同的设备分级
	……			
10704	通信系统	公路公里		
1070401	通信系统设备安装	公路公里		按不同的设备分级
1070402	通信系统设备费	公路公里		按不同的设备分级

续表

分项编号	工程或费用名称	单位	主要工作内容	备注
	……			
1070403	缆线安装工程	公路公里		主材与安装费分列
107040301	缆线安装	公路公里		
107040302	缆线主材费用	公路公里		
	……			
10705	隧道机电工程	km/座		指隧道双洞长度及座数。按单座隧道进行分级
1070501	×××隧道机电工程			下挂隧道机电工程项目分表
	……			
10706	供电及照明系统	km		不含隧道内供配电
1070601	供电系统设备及安装	公路公里		按不同的部位分级
107060101	场区供电设备安装	公路公里		按不同的设施分级
107060102	场区供电设备费	公路公里		按不同的设施分级
1070602	照明系统设备与安装	公路公里		
107060201	场区照明安装	公路公里		
107060202	场区照明系统设备费	公路公里	不含灯杆、灯架、灯座箱	
107060203	大桥照明安装	公路公里		
107060204	大桥照明设备费	公路公里	不含灯杆、灯架、灯座箱	
	……			
10707	管理、养护、服务房建工程	m²		
1070701	管理中心	m²/处		
107070101	房建工程	m²		
	……			
1070702	养护工区	m²/处		
107070201	房建工程	m²		注明砖混或框架等结构形式
107070202	附属设施	m²		围墙、大门、道路、场区硬化、照明、排水等，不含土石方工程
	……			

分项编号	工程或费用名称	单位	主要工作内容	备注
1070703	服务区	m²/处		
107070301	服务区房屋	m²		注明砖混或框架等结构形式
107070302	附属设施	m²	含围墙、大门、道路、场区硬化、照明、排水等,不含广场(场坪)土石方工程	广场(场坪)填挖土石方工程在主线土石方工程中
	……			
1070704	停车区	m²/处		
	……			
1070705	收费站(棚)	m²/处		
107070501	服务区房建工程	m²		注明砖混或框架等结构形式
107070502	收费大棚	m²		注明砖混或框架等结构形式
107070503	附属设施	m²	含围墙、大门、道路、场区硬化、照明、排水等,不含广场(场坪)土石方工程	广场(场坪)填挖土石方工程在主线土石方工程中
	……			
1070706	公共交通车站	处		
107070601	港湾式	处		
107070605	直接式	处		
	……			
108	绿化及环境保护工程	公路公里		
10801	主线绿化及环境保护工程	公路公里		下挂绿化及环境保护 工程项目分表
	……			
10802	互通立交绿化及环境保护工程	处		
1080201	××互通立交绿化及环境保护	处		下挂绿化及环境保护 工程项目分表
	……			
10803	管养设施绿化及环境保护工程	m²		按管养设施名称分级
1080301	××管理中心绿化及环境保护	m²		下挂绿化及环境保护 工程项目分表

续表

分项编号	工程或费用名称	单位	主要工作内容	备注
	……			
1080302	××服务区绿化及环境保护	m²		下挂绿化及环境保护　工程项目分表
	……			
1080303	××停车区绿化及环境保护	m²		下挂绿化及环境保护　工程项目分表
	……			
1080304	××养护工区绿化及环境保护	m²		下挂绿化及环境保护　工程项目分表
	……			
1080305	××收费站绿化及环境保护	m²		下挂绿化及环境保护　工程项目分表
	……			
10804	污水处理设施	处		按不同的内容分级
	……			
10805	取、弃土场绿化	处		下挂绿化及环境保护　工程项目分表
	……			
109	其他工程	公路公里		
10901	联络线、支线工程	km/处		
1090101	××联络线、支线工程	km/处		下挂路基、路面、涵洞、桥梁、隧道、交通安全设施等工程项目分表
	……			
10902	连接线工程	km/处		
1090201	××连接线工程	km/处		下挂路基、路面、涵洞、桥梁、隧道、交通安全设施等工程项目分表
	……			
10903	辅道工程	km/处		
1090301	××辅道工程	km/处		下挂路基、路面、涵洞、桥梁、隧道、交通安全设施等工程项目分表
	……			
10904	改路工程	km/处		下挂路基工程项目分表
	……			
10905	改河、改沟、改渠	m/处		下挂路基工程项目分表

分项编号	工程或费用名称	单位	主要工作内容	备注
	……			
10906	悬出路台	m/处		
10907	渡口码头	处		
10908	取、弃土场排水防护	m³		下挂路基工程项目分表
	……			
110	专项费用	元		
11001	施工场地建设费	元		
11002	安全生产费	元		
	……			
2	第二部分　土地使用及拆迁补偿费	公路公里		
201	土地使用费	亩		
20101	永久征用土地	亩		按土地类别属性分类
20102	临时用地	亩		按使用性质分类
202	拆迁补偿费	公路公里		
203	其他补偿费	公路公里		
	……			
3	第三部分　工程建设其他费	公路公里		
301	建设项目管理费	公路公里		
30101	建设单位（业主）管理费	公路公里		
30102	建设项目信息化费	公路公里		
30103	工程监理费	公路公里		
30104	设计文件审查费	公路公里		
30105	竣（交）工验收试验检测费	公路公里		
302	研究试验费	公路公里		
303	建设项目前期工作费	公路公里		
304	专项评价（估）费	公路公里		
305	联合试运转费	公路公里		
306	生产准备费	公路公里		

续表

分项编号	工程或费用名称	单位	主要工作内容	备注
30601	工器具购置费	公路公里		
30602	办公和生活用家具购置费	公路公里		
30603	生产人员培训费	公路公里		
30604	应急保通设备购置费	公路公里		
307	工程保通管理费	公路公里		
30701	保通便道管理费	km		
30702	施工期通航安全保障费	处		
30703	营运铁路保通管理费	处		
	……			
308	工程保险费	公路公里		
309	其他相关费用	公路公里		
4	第四部分 预备费	公路公里		
401	基本预备费	公路公里		
402	价差预备费	公路公里		
5	第一至四部分合计	公路公里		
6	建设期贷款利息	公路公里		
7	公路基本造价	公路公里		

注:此项目表和分项编码文本及电子库由本办法主编单位统一管理。编制概算、预算时,应执行统一的分项编号。

附录 A.1 路基工程项目分表(LJ)

分项编号	工程或费用名称	单位	主要工程内容	备注
LJ01	场地清理	km		按清除内容分级
LJ0101	清理与掘除	km		
LJ010101	清除表土	m³		
LJ010102	伐树、挖根	棵		
LJ0102	挖除旧路面	m³		按挖除路面的类型分级
LJ010201	挖除水泥混凝土路面	m³		
LJ010202	挖除沥青混凝土路面	m³		
LJ010203	挖除碎碎(砾)石路面	m³		
	……			
LJ0103	拆除旧建筑物、构筑物	m³		按拆除材料分级
LJ010301	拆除钢筋混凝土结构	m³		
LJ010302	拆除混凝土结构	m³		
LJ010303	拆除砖石及其他砌体	m³		
	……			
LJ02	路基挖方	m³		
LJ0201	挖土方	m³	挖、装、运、弃	
LJ0202	挖石方	m³	挖、装、运、弃	
	……			
LJ03	路基填方	m³		
LJ0301	利用土方填筑	m³	填筑	不含桥涵台背回填
LJ0302	借土方填筑	m³	挖、装、运、填筑	不含桥涵台背回填
LJ0303	利用石方填筑	m³	挖、装、运、填筑	
LJ0304	借石方填筑	m³	挖、装、运、解小、填筑	
LJ0305	填砂路基	m³		
LJ0306	粉煤灰路基	m³		
LJ0307	石灰土路基	m³		
LJ04	结构物台背回填	m³		按回填位置分级
LJ0401	锥坡天土	m³		按不同的填筑材料分级

续表

分项编号	工程或费用名称	单位	主要工程内容	备注
LJ0402	挡土墙背回填	m^3		按不同的填筑材料分级
LJ0403	桥涵台背回填	m^3		按不同的填筑材料分级
LJ05	特殊路基处理	km		指需要处理的路基长度
LJ0501	软土地区路基处理	km		按不同的处理方法分级
LJ050101	抛时挤淤	m^3		
LJ050102	垫层	m^3		按不同的填料分级
LJ050103	土工织物	m^2		按挖图工织物分级
LJ050104	预压与超载预压	m^3		
LJ050105	真空预压与堆载预压	m^3		
LJ050106	塑料排水板	m		
LJ050107	水泥搅拌桩	m		
LJ050108	碎石桩	m		
LJ050109	混凝土管桩	m		
	……			
LJ0502	不良地质路段处治	km		按不同的处理方法分级
LJ050201	滑坡地段路基防治	km/处		按不同的处理方法分级
LJ050202	崩塌及岩堆路段路基防治	km/处		按不同的处理方法分级
LJ050203	泥石流路段路基防治	km/处		按不同的处理方法分级
LJ050204	岩溶地区防治	km/处		按不同的处理方法分级
LJ050205	采空区处理	km/处		按不同的处理方法分级
LJ050206	膨胀土处理	km		按不同的处理方法分级
LJ050207	黄土处理	m^3		按黄土的不同特性及处理方法分级
LJ05020701	陷穴	m^3		按不同的处理方法分级
LJ05020702	湿陷性黄土	m^3		按不同的处理方法分级
LJ050208	滨海路基防护与加固	km/处		按不同的处理方法分级
LJ050209	盐渍土处理	m^3		按不同的处理方法分级
LJ06	排水工程	km		路基工程长度,按不同的结构类型分级

分项编号	工程或费用名称	单位	主要工程内容	备注
LJ0601	边沟	m^3/m		按不同材料分级
LJ060101	现浇混凝土边沟	m^3/m		
LJ060102	浆砌混凝土预制块边沟	m^3/m		
LJ060103	浆砌片石边沟	m^3/m		
	……			
LJ0602	排水沟	m^3/m		按不同材料分级
LJ060201	现浇混凝土排水沟	m^3/m		
LJ060202	浆砌混凝土预制块排水沟	m^3/m		
LJ060203	浆砌片(块)石排水沟	m^3/m		
	……			
LJ0603	截水沟	m^3/m		按不同的材料分级
LJ060301	浆砌混凝土预制块截水沟	m^3/m		
LJ060302	浆砌片(块)石截水沟	m^3/m		
	……			
LJ0604	急流槽	m^3/m		按不同的材料分级
LJ060401	现浇混凝土急流槽	m^3/m		
LJ060402	浆砌片(块)石急流槽			
	……			
LJ0605	暗沟	m^3/m		按不同的材料分级
LJ060501	现浇混凝土暗沟	m^3/m		
LJ060502	浆砌片(块)石暗沟	m^3/m		
	……			
LJ0606	渗(盲)沟	m^3/m		按不同的材料分级
LJ0607	其他排水工程	km		
	……			
LJ07	路基防护与加固工程	km		按不同的材料分级
LJ0701	一般边坡防护与加固	km		坡底与路基顶面交界长度(按单边计),指非高边坡路段的防护及支挡建筑

续表

分项编号	工程或费用名称	单位	主要工程内容	备注
LJ0702	高边坡防护与加固	km/处	包括植物防护、圬工防护、导治结构物及支挡建筑物等	坡底与路基顶面交界长度(按单边计),指土质挖方边坡高度大于20 m、岩质挖方边坡高度大于30 m或填方边坡大于20 m的边坡防护与加固
LJ0703	冲刷防护	m	包括植物防护、铺石、抛石、石笼、导治结构物等	防护水流对路基冲刷和淘刷的防护工程;防护段长度
LJ0704	其他防护	km	除以上路基防护工程外的路基其他防护工程等	指路基长度
	……			
LJ08	路基其他工程	km	除以上工程外的路基工程,包括整修路基、整修边坡等	指路基长度
	……			

附录 A.2　路面工程项目分表(LM)

分项编号	工程或费用名称	单位	主要工作内容	备注
LM01	沥青混凝土路面			
LM0101	路面垫层	m²		按不同的材料分级
LM010101	碎石垫层	m²		按不同的厚度分级
LM010102	砂砾垫层	m²		按不同的厚度分级
	……			
LM0102	路面底基层	m²		按不同的材料分级
LM010201	石灰稳定类底基层	m²		按不同的厚度分级
LM010202	水泥稳定类底基层	m²		按不同的厚度分级
LM010203	石灰粉煤灰稳定类底基层	m²		按不同的厚度分级
LM010204	级配碎(砾)石底基层	m²		按不同的厚度分级
	……			
LM0103	路面基层	m²		按不同的材料分级
LM010301	石灰稳定类基层	m²		按不同的厚度分级
LM010302	水泥稳定类基层	m²		按不同的厚度分级
LM010303	石灰粉煤灰稳定类基层	m²		按不同的厚度分级
LM010304	级配碎(砾)石基层	m²		按不同的厚度分级
LM010305	水泥混凝土基层	m²		按不同的厚度分级
LM010306	沥青碎石混合料基层	m²		按不同的厚度分级
	……			
LM0104	透层、黏层、封层	m²		按不同的形式分级
LM010401	透层	m²		按不同的材料分级
LM010402	黏层	m²		按不同的材料分级
LM010403	封层	m²		按不同的材料分级
LM010404	沥青表处封层	m²		
LM010405	稀浆封层	m²		
LM010406	沥青同步碎石封层	m²		
LM010407	土工布	m²		
LM010408	玻璃纤维格栅	m²		
	……			

续表

分项编号	工程或费用名称	单位	主要工作内容	备注
LM0105	沥青混凝土面层	m²		
LM010501	粗粒式沥青混凝土面层	m²		按不同的厚度分级
LM010502	中粒式沥青混凝土面层	m²		按不同的厚度分级
LM010503	细粒式沥青混凝土面层	m²		按不同的厚度分级
LM010504	改性沥青混凝土面层	m²		按不同的厚度分级
LM010505	沥青玛蹄脂碎石混合料面层	m²		按不同的厚度分级
	……			
LM02	水泥混凝土路面	m²		
LM0201	路面垫层	m²		按不同的材料分级
LM020101	碎石垫层	m²		按不同的厚度分级
LM020102	砂砾垫层	m²		按不同的厚度分级
	……			
LM0202	路面底基层	m²		按不同的材料分级
LM020201	石灰稳定类底基层	m²		按不同的厚度分级
LM020202	水泥稳定类底基层	m²		按不同的厚度分级
LM020203	石灰粉煤灰稳定类底基层	m²		按不同的厚度分级
LM020204	级配碎(砾)石底基层	m²		按不同的厚度分级
	……			
LM0203	路面基层	m²		按不同的材料分级
LM020301	石灰稳定类基层	m²		按不同的厚度分级
LM020302	水泥稳定类基层	m²		按不同的厚度分级
LM020303	石灰粉煤灰稳定类基层	m²		按不同的厚度分级
LM020304	级配碎(砾)石基层	m²		按不同的厚度分级
LM020305	水泥混凝土基层	m²		按不同的厚度分级
LM020306	沥青碎石混合料基层	m²		按不同的厚度分级
	……			
LM0204	透层、黏层、封层	m²		按不同的形式分级
LM020401	透层	m²		按不同的材料分级
LM020402	黏层	m²		按不同的材料分级
LM020403	封层	m²		按不同的材料分级
LM020404	沥青表处封层	m²		

分项编号	工程或费用名称	单位	主要工作内容	备注
LM020405	稀浆封层	m²		
LM020406	沥青同步碎石封层	m²		
LM020407	土工布	m²		
LM020408	玻璃纤维格栅	m²		
	……			
LM0205	水泥混凝土面层	m²		按不同的材料分级
LM020501	水泥混凝土	m²		按不同的厚度分级
LM020502	钢筋	t		
LM03	其他路面	m²		按不同的类型分级
	……			
LM04	路槽、路肩及中央分隔带	m²		
LM0401	挖路槽	m²		按不同的土质分级
LM040101	土质路槽	m²		
LM040102	石质路槽	m²		
LM0402	路肩	km		
LM040201	培路肩	m³		
LM040202	土路肩加固	m³		按不同的加固方式分级
LM04020201	现浇混凝土	m³		
LM04020202	铺砌混凝土预制块(路边石)	m³		
LM04020203	浆砌片石	m³		
	……			
LM0403	中间带	km		
LM040301	回填土	m³		
LM040302	路缘石	m³		按现浇和预制安装分级
LM040303	混凝土过水槽	m³		
	……			
LM05	路面排水	km		按不同的类型分级
LM0501	拦水带	m		按不同的材料分级
LM050101	沥青混凝土	m²/m		
LM050102	水泥混凝土	m³/m		
LM0502	排水沟	m³/m		按不同的类型分级

续表

分项编号	工程或费用名称	单位	主要工作内容	备注
LM050201	路肩排水沟	m^3/m		
LM050202	中央分隔带排水沟	m^3/m		
LM0503	混凝土过水槽	m^3		
LM0504	排水管	m		按不同的类型分级
LM050401	纵向排水管	m		按不同的管径分级
LM050402	横向排水管	m/道		
LM0505	集水井	$m^3/$个		按不同的规格分级
LM0506	检查井	$m^3/$个		
	……			
LM06	旧路面处理	km/m^2		按不同的类型分级
	……			

附录 A.3　桥梁工程项目分表（QL）

分项编号	工程或费用名称	单位	主要工作内容	备注
QL01	基础工程	m³		
QL0101	扩大基础	m³		
QL010101	轻型墩台	m³		
QL010102	实体式	m³		
QL0102	桩基础	m³/m		
QL010201	灌注桩基础	m³		
QL010202	预制桩基础	m³		
QL010203	钢管桩基础	t/m		
	……			
QL0103	沉井基础	m³		
QL0104	钢围堰	t		大桥或特大桥的钢围堰深水基础
QL0105	承台	m³		
QL0106	系梁	m³		指地面以下系梁
	……			
QL02	下部构造	m³		
QL0201	桥台	m³		
QL0202	桥墩	m³		
QL0203	索塔	m³		
	……			
QL03	上部构造			按不同的形式划分细目,并注明其跨径
QL0301	钢筋混凝土矩形板	m³		
QL0302	钢筋混凝土空心板	m³		
QL0303	预应力混凝土空心板	m³		
QL0304	预应力混凝土小箱梁	m³		
QL0305	预应力混凝土 T 梁	m³		
QL0306	现浇混凝土连续梁	m³		
QL0307	现浇混凝土刚构	m³		
QL0308	钢管拱肋	t		含钢管拱、钢管混凝土。如缆索安装,含缆索吊装、扣索系统等

续表

分项编号	工程或费用名称	单位	主要工作内容	备注
QL0309	钢管混凝土	m³		
QL0310	混凝土拱肋	m³		含拱肋混凝土、预应力钢材
QL0311	箱形拱	m³		
QL0312	钢箱梁	t		
QL0313	主缆	t		包含主缆制作、安装
QL0314	猫道	m		包含牵引系统
QL0315	索鞍	t		
QL0316	吊索	t		
QL0317	吊杆	t		
	......			
QL04	桥面铺装			
QL0401	沥青混凝土铺装	m³		包含桥面防水层
QL0402	水泥混凝土铺装	m³		包含桥面防水层
QL0403	钢桥面沥青混凝土铺装	m³		包含桥面防水层
	......			
QL05	桥梁附属结构			
QL0501	桥梁支座	个		
QL050101	板式橡胶支座	dm³		
QL050102	盆式橡胶支座	个		
	......			
QL0502	伸缩缝	m		
QL050201	模数式伸缩缝	m		
	......			
QL0503	护栏与护网	m		
QL050301	人行道及栏杆	m		
QL050302	桥梁钢防撞护栏	m		
QL050303	桥梁波形梁护栏	m		
QL050304	桥梁混凝土防撞护栏	m		
QL050305	桥梁防护网	m		
QL06	其他工程	m		
	......			

附录 A.4　涵洞工程项目分表（HD）

分项编号	工程或费用名称	单位	主要工作内容	备注
HD01	管涵	m/道		按管径和单、双孔分级
HD02	盖板涵	m/道		按不同的材料和涵径分级
HD03	箱涵	m/道		按不同的涵径分级
HD04	拱涵	m/道		按不同的材料和涵径分级
……				

附录 A.5　隧道工程项目分表（SD）

分项编号	工程或费用名称	单位	主要工程内容	备注
SD01	洞门及明洞开挖	m³		
SD0101	挖土方	m³		
SD0102	挖石方	m³		
	……			
SD02	洞口坡面排水、防护	m³		
SD0201	浆砌截水沟	m³		
SD0202	浆砌片石护坡	m³		
SD0203	混凝土护坡	m³		
SD0204	喷射混凝土	m³		
SD0205	钢筋网	t		
SD0206	锚杆	t/m		
SD0207	种草（皮）	m²		
SD0208	保温出水口	个		
	……			
SD03	洞门建筑	m³/座		按不同材料分级
SD0301	浆砌洞门墙	m³		
SD0302	混凝土洞门墙	m³		
SD04	明洞修筑	m		
SD0401	明洞衬砌及洞顶回填	m³/m		
SD040101	混凝土衬砌	m³		
SD040102	钢筋	t		
SD040103	洞顶回填	m³		
SD04010301	浆砌片石	m³		
SD04010302	碎石土	m³		
SD040104	遮光棚（板）	m		
SD04010401	基础	m³		
SD04010402	型钢支架	t		
SD04010403	遮光棚（板）	m²		
	……			

分项编号	工程或费用名称	单位	主要工程内容	备注
SD05	洞身开挖	m^3/m		
SD0501	开挖	m^3/m		按围岩级别分级
SD0502	注浆小导管	m		
SD0503	管棚	m		
SD0504	锚杆	m		按锚杆类型分级
SD0505	钢拱架(支撑)	t		
SD0506	注浆工程	m^3		
SD0507	套拱混凝土	m^3		
SD0508	孔口管	t		
SD0509	喷混凝土	m^3		
SD0510	钢筋网	t		
SD0511	地质超前预报	总额		
	……			
SD06	洞身衬砌	m^3		
SD0601	浆砌块(片)石	m^3		
SD0602	现浇混凝土	m^3		
SD0603	钢筋	t		
	……			
SD07	仰拱	m^3		
SD0701	仰拱混凝土	m^3		
SD0702	仰拱回填混凝土	m^3		
SD0703	钢筋	t		
	……			
SD08	洞内管、沟	m^3		洞内管沟按照不同类别单列
SD0801	电缆沟	m		
SD080101	现浇混凝土	m/m^3		
SD080102	预制混凝土	m/m^3		
SD080103	钢筋	t		
SD080104	碎石垫层	m^3		
	……			
SD09	防水与排水	m^3		

续表

分项编号	工程或费用名称	单位	主要工程内容	备注
SD0901	防水板	m²		
SD0902	止水带、条	m		
SD0903	压浆	m³		
SD0904	排水管	m		
	……			
SD10	洞内路面	m²		按不同的路面结构和厚度分级
SD1001	水泥混凝土路面	m²		
SD1002	沥青混凝土路面	m²		
	……			
SD11	洞身及洞门装饰	m²		
SD1101	隧道铭牌	个		
SD1102	喷防火涂料	m²		
	……			

附录 A.6　交通安全设施工程项目分表（JA）

分项编号	工程或费用名称	单位		备注
JA01	护栏	m		
JA0101	混凝土、圬工砌体护栏	m^3/m		
JA010101	预制混凝土护栏	m^3/m		
	……			
JA0102	现浇钢筋混凝土防撞护栏	m^3/m		
JA010201	现浇钢筋混凝土防撞护栏墙体混凝土	m^3/m		
JA0103	柱式护栏	m^3/m		
JA0104	石砌墙式护栏	m^3/m		
JA0105	钢护栏	m		
JA010501	波形钢板护栏	m		
JA010502	缆索护栏	m		
JA010503	活动护栏	m		
JA02	隔离栅	m		
JA03	标志牌	块		
JA0301	铝合金标志牌	块		
JA030101	单柱式铝合金标志牌	块		
JA030102	双柱式铝合金标志牌	块		
JA030103	单悬臂铝合金标志牌	块		
JA030104	双悬臂铝合金标志牌	块		
JA030105	门架式铝合金标志牌	块		
JA030106	附着式铝合金标志牌	块		
JA0302	钢板标志牌	块		
JA030201	单柱式钢板标志牌	块		
JA030202	双柱式钢板标志牌	块		
JA030203	单悬臂钢板标志牌	块		
JA030204	双悬臂钢板标志牌	块		
JA030205	门架式钢板标志牌	块		
JA030206	附着式钢板标志牌	块		
	……			
JA04	标线	m^2		指标线的总面积

续表

分项编号	工程或费用名称	单位		备注
JA0401	路面标线	m^2		
JA040101	热熔标线	m^2/m		
JA040102	普通标线	m^2/m		
JA040103	振动标线	m^2/m		
JA040104	彩色铺装标线	m^2		
	……			
JA0402	路钮	个		
JA040201	路面反光路钮	个		
JA040202	自发光路面标识	个		
	……			
JA0403	减速带	m/处		
JA05	里程碑、百米桩、界碑	个		
JA0501	混凝土里程碑、百米桩、界碑	个		
JA050101	混凝土里程碑	个		
JA050102	混凝土百米桩	个		
JA050103	混凝土界碑	个		
JA0502	铝合金里程碑、百米桩、界碑	个		
JA050201	铝合金里程碑	个		
JA050202	铝合金百米桩	个		
JA050203	铝合金界碑	个		
JA06	轮廓标	个		
JA0601	钢板柱轮廓标	个		
JA0602	玻璃钢柱式轮廓标	个		
JA0603	栏式轮廓标	个		
JA07	防眩、防撞设施			
JA0701	防眩板	m		
JA0702	防眩网	m		
JA0703	防撞桶	个		
JA0704	防撞垫	个		
JA0705	水马	个		
JA08	中间带及车道分离块	公路公里		
JA0801	中间带	公路公里		

分项编号	工程或费用名称	单位		备注
JA080101	预制混凝土中间带	m³/m		
JA080102	现浇混凝土中间带	m³/m		
JA080103	中间带填土	m³		
JA0802	隔离墩	m		
JA080201	预制混凝土隔离墩	m³/m		
JA0380202	现浇混凝土隔离墩	m³/m		
JA0803	车道分离块	m³/m		
JA09	安全设施拆除工程	公路公里		
JA0901	拆除铝合金标志	个		
JA0902	拆除混凝土护栏	m³/m		
JA0903	拆除波形梁护栏	m		
JA0904	拆除隔离栅	m		
JA0905	拆除里程碑	个		
JA0906	拆除百米碑	个		
JA0907	拆除界碑	个		
JA0908	拆除防眩板	m		
JA0909	拆除突起路标	块		
JA0910	铲除标线	m²/m		
JA10	客运汽车停靠站防雨棚	个		
JA1001	钢结构防雨棚	个		
JA1002	钢筋混凝土防雨棚	个		
JA1003	客运汽车停靠站地坪	m²		
	……			

附录 A.7　隧道机电工程项目分表（SJ）

分项编号	工程或费用名称	单位	主要工作内容	备注
SJ01	隧道监控			
SJ0101	隧道监控设备费			
SJ0102	隧道监控设备安装			
SJ0103	监控系统配电工程			
	……			
SJ02	隧道供电及照明系统			
SJ0201	隧道供电设备费			
SJ0202	隧道照明安装			
	……			
SJ03	隧道通风系统	km		按隧道单洞长度
SJ0301	隧道通风设备费	km		
SJ0302	隧道通风设备安装	km		
	……			
SJ04	隧道消防系统	km		按隧道单洞长度
SJ0401	隧道消防设备费	km		
SJ0402	隧道消防设备安装	km		
	……			
SJ05	防火涂料	m²		按涂料种类计列
	……			
SJ06	洞室门	个		按洞室类型分级
SJ0601	卷帘门	个		
SJ0602	检修门	个		
SJ0603	风机启动柜洞门	个		
SJ0604	消防室洞门	个		
SJ0605	防火闸门	个		
	……			

附录 A.8　绿化及环境保护工程项目分表(LH)

分项编号	工程或费用名称	单位	主要工作内容	备注
LH01	边坡绿化工程	m²		按不同的材料分级、建议列入绿化工程
LH0101	播种草籽	m²		
LH0102	铺(植)草皮	m²		
LH0103	土工织物植草	m²		
LH0104	植生袋植草	m²		
LH0105	液压喷播植草	m²		
LH0106	客土喷播植草	m²		
LH0107	喷混植草	m²		
LH0108	路堑边坡种植(插扦)灌木	m² 或株		
LH0109	路堤边坡种植(插扦)灌木	m² 或株		
	……			
LH02	场地绿化及环保	m²		按不同的内容分级
LH0201	撒播草种	m²		按不同的内容分级
LH0202	铺植草皮	m²		按不同的内容分级
LH0203	绿地喷灌管道	m		按不同的内容分级
	……			
LH03	种植乔木	株		按不同的树种分级
LH0301	高山榕	株		
LH0302	美人蕉	株		
	……			
LH04	种植灌木	株		按不同的树种分级
LH0401	夹竹桃	株		
LH0402	月季	株		
	……			
LH05	种植攀缘植物	株		按不同的树种分级
LH0501	爬山虎	株		
LH0502	葛藤	株		
	……			

续表

分项编号	工程或费用名称	单位	主要工作内容	备注
LH06	种植竹类植物	株		按不同的内容分级
LH07	种植棕榈类植物	株		按不同的内容分级
LH08	栽植绿篱	m^2		
LH09	声屏障	m		按不同的材料及类型分级
LH0901	消声板声屏障	m		
LH0902	吸音砖声屏障	m^3		
LH0903	砖墙声屏障	m^3		

附录 B　全国冬季施工气温区划分表

省份	地区、市、自治州、盟(县)	气温区	
北京	全境	冬二	I
天津	全境	冬二	I
河北	石家庄、邢台、邯郸、衡水市(冀州区、枣强县、故城县)	冬一	II
	廊坊、保定(涞源县及以北除外)、衡水(冀州区、枣强县、故城县除外)、沧州市	冬二	I
	唐山、秦皇岛市		II
	承德(围场县除外)、张家口(沽源县、张北县、尚义县、康保县除外)、保定市(涞源县及以北)	冬三	
	承德(围场县)、张家口市(沽源县、张北县、尚义县、康保县)	冬四	
山西	运城市(万荣县、夏县、绛县、新绛县、稷山县、闻喜县除外)	冬一	II
	运城(万荣县、夏县、绛县、新绛县、稷山县、闻喜县)、临汾(尧都区、侯马市、曲沃县、翼城县、襄汾县、洪洞县)、阳泉(盂县除外)、长治(黎城县)、晋城市(城区、泽州县、沁水县、阳城县)	冬二	I
	太原(娄烦县除外)、阳泉(盂县)、长治(黎城县除外)、晋城(城区、泽州县、沁水县、阳城县除外)、晋中(寿阳县、和顺县、左权县除外)、临汾(尧都区、侯马市、曲沃县、翼城县、襄汾县、洪洞县除外)、吕梁市(孝义市、汾阳市、文水县、交城县、柳林县、石楼县、交口县、中阳县)		II
	太原(娄烦县)、大同(左云县除外)、朔州(右玉县除外)、晋中(寿阳县、和顺县、左权县)、忻州、吕梁市(离石区、临县、岚县、方山县、兴县)	冬三	
	大同(左云县)、朔州市(右玉县)	冬四	
内蒙古	乌海市、阿拉善盟(阿拉善左旗、阿拉善右旗)	冬二	I
	呼和浩特(武川县除外)、包头(固阳县除外)、赤峰、鄂尔多斯、巴彦淖尔、乌兰察布市(察哈尔右翼中旗除外),阿拉善盟(额济纳旗)	冬三	
	呼和浩特(武川县)、包头(固阳县)、通辽、乌兰察布市(察哈尔右翼中旗)、锡林郭勒(苏尼特右旗、多伦县)、兴安盟(阿尔山市除外)	冬四	
	呼伦贝尔市(海拉尔区、新巴尔虎右旗、阿荣旗),兴安(阿尔山市)、锡林郭勒盟(冬四区以外各地)	冬五	
	呼伦贝尔市(冬五区以外各地)	冬六	
辽宁	大连(瓦房店市、普兰店市、庄河市除外)、葫芦岛市(绥中县)	冬二	I
	沈阳(康平县、法库县除外)、大连(瓦房店市、普兰店市、庄河市)、鞍山、本溪(桓仁县除外)、丹东、锦州、阜新、营口、辽阳、朝阳(建平县除外)、葫芦岛(绥中县除外)、盘锦市	冬三	
	沈阳(康平县、法库县)、抚顺、本溪(桓仁县)、朝阳(建平县)、铁岭市	冬四	

续表

省份	地区、市、自治州、盟(县)	气温区	
吉林	长春(榆树市除外)、四平、通化(辉南县除外)、辽源、白山(靖宇县、抚松县、长白县除外)、松原(长岭县)、白城市(通榆县),延边自治州(敦化市、汪清县、安图县除外)	冬四	
	长春(榆树市)、吉林、通化(辉南县)、白山(靖宇县、抚松县、长白县)、白城(通榆县除外)、松原市(长岭县除外),延边自治州(敦化市、汪清县、安图县)	冬五	
黑龙江	牡丹江市(绥芬河市、东宁市)	冬四	
	哈尔滨(依兰县除外)、齐齐哈尔(讷河市、依安县、富裕县、克山县、克东县、拜泉县除外)、绥化(安达市、肇东市、兰西县)、牡丹江(绥芬河市、东宁市除外)、双鸭山(宝清县)、佳木斯(桦南县)、鸡西、七台河、大庆市	冬五	
	哈尔滨(依兰县)、佳木斯(桦南县除外)、双鸭山(宝清县除外)、绥化(安达市、肇东市、兰西县除外)、齐齐哈尔(讷河市、依安县、富裕县、克山县、克东县、拜泉县)、黑河、鹤岗、伊春市,大兴安岭地区	冬六	
上海	全境	准二	
江苏	徐州、连云港市	冬一	I
	南京、无锡、常州、淮安、盐城、宿迁、扬州、泰州、南通、镇江、苏州市	准二	
浙江	杭州、嘉兴、绍兴、宁波、湖州、衢州、舟山、金华、温州、台州、丽水市	准二	
安徽	亳州市	冬一	I
	阜阳、蚌埠、淮南、滁州、合肥、六安、马鞍山、芜湖、铜陵、池州、宣城、黄山市	准一	
	淮北、宿州市	准二	
福建	宁德(寿宁县、周宁县、屏南县)、三明市	准一	
江西	南昌、萍乡、景德镇、九江、新余、上饶、抚州、宜春市	准一	
山东	全境	冬一	I
河南	安阳、商丘、周口(西华县、淮阳县、鹿邑县、扶沟县、太康县)、新乡、三门峡、洛阳、郑州、开封、鹤壁、焦作、济源、濮阳、许昌市	冬一	I
	驻马店、信阳、南阳、周口(西华县、淮阳县、鹿邑县、扶沟县、太康县除外)、平顶山、漯河市	准二	
湖北	武汉、黄石、荆州、荆门、鄂州、宜昌、咸宁、黄冈、天门、潜江、仙桃市,恩施自治州	准一	
	孝感、十堰、襄阳、随州市,神农架林区	准二	
湖南	全境	准一	
重庆	城口县	准一	
四川	阿坝(黑水县)、甘孜自治州(新龙县、道浮县、泸定县)	冬一	II
	甘孜自治州(甘孜县、康定市、白玉县、炉霍县)	冬二	I
	阿坝(壤塘县、红原县、松潘县)、甘孜自治州(德格县)		II
	阿坝(阿坝县、若尔盖县、九寨沟县)、甘孜自治州(石渠县、色达县)	冬三	
	广元市(青川县),阿坝(汶川县、小金县、茂县、理县)、甘孜(巴塘县、雅江县、得荣县、九龙县、理塘县、乡城县、稻城县)、凉山自治州(盐源县、木里县)	准一	
	阿坝(马尔康市、金川县)、甘孜自治州(丹巴县)	准二	

续表

省份	地区、市、自治州、盟（县）	气温区	
贵州	贵阳、遵义（赤水市除外）、安顺市,黔东南、黔南、黔西南自治州	准一	
	六盘水、毕节市	准二	
云南	迪庆自治州（德钦县、香格里拉市）	冬一	Ⅱ
	曲靖（宣威市、会泽县）、丽江（玉龙县、宁蒗县）、昭通市（昭阳区、大关县、威信县、彝良县、镇雄县、鲁甸县）、迪庆（维西县）、怒江（兰坪县）、大理自治州（剑川县）	准一	
西藏	拉萨（当雄县除外）、日喀则（拉孜县）、山南（浪卡子县、错那县、隆子县除外）、昌都（芒康县、左贡县、类乌齐县、丁青县、洛隆县除外）、林芝市	冬一	Ⅰ
	山南（隆子县）、日喀则市（定日县、聂拉木县、亚东县、拉孜县除外）		Ⅱ
	昌都市（洛隆县）		Ⅰ
	昌都（芒康县、左贡县、类乌齐县、丁青县）、山南（浪卡子县）、日喀则市（定日县、聂拉木县）,阿里地区（普兰县）	冬二	Ⅱ
	拉萨（当雄县）、山南（错那县）、日喀则市（亚东县）、那曲（安多县除外）、阿里地区（普兰县除外）	冬三	
	那曲地区（安多县）	冬四	
陕西	西安、宝鸡、渭南、咸阳（彬县、旬邑县、长武县除外）、汉中（留坝县、佛坪县）、铜川市（耀州区）	冬一	Ⅰ
	铜川（印台区、王益区）、咸阳市（彬县、旬邑县、长武县）		Ⅱ
	延安（吴起县除外）、榆林（清涧县）、铜川市（宜君县）	冬二	Ⅱ
	延安（吴起县）、榆林市（清涧县除外）	冬三	
	商洛、安康、汉中市（留坝县、佛坪县除外）	准二	
甘肃	陇南市（两当县、徽县）	冬一	Ⅱ
	兰州、天水、白银（会宁县、靖远县）、定西、平凉、庆阳、陇南市（西和县、礼县、宕昌县）、临夏、甘南自治州（舟曲县）	冬二	Ⅱ
	嘉峪关、金昌、白银（白银区、平川区、景泰县）、酒泉、张掖、武威市,甘南自治州（舟曲县除外）	冬三	
	陇南市（武都区、文县）	准一	
	陇南市（成县、康县）	准二	
青海	海东市（民和县）	冬二	Ⅱ
	西宁、海东（民和县除外）,黄南（泽库县除外）、海南、果洛（班玛县、达日县、久治县）、玉树（囊谦县、杂多县、称多县、玉树市）、海西自治州（德令哈市、格尔木市、都兰县、乌兰县）	冬三	
	海北（野牛沟、托勒除外）、黄南（泽库县）、果洛（玛沁县、甘德县、玛多县）、玉树（曲麻莱县、治多县）、海西自治州（冷湖、茫崖、大柴旦、天峻县）	冬四	
	海北（野牛沟、托勒）、玉树（清水河）、海西自治州（唐古拉山区）	冬五	
宁夏	全境	冬二	Ⅱ

续表

省份	地区、市、自治州、盟(县)	气温区	
新疆	阿拉尔、哈密市(哈密市泌城镇),喀什(喀什市、伽师县、巴楚县、英吉沙县、麦盖提县、莎车县、叶城县、泽普县)、阿克苏(沙雅县、阿瓦提县)、和田地区,伊犁(伊宁市、新源县、霍城县霍尔果斯镇)、巴音郭楞(库尔勒市、若羌县、且末县、尉犁县铁干里可)、克孜勒苏自治州(阿图什市、阿克陶县)	冬二	I
	喀什地区(岳普湖县)		II
	乌鲁木齐市(牧业气象试验站、达坂城区、乌鲁木齐县小渠子乡)、吐鲁番、哈密市(十三间房、红柳河、伊吾县淖毛湖)、塔城(乌苏市、沙湾县、额敏县除外)、阿克苏(沙雅县、阿瓦提县除外)、喀什地区(塔什库尔干县),克孜勒苏(乌恰县、阿合奇县)、巴音郭楞(和静县、焉耆县、和硕县、轮台县、尉犁县、且末县塔中)、伊犁自治州(伊宁市、霍城县、察布查尔县、尼勒克县、巩留县、昭苏县、特克斯县)	冬三	
	乌鲁木齐(冬三区以外各地)、哈密地区(巴里坤县),塔城(额敏县、乌苏市)、阿勒泰(阿勒泰市、哈巴河县、吉木乃县)、昌吉(昌吉市、木垒县、奇台县北塔山镇、阜康市天池)、博尔塔拉(温泉县、精河县、阿拉山口口岸)、克孜勒苏自治州(乌恰县吐尔尕特口岸)	冬四	
	克拉玛依、石河子市,塔城(沙湾县)、阿勒泰地区(布尔津县、福海县、富蕴县、青河县)、博尔塔拉(博乐市)、昌吉(阜康市、玛纳斯县、呼图壁县、吉木萨尔县、奇台县)、巴音郭楞自治州(和静县巴音布鲁克乡)	冬五	

注:为避免繁冗,各民族自治州名称予以简化,如青海省的"海西蒙古族藏族自治州"简化为"海西自治州"。

附录 C　全国雨季施工雨量区及雨季期划分表

省份	地区、市、自治州、盟(县)	雨量区	雨季期(月数)
北京	全境	Ⅱ	2
天津	全境	Ⅰ	2
河北	张家口、承德市(围场县)	Ⅰ	1.5
河北	承德(围场县除外)、保定、沧州、石家庄、廊坊、邢台、衡水、邯郸、唐山、秦皇岛市	Ⅱ	2
山西	全境	Ⅰ	1.5
内蒙古	呼和浩特、通辽、呼伦贝尔(海拉尔区、满洲里市、陈巴尔虎旗、鄂温克旗)、鄂尔多斯(东胜区、准格尔旗、伊金霍洛旗、达拉特旗、乌审旗)、赤峰、包头、乌兰察布市(集宁区、化德县、商都县、兴和县、四子王旗、察哈尔右翼中旗、察哈尔右翼后旗、卓资县及以南),锡林郭勒盟(锡林浩特市、多伦县、太仆寺旗、西乌珠穆沁旗、正蓝旗、正镶白旗)	Ⅰ	1
内蒙古	呼伦贝尔市(牙克石市、额尔古纳市、鄂伦春旗、扎兰屯市及以东)、兴安盟		2
辽宁	大连(长海县、瓦房店市、普兰店市、庄河市除外)、朝阳市(建平县)		2
辽宁	沈阳(康平县)、大连(长海县)、锦州(北镇市除外)、营口(盖州市)、朝阳市(凌源市、建平县除外)		2.5
辽宁	沈阳(康平县、辽中区除外)、大连(瓦房店市)、鞍山(海城市、台安县、岫岩县除外)、锦州(北镇市)、阜新、朝阳(凌源市)、盘锦、葫芦岛(建昌县)、铁岭市	Ⅰ	3
辽宁	抚顺(新宾县)、辽阳市		3.5
辽宁	沈阳(辽中区)、鞍山(海城市、台安县)、营口(盖州市除外)、葫芦岛市(兴城市)		2.5
辽宁	大连(普兰店市)、葫芦岛市(兴城市、建昌县除外)		3
辽宁	大连(庄河市)、鞍山(岫岩县)、抚顺(新宾县除外)、丹东(凤城市、宽甸县除外)、本溪市	Ⅱ	3.5
辽宁	丹东市(凤城市、宽甸县)		4
吉林	辽源、四平(双辽市)、白城、松原市	Ⅰ	2
吉林	吉林、长春、四平(双辽市除外)、白山市,延边自治州	Ⅱ	2
吉林	通化市		3
黑龙江	哈尔滨(市区、呼兰区、五常市、阿城区、双城区)、佳木斯(抚远市)、双鸭山(市区、集贤县除外)、齐齐哈尔(拜泉县、克东县除外)、黑河(五大连池市、嫩江县)、绥化(北林区、海伦市、望奎县、绥棱县、庆安县除外)、牡丹江、大庆、鸡西、七台河市,大兴安岭地区(呼玛县除外)	Ⅰ	2
黑龙江	哈尔滨(市区、呼兰区、五常市、阿城区、双城区除外)、佳木斯(抚远县除外)、双鸭山(市区、集贤县)、齐齐哈尔(拜泉县、克东县)、黑河(五大连池市、嫩江县除外)、绥化(北林区、海伦市、望奎县、绥棱县、庆安县)、鹤岗、伊春市,大兴安岭地区(呼玛县)	Ⅱ	2

续表

省份	地区、市、自治州、盟(县)	雨量区	雨季期(月数)
上海	全境	II	4
江苏	徐州、连云港市	II	2
	盐城市		3
	南京、镇江、淮安、南通、宿迁、扬州、常州、泰州市		4
	无锡、苏州市		4.5
浙江	舟山市	II	4
	嘉兴、湖州市		4.5
	宁波、绍兴市		6
	杭州、金华、温州、衢州、台州、丽水市		7
安徽	亳州、淮北、宿州、蚌埠、淮南、六安、合肥市	II	1
	阜阳市		2
	滁州、马鞍山、芜湖、铜陵、宣城市		3
	池州市		4
	安庆、黄山市		5
福建	泉州市(惠安县崇武)	I	4
	福州(平潭县)、泉州(晋江市)、厦门(同安区除外)、漳州市(东山县)		5
	三明(永安市)、福州(市区、长乐市)、莆田市(仙游县除外)		6
	南平(顺昌县除外)、宁德(福鼎市、霞浦县)、三明(永安市、尤溪县、大田县除外)、福州(市区、长乐市、平潭县除外)、龙岩(长汀县、连城县)、泉州(晋江市、惠安县崇武、德化县除外)、莆田(仙游县)、厦门(同安区)、漳州市(东山县除外)	II	7
	南平(顺昌县)、宁德(福鼎市、霞浦县除外)、三明(尤溪县、大田县)、龙岩(长汀县、连城县除外)、泉州市(德化县)		8
江西	南昌、九江、吉安市	II	6
	萍乡、景德镇、新余、鹰潭、上饶、抚州、宜春、赣州市		7
山东	济南、潍坊、聊城市	I	3
	淄博、东营、烟台、济宁、威海、德州、滨州市		4
	枣庄、泰安、莱芜、临沂、菏泽市		5
	青岛市	II	3
	日照市		4
河南	郑州、许昌、洛阳、济源、新乡、焦作、三门峡、开封、濮阳、鹤壁市	I	2
	周口、驻马店、漯河、平顶山、安阳、商丘市		3
	南阳市		4
	信阳市	II	2
湖北	十堰、襄樊、随州市,神农架林区	I	3
	宜昌(秭归县、远安县、兴山县)、荆门市(钟祥市、京山县)	II	2
	武汉、黄石、荆州、孝感、黄冈、咸宁、荆门(钟祥市、京山县除外)、天门、潜江、仙桃、鄂州、宜昌市(秭归县、远安县、兴山县除外),恩施自治州		6
湖南	全境	II	6

省份	地区、市、自治州、盟（县）	雨量区	雨季期（月数）
广东	茂名、中山、汕头、潮州市	I	5
	广州、江门、肇庆、顺德、湛江、东莞市		6
	珠海市	II	5
	深圳、阳江、汕尾、佛山、河源、梅州、揭阳、惠州、云浮、韶关市		6
	清远市		7
广西	百色、河池、南宁、崇左市	II	5
	桂林、玉林、梧州、北海、贵港、钦州、防城港、贺州、柳州、来宾市		6
海南	全境	II	6
重庆	全境	II	4
四川	阿坝（松潘县、小金县）、甘孜自治州（丹巴县、石渠县）	I	1
	泸州市（古蔺县）、阿坝（阿坝县、若尔盖县）、甘孜自治州（道孚县、炉霍县、甘孜县、巴塘县、乡城县）		2
	德阳、乐山（峨边县）、雅安市（汉源县）、阿坝（壤塘县）、甘孜（泸定县、新龙县、德格县、白玉县、色达县、得荣县）、凉山自治州（美姑县）		3
	绵阳（江油市、安州区、北川县除外）、广元、遂宁、宜宾市（长宁县、珙县、兴文县除外）、阿坝（黑水县、红原县、九寨沟县）、甘孜（九龙县、雅江县、理塘县）、凉山自治州（会理县、木里县、宁南县）		4
	南充（仪陇县除外）、广安（岳池县、武胜县、邻水县）、达州市（大竹县）、阿坝（马尔康县）、甘孜（康定市）、凉山自治州（甘洛县）		5
	自贡（富顺县除外）、绵阳（北川县）、内江、资阳、雅安（石棉县）、甘孜（稻城县）、凉山（盐源县、雷波县、金阳县）	II	3
	成都、自贡（富顺县）、攀枝花、泸州（古蔺县除外）、绵阳（江油县、安州区）、眉山（洪雅县除外）、乐山（峨边县、峨眉山市、沐川县除外）、宜宾（长宁县、珙县、兴文县）、广安市（岳池县、武胜县、邻水县除外），凉山自治州（西昌市、德昌县、会理县、会东县、喜德县、冕宁县）	II	4
	眉山（洪雅县）、乐山（峨眉山市、沐川县）、雅安（汉源县、石棉县除外）、南充（仪陇县）、巴中、达州市（大竹县、宣汉县除外）、凉山自治州（昭觉县、布拖县、越西县）		5
	达州市（宣汉县）、凉山自治州（普格县）		6
贵州	贵阳、遵义、毕节市	II	4
	安顺、铜仁、六盘水市，黔东南自治州		5
	黔西南自治州		6
	黔南自治州		7

续表

省份	地区、市、自治州、盟(县)	雨量区	雨季期(月数)
云南	昆明(市区、嵩明县除外)、玉溪、曲靖(富源县、师宗县、罗平县除外)、丽江(宁蒗县、永胜县)、普洱市(墨江县)、昭通市,怒江(兰坪县、泸水市六库镇)、大理(大理市、漾濞县除外)、红河(个旧市、开远市、蒙自市、红河县、石屏县、建水县、弥勒市、泸西县)、迪庆、楚雄自治州	I	5
	保山(腾冲市、龙陵县除外)、临沧市(凤庆县、云县、永德县、镇康县)、怒江(福贡县、泸水市)、红河自治州(元阳县)		6
	昆明(市区、嵩明县)、曲靖(富源县、师宗县、罗平县)、丽江(古城区、华坪县)、普洱市(思茅区、景东县、镇沅县、宁洱县、景谷县),大理(大理市、漾濞县)、文山自治州	II	5
	保山(腾冲市、龙陵县)、临沧(临翔区、双江县、耿马县、沧源县)、普洱市(西盟县、澜沧县、孟连县、江城县),怒江(贡山县)、德宏、红河(绿春县、金平县、屏边县、河口县)、西双版纳自治州		6
西藏	山南(加查县除外)、日喀则市(定日县)、那曲(索县除外)、阿里地区	I	1
	拉萨、昌都(类乌齐县、丁青县、芒康县除外)、日喀则(拉孜县)、林芝市(察隅县),那曲(索县)		2
	昌都(类乌齐县)、林芝市(米林县)		3
	昌都(丁青县)、林芝市(米林县、波密县、察隅县除外)		4
	林芝市(波密县)		5
	昌都市(芒康县)、山南(加查县)、日喀则市(定日县、拉孜县除外)	II	2
陕西	榆林、延安市	I	1.5
	铜川、西安、宝鸡、咸阳、渭南市,杨凌区		2
	商洛、安康、汉中市		3
甘肃	天水(甘谷县、武山县)、陇南市(武都区、文县、礼县),临夏(康乐县、广河县、永靖县),甘南自治州(夏河县)	I	1
	天水(北道区、秦城区)、定西(渭源县)、庆阳(华池县、环县)、陇南市(西和县),临夏(临夏市)、甘南自治州(临潭县、卓尼县)		1.5
	天水(秦安县)、定西(临洮县、岷县)、平凉(崆峒区)、庆阳(庆城县)、陇南市(宕昌县),临夏(临夏县、东乡县、积石山县)、甘南自治州(合作市)		2
	天水(张家川县)、平凉(静宁县、庄浪县)、庆阳(镇原县)、陇南市(两当县),临夏(和政县)、甘南自治州(玛曲县)		2.5
	天水(清水县)、平凉(泾川县、灵台县、华亭县、崇信县)、庆阳(西峰区、合水县、正宁县、宁县)、陇南市(徽县、成县、康县),甘南自治州(碌曲县、迭部县)		3

省份	地区、市、自治州、盟(县)	雨量区	雨季期(月数)
青海	西宁(湟源县)、海东市(平安区、乐都区、民和县、化隆县),海北(海晏县、祁连县、刚察县、托勒)、海南(同德县、贵南县)、黄南(泽库县、同仁县)、海西自治州(天峻县)	I	1
	西宁(湟源县除外)、海东市(互助县),海北(门源县)、果洛(达日县、久治县、班玛县)、玉树自治州(称多县、杂多县、囊谦县、玉树市),河南自治县		1.5
宁夏	固原地区(隆德县、泾源县)	I	2
新疆	乌鲁木齐市(小渠子乡、牧业气象试验站、大西沟乡),昌吉(阜康市天池),克孜勒苏(吐尔尕特、托云、巴音库鲁提)、伊犁自治州(昭苏县、霍城县二台、松树头)	I	1
香港、澳门、台湾	(资料暂缺)		

注:1. 表中未列的地区除西藏林芝地区墨脱县因无资料未划分外,其余地区均因降雨天数或平均日降雨量未达到计算雨季施工增加费的标准,故未划分雨量区及雨季期。

　　2. 行政区划依据资料及自治州、市的名称列法同冬季施工气温区划分说明。

附录 D　全国风沙地区公路施工区划分表

区划	沙漠(地)名称	地理位置	自然特征
风沙一区	呼伦贝尔沙地、嫩江沙地	呼伦贝尔沙地位于内蒙古呼伦贝尔平原,嫩江沙地位于东北平原西北部嫩江下游	属半干旱、半湿润严寒区,年降水量 280 ~ 400 mm,年蒸发量 1 400 ~ 1 900 mm,干燥度 1.2 ~ 1.5
	科尔沁沙地	散布于东北平原西辽河中、下游主干及支流沿岸的冲积平原上	属半湿润温冷区,年降水量 300 ~ 450 mm,年蒸发量 1 700 ~ 2 400 mm,干燥度 1.2 ~ 2.0
	浑善达克沙地	位于内蒙古锡林郭勒盟南部和赤峰市西北部	属半湿润温冷区,年降水量 100 ~ 400 mm,年蒸发量 2 200 ~ 2 700 mm,干燥度 1.2 ~ 2.0,年平均风速 3.5 ~ 5 m/s,年大风天数 50 ~ 80 d
	毛乌素沙地	位于内蒙古鄂尔多斯中南部和陕西北部	属半干旱温热区,年降水量东部 400 ~ 440 mm,西部仅 250 ~ 320 mm,年蒸发量 2 100 ~ 2 600 mm,干燥度 1.6 ~ 2.0
	库布齐沙漠	位于内蒙古鄂尔多斯北部,黄河河套平原以南	属半干旱温热区,年降水量 150 ~ 400 mm,年蒸发量 2 100 ~ 2 700 mm,干燥度 2.0 ~ 4.0,年平均风速 3 ~ 4 m/s
风沙二区	乌兰布和沙漠	位于内蒙古阿拉善东北部,黄河河套平原西南部	属干旱温热区,年降水量 100 ~ 145 mm,年蒸发量 2 400 ~ 2 900 mm,干燥度 8.0 ~ 16.0,地下水相当丰富,埋深一般为 1.5 ~ 3 m
	腾格里沙漠	位于内蒙古阿拉善东南部及甘肃武威部分地区	属干旱温热区,沙丘、湖盆、山地、残丘及平原交错分布,年降水量 116 ~ 148 mm,年蒸发量 3 000 ~ 3 600 mm,干燥度 4.0 ~ 12.0
	巴丹吉林沙漠	位于内蒙古阿拉善西南边缘及甘肃酒泉部分地区	属干旱温热区,沙山高大密集,形态复杂,起伏悬殊,一般高 200 ~ 300 m,最高可达 420 m,年降水量 40 ~ 80 mm,年蒸发量 1 720 ~ 3 320 mm,干燥度 7.0 ~ 16.0
	柴达木沙漠	位于青海柴达木盆地	属极干旱寒冷区,风蚀地、沙丘、戈壁、盐湖和盐土平原相互交错分布,盆地东部年均气温 2 ~ 4 ℃,西部为 1.5 ~ 2.5 ℃,年降水量东部为 50 ~ 170 mm,西部为 10 ~ 25 mm,年蒸发量 2 500 ~ 3 000 mm,干燥度 16.0 ~ 32.0
	古尔班通古特沙漠	位于新疆北部准噶尔盆地	属干旱温冷区,其中固定、半固定沙丘面积占沙漠面积的 97%,年降水量 70 ~ 150 mm,年蒸发量 1 700 ~ 2 200 mm,干燥度 2.0 ~ 10.0
风沙三区	塔克拉玛干沙漠	位于新疆南部塔里木盆地	属极干旱炎热区,年降水量东部 20 mm 左右,南部 30 mm 左右,西部 40 mm 左右,北部 50 mm 以上,年蒸发量在 1 500 ~ 3 700 mm,中部达高限,干燥度>32.0
	库姆达格沙漠	位于新疆东部、甘肃西部,罗布泊低地南部和阿尔金山北部	属极干旱炎热区,全部为流动沙丘,风蚀严重,年降水量 10 ~ 20 mm,年蒸发量 2 800 ~ 3 000 mm,干燥度>32.0,年 8 级以上大风天数在 100 d 以上

参考文献

[1] 中华人民共和国交通运输部. 公路工程预算定额 JTG/T 3832—2018[S]. 北京: 人民交通出版社, 2018.

[2] 中华人民共和国交通运输部. 公路工程概算定额 JTG—T3831—2018[S]. 北京: 人民交通出版社, 2018.

[3] 中华人民共和国交通运输部. 公路工程估算指标 JTG—T3821—2018[S]. 北京: 人民交通出版社, 2018.

[4] 中华人民共和国交通运输部. 公路工程建设项目概预算编制办法 JTG 3830—2018[S]. 北京: 人民交通出版社, 2018.

[5] 中华人民共和国交通运输部. 公路工程机械台班费用定额 JTG—T3833—2018[S]. 北京: 人民交通出版社, 2018.

[6] 董立. 道桥工程计量与计价[M]. 北京: 机械工业出版社, 2012.

[7] 石勇民. 公路施工项目成本管理手册[M]. 北京: 人民交通出版社, 2008.